本书为湖北省社科基金后期资助项目"唐崖：文化记忆与传播创新研究"（项目编号：HBSK2022YB471）的最终成果。

唐崖

文化记忆与
传播创新研究

陈峻俊 ◎ 著

中国社会科学出版社

图书在版编目（CIP）数据

唐崖：文化记忆与传播创新研究 / 陈峻俊著.
北京：中国社会科学出版社，2024.11. -- ISBN 978-7-5227-4289-2

Ⅰ.G125

中国国家版本馆 CIP 数据核字第 2024BG0091 号

出 版 人	赵剑英
责任编辑	郭晓鸿
特约编辑	杜若佳
责任校对	师敏革
责任印制	戴 宽

出　　版	中国社会科学出版社
社　　址	北京鼓楼西大街甲 158 号
邮　　编	100720
网　　址	http://www.csspw.cn
发 行 部	010-84083685
门 市 部	010-84029450
经　　销	新华书店及其他书店
印　　刷	北京明恒达印务有限公司
装　　订	廊坊市广阳区广增装订厂
版　　次	2024 年 11 月第 1 版
印　　次	2024 年 11 月第 1 次印刷
开　　本	710×1000　1/16
印　　张	18
插　　页	2
字　　数	266 千字
定　　价	99.00 元

凡购买中国社会科学出版社图书，如有质量问题请与本社营销中心联系调换
电话：010-84083683
版权所有　侵权必究

目　　录

导言　唐崖的价值隐喻……………………………………（1）
　第一节　研究缘起与研究意义……………………………（6）
　　一　研究缘起……………………………………………（6）
　　二　研究意义……………………………………………（8）
　第二节　文献综述…………………………………………（10）
　　一　文化记忆的相关研究综述…………………………（10）
　　二　唐崖文化的研究综述………………………………（15）
　　三　新闻框架的研究综述………………………………（22）
　第三节　核心概念…………………………………………（25）
　　一　唐崖文化……………………………………………（25）
　　二　文化记忆与媒介记忆………………………………（26）
　第四节　研究内容与研究方法……………………………（28）
　　一　研究内容……………………………………………（28）
　　二　研究方法……………………………………………（29）

第一章　文化记忆与传播价值……………………………（31）
　第一节　唐崖的文化价值与传播取向……………………（31）
　　一　唐崖的当代文化价值………………………………（31）
　　二　唐崖的传播内容取向………………………………（34）

— 1 —

第二节　唐崖的文化记忆路径 …………………………………… (38)
　　一　个体记忆：模糊分散、清晰度较低 …………………………… (39)
　　二　集体记忆：残缺不全、完整性不足 …………………………… (41)
　　三　历史记忆：年代久远、传承难度大 …………………………… (47)
　　四　媒介记忆：类目较少、效果不理想 …………………………… (59)

第二章　唐崖的记忆断裂与符号象征物 ………………………… (68)
第一节　文化记忆断裂与断层 …………………………………… (68)
　　一　唐崖文化的浅层瞬时记忆 …………………………………… (69)
　　二　唐崖文化的深层选择记忆 …………………………………… (71)
　　三　唐崖文化的底层核心记忆 …………………………………… (74)
第二节　文化符号象征物 ………………………………………… (77)
　　一　精神符号 ……………………………………………………… (77)
　　二　物质符号 ……………………………………………………… (96)
第三节　符号与文化记忆的关系 ………………………………… (106)
　　一　符号是记忆的象征 …………………………………………… (107)
　　二　记忆是符号的内涵 …………………………………………… (108)

第三章　媒介记忆与唐崖报道 …………………………………… (110)
第一节　新闻报道是勾连时空的媒介记忆 ……………………… (110)
　　一　新闻报道是事实性的记忆载体 ……………………………… (111)
　　二　新闻报道是选择性的文化传承 ……………………………… (112)
第二节　研究对象与研究方法 …………………………………… (114)
　　一　研究对象 ……………………………………………………… (114)
　　二　研究方法 ……………………………………………………… (115)
第三节　研究分析与研究结论 …………………………………… (117)
　　一　唐崖新闻报道的内容分析 …………………………………… (117)
　　二　唐崖新闻报道的叙事分析 …………………………………… (120)

第四章　文化记忆修补与媒介记忆策略 …………………（127）

第一节　文化修补与记忆的两个问题 ……………………（127）
　　一　文化修补与记忆重塑的关系 ……………………（128）
　　二　文化记忆的方向与价值 …………………………（129）

第二节　记忆重塑的媒介报道策略 ………………………（133）
　　一　丰富媒介内容呈现 ………………………………（133）
　　二　打造多元传播渠道 ………………………………（135）
　　三　核心的文化印记 …………………………………（136）
　　四　动员民间广泛参与 ………………………………（137）

第三节　记忆重塑的时空框架 ……………………………（138）
　　一　唐崖文化记忆的时间框架 ………………………（139）
　　二　空间框架 …………………………………………（140）

第五章　唐崖文化实践与传播创新 ……………………（142）

第一节　唐崖家风主题文化记忆路径：调研及结论 ………（142）
　　一　研究概况 …………………………………………（142）
　　二　结果及传播路径分析 ……………………………（148）
　　三　唐崖家风家训文化的传播学分析 ………………（157）
　　四　唐崖家风家训文化目标受众分析 ………………（170）

第二节　唐崖家风主题文化园实践设想 …………………（174）
　　一　唐崖家风主题文化园前期市场分析 ……………（174）
　　二　唐崖家风主题文化园可行性分析 ………………（177）

第三节　唐崖家风主题文化园记忆定位 …………………（186）
　　一　唐崖家风主题文化园项目定位 …………………（186）
　　二　唐崖家风主题文化园战略布局和功能定位 ……（190）
　　三　唐崖家风主题文化园路径定位 …………………（193）

第四节　唐崖家风家训文化媒介记忆的现状和策略 ………（194）
　　一　传播现状 …………………………………………（194）

二　传播目标 ………………………………………………（202）
　　三　整合传播策略 …………………………………………（204）
第五节　唐崖家风主题文化园文化记忆的传播方案 ………（206）
　　一　唐崖家风主题文化园文化形象构建 …………………（206）
　　二　唐崖家风主题文化园景观分区规划 …………………（207）
　　三　唐崖家风文化媒介整合传播具体方案 ………………（210）
　　四　仪式的传播：策划唐崖文化节仪式 …………………（219）
　　五　景观传播与建造唐崖文化主题园设计创意 …………（225）
第六节　新媒介与唐崖文化主题景观推广 …………………（231）
　　一　听觉唤醒：借助在线音频激活唐崖文化
　　　　声音传播场景 …………………………………………（231）
　　二　光影流动：创作短视频搭建唐崖文化影像生态 ……（233）
　　三　轻量传播：设计"美好唐崖"微信小程序 ……………（234）
　　四　文创产品：凝唐崖文化于物质寄托 …………………（234）

附录1　关于恩施唐崖地区饮食、节庆、茶文化问卷调查分析 ……（240）

附录2　严氏宗规十六条完整版 …………………………（249）

重返唐崖——咸丰县调研笔记 ……………………………（257）

参考文献 ……………………………………………………（264）

后记 …………………………………………………………（282）

导言　唐崖的价值隐喻

恩施是中部地区最大的少数民族自治州。我和恩施结缘已有 25 年，印象中那里民风淳朴、山高水绿，随着身边越来越多的学生从那里来到我任职的学校，我开始把研究视角转向那片神奇的土地。从 2003 年开始，我所在的团队将民族文化传播研究的地域对象选择在了武陵山片区，本书中个案选取的就是位于武陵山片区恩施州咸丰县唐崖镇的世界文化遗产——唐崖土司城遗址。2015 年，唐崖土司城遗址与贵州遵义播州海龙屯土司城遗址、湖南永顺老司城遗址联合代表中国土司遗址成功列入世界文化遗产名录。在近年的唐崖土司城文化考古中发现，遗址的文化记忆已出现明显断层，这似乎也是新媒体时代传统文化消逝的巨大隐喻。

"文明"与"文化"早期是两个可以互换的词语，如果所有的习俗和行为都文明化了的话，那么我们将拥有文化。文化的指涉之一是文化象征着如何生活地叙述故事。[①] 文化和文明的消失不会一蹴而就，正如它的出现一样，文化作为一种生活方式，"它的累积并没有什么神秘的原因"，无非是杂乱无章的生活的层层表达。引用作家珍妮·特纳的话即是，如果把几袋装满垃圾的黑色袋子放在街的一个角落，过几天再去那里看，已经是半个垃圾场了。话虽糙但理不

---

① ［英］弗雷德-英格利斯：《文化》，韩启群等译，南京大学出版社 2008 年版，第 39 页。

糙，文化可通天堂，也可通地狱。我们要用什么样的方式弥补一段消失的文明或文化？又或是哪些文化可被记忆？这正是笔者在书中关注的问题。笔者不揣冒昧，拟将自己近年聚焦的研究和思考通过个案分析的形式呈现出来，从记忆的视角概观媒介与民族地域文化记忆之间的关联。

  本书所指的媒介主要指大众传播媒介。本书中将新媒介如互联网、自媒体、短视频等都归于大众传播媒介的范畴。媒介与文化记忆的交集最早要从报纸上的新闻文本说起。我们常说，今天的新闻是明天的历史。从某种意义上看，所有正在发生的事情经过媒介报道都能成为新闻。它的价值在于接受者的判断与所处的维度，即"我认为有价值就是新闻"。新闻信息对于民族文化的报道在很大程度上传承和传播了濒临灭绝的民族文化或者说延续、修补了后人对它的记忆。这是一件非常有意义的事。而文化记忆是对历史的书写、传承与选择重现。这样，新闻与文化记忆就有了关联。而作为文化记忆的新闻也可是对文化和历史的诠释。媒介是新闻的载体，于是便具有文化记忆的功能，在本书中它是政治象征，用来诠释主导价值的权力物。

  忘记的对立面，是记忆，是指集体或个人对"过去"的重构甚至虚构。哈布瓦赫认为，人类集体记忆出现代际衰减或强化，主要取决于现实生活的考虑。历史是一张不断刮干净重写的羊皮纸，这是经典的"历史虚无主义"，也是奥威尔式的典型观点。国内学者吴飞、邵鹏认为"媒介即记忆"，媒介记忆应凸显其存储功能，与时俱进。无论何种记忆，都与社会有密切的互动联系。21世纪全球化实现了麦克卢汉的"地球村"预言，媒体作为人的延伸也越走越远，5G革命带来的人工智能使人类深陷媒介化社会的喜与悲，文化记忆与媒介建立着不断升级的互动。

  2005年，《过去的页面：美国杂志的历史与记忆》中，美国学者卡罗琳·凯奇最早提出媒介记忆的概念。其强调了在建立社会评论与国家文化的公共历史方面，杂志起到了重要作用，并认为"媒介记忆是作为媒介研究与记忆研究的交叉领域而提出来的概念,试图从中探讨在媒介运作中媒介是如何通过一个记忆代理角色来完成与社会其他领域的互动过程"。① 媒介的记忆正是指通过对日常信息的采集、理解、编辑、存储、提取和传播,形成一种以媒介为主导的人类的个体、集体、社会记忆。它的研究范围包括,媒介对于记忆内容的选取方式与角度,媒介对信息的记忆特点和模式,媒介记忆对人类社会的影响,以及媒介对于人类各种记忆的影响等。

本书认为,媒介需要扮演好文化记忆的角色,既要做好媒介记忆的工作,也要认识到本身作为媒介文化的存在。它也是通过双向路径无限向记忆的核心—关键价值靠拢的过程(如图0.1)。

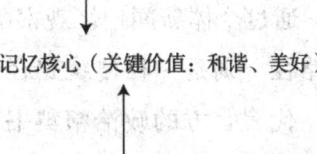

图0.1 媒介记忆的双向路径

如图0.1所示,被赋予框架的双向路径指的是自上而下的路径和自下而上的路径。它们从两端无限平行逼近中心。福柯写道,"记忆是斗争的重要因素之一","谁控制了人们的记忆,就控制了人们行为的脉动。因此,占有记忆,控制它,管理它,是生死攸关的"②。由于话语权力的控制,这两条线无法衔接、产生交集。记忆的核心也是权力的话语核心。

自下而上的演进路径,可以短暂停留在个体或地方记忆的研究

---

① 转引自邵鹏《媒介作为人类记忆的研究——以媒介记忆理论为视角》,博士学位论文,浙江大学,2014年,第32页。Carolyn Kitch, Chapel Hill, *Pages from the Past: History and Memory in American Magazines*, The University of North Carolina Press, 2005。

② [法]米歇尔·福柯:《疯癫与文明》,刘北成、杨远婴译,生活·读书·新知三联书店2007年版,第97页。

上。通过此种记忆反观社会与国家的历史，解答为何会形成这样的记忆，即记忆生产的小环境与大环境，但会存在共时记忆与历时记忆之困惑。共时记忆存在于互联网时代新闻生产的个体书写，这种个体记忆、民间记忆以大数据的形式存在混沌的云端，看不见摸不着，它用流量带动文化的传播与传承，对权力的决策势必造成影响，但会否在时间的历史长河里消失，能够留下多少？我们不得而知。民间的口述史、田野调查是此种路径，新媒体时代直播视频（带货）也是此种含义，通过田间地头或直播间带有表演性质的信息展示，完成一次新闻生产。新闻联播的抖音号恰说明这种自下而上的演进已被官方认可，"读者在哪里，受众在哪里，宣传报道的触角就要伸向哪里，宣传思想工作的着力点和落脚点就要放在哪里"[1]。这也是一种由小见大的路径，通过个体新闻记忆观察国家社会转型。

自上而下的演进路径，则是一种传统路径，通过对传统文本的分析记忆和传承历史，代表官方的政治精英书写，如报纸杂志等便于保存继而成为修史的统治阶级报纸。传统的记忆史路径其实修的是思想史。将眼光放在一些重大事件和精英人物身上，关注事后人们对事件或人物形成的记忆。有关他们的记载多能在报纸、杂志等新闻文本中找到。这种路径侧重于挖掘社会层面的精英记忆文本，以实现向下的突破创新。

何平在《文化研究理论》里提到，媒介如何优化、深化、保障和保护记忆，提高和扩大媒介记忆效率和记忆成果，使媒介记忆服务并服从于人类的文化传承，信息传播、知识创新和社会进步，是21世纪媒介记忆研究的使命。"事件是一回事，对事件的再现又是一回事。"[2] 为了不让物从空间消失，或者让它的存在更富"光晕"，更加和谐，我们需对它做文化的注脚，也有人称之为民族文化的想

---

[1]《习近平在视察解放军报社时强调 坚持军报姓党强军为本坚持创新为要 为实现中国梦强军梦提供思想舆论支持》，《人民日报》2015年12月27日。

[2] 陈全黎：《文学记忆史研究的三条路径》，《中国社会科学报》2016年6月8日。

象。想象和诠释一段过去以支持将来，再把人置于这些新旧角色之中，让其明了生活的意义。

因此，"唐崖"在本书是一个隐喻的存在。隐喻的是物是人非后、即将消失的历史文化。其价值框架的隐喻则是赋予其形状和方向的暗示，把诠释放置在一系列可辨别的行为中去。无论是路径、内容、形式，上至下、内及外等界限清晰地赋予形状。

唐崖土司城遗址载入世界文化遗产名录是一个非常重要的文化事件。但我们了解唐崖遗址不仅是为了它的建筑遗产，也是为了掌握神话与历史，让神话叙事激活当下现代人的想象力，从而将文化由物转向历史。本书选取唐崖遗址作为这起文化事件的研究个案。通过唐崖土司文化的媒介内容框架，证明文化断层、遗失后，在该区域出现的文化寻根，及本书尝试从媒介的文化修补再思民族文化传播创新，说明再造后的文化既是为了延续记忆，也是为了纪念。"即使所有的见证人都已随风逝去，所有的文献史料都被焚毁，记忆也会在某个空间、地点留下证据和痕迹。"[1] 媒介正是记忆的探寻者与保护者。

全书共分为以下五个部分：

第一部分　文化记忆与传播价值；

第二部分　唐崖的记忆断裂与符号象征物；

第三部分　媒介记忆与唐崖报道；

第四部分　文化记忆修补与媒介记忆策略；

第五部分　唐崖文化实践与传播创新。

全球化时代带来的影像社会，文化形态日新月异，影像阅读已填满生活的周遭，感性、想象、真假难辨，已然成为今天的文化记忆，但它并没有抽空文化的内涵，仍然不可或缺。有了它，我们可以发现并鉴别诸如身份、种族这样的重要价值。但谨慎地期待文化创新才是理智的。当文化作为一种生活方式重新登场，由于经历了

---

[1] 陈全黎：《文学记忆史研究的三条路径》，《中国社会科学报》2016年6月8日。

特殊的生产与再造而焕发出勃勃生机，它了解这种生活到底是什么，并敏锐地意识到并且会尊重事物所具有的地方色彩和家园风格，从而也让我们更加相信它带来的重要意义，即成为一面希望的旗帜，鼓励社会往最好的方向发展。

这才是美好的记忆。

第一节 研究缘起与研究意义

一 研究缘起

作为鄂西土司遗存的唯一代表，唐崖土司城遗址在2015年7月4日与湖南永顺老司城遗址、贵州播州海龙屯土司城遗址一起作为"土司遗址"，成功列入在德国波恩举办的第39届世界遗产大会发布的《世界遗产名录》，由此也成为湖北第3处、全国第48处世界遗产。近年来，从正式的考古发掘到入选名录，有关"唐崖土司城"的研究也被赋予了"正当性"与"必要性"。

唐崖土司城址位于咸丰县城西北26千米的尖山乡（现唐崖镇）的唐崖司村，是14—18世纪土家族著名土司覃氏世袭的政治、经济、军事和文化中心。覃氏土司始封于元至正十五年（1355），废止于清雍正十三年（1735）"改土归流"，共历16代18任土司。据唐崖《覃氏族谱》记载："一世祖覃启处送，随出军门，纳印为顺命，镇夜兰（朗）有功，蒙题奉允准，仍给安抚司印篆，授唐崖，赐宣慰使司之职。"[1]

随着"改土归流"与时间的流逝，唐崖土司城从往日人们口中的"皇城"，失去了其显著的地位，城址的故事也慢慢被世人遗忘，地面上的建筑经过风雨磨砺，如今已成为一片废墟，只剩下"荆南雄镇"的牌坊，见证着这座城址当年的辉煌。

---

[1] 段彦撰，沈志忠审定：《中国传统村落—华中地区：咸丰县唐崖寺村》，《中国大百科全书》第三版网络版，中国大百科全书出版社2021年版，https://www.zgbk.com/ecph/words?SiteID=1&ID=529066。

虽然，毁坏的遗址是不可逆的事实，但唐崖土司城址蕴含的历史文化记忆仍在今天延续着。伴随遗址保护与发掘的工作启动，湖北恩施土家族苗族自治州、咸丰县围绕"世界文化遗产唐崖土司城址"制定了一系列发展规划，目的在于发掘世遗文化的当代价值，利用唐崖的品牌进行文旅开发，以期成为恩施土家族苗族自治州的旅游龙头。

依托县政府与民委院校共建的"唐崖研究院"，深化对唐崖土司城遗址的历史文化、科学艺术价值的发掘研究，进一步提炼好唐崖文化的价值，为世遗唐崖的合理利用、文旅融合铸强文化"之魂"。作为传播的研究学者，在参与唐崖文化研究工作的同时，有着我们自身的关注点。

地方对"唐崖"的重视与经济投入，围绕"唐崖"及周边的乡镇进行大范围的改造、复建和配套的旅游设施建设，以及未来数年唐崖的发展规划都已全面铺开。"文化搭台，经济唱戏"，利用文化价值来发掘经济价值，这一点本来就无可厚非。地区的经济水平提高，带来的也是唐崖文化传播力、影响力的提升。

然而，由于历史的原因，唐崖文化在传承中出现了文化的断裂与记忆的断层，这也是当下唐崖等地域文化所面临的主要问题之一。笔者在对唐崖镇的调研过程中，问起唐崖土司，只有少部分老者有模糊的印象，一些年轻人则只知道它是历史遗迹，如今是旅游景点：

> 我虽然在尖山（现唐崖镇）长大，但是我们年轻人对这个不是很了解，这是这几年我们这边开始对土司城遗址开始进行了一些保护和修复工作，住在里面的好多居民都不得不搬出来了……一些年纪大的长辈偶尔跟我们讲一下历史但是也不是很清楚，知道当时的土司就是"土皇帝"吧，当地人都得听他的。[1]

从仅有的老人口中我们得到了关于"唐崖土司城"的一些信息：

---

[1] 2018年7月2日中午笔者对唐崖镇垚垚土菜馆的一位工作人员的深度采访，采访对象为唐崖镇双河口村2组的村民，30岁，女性。

我当时在小学教书的时候,这些细娃儿(小孩的意思)对土司这些啊或者是相关的文化根本不懂,甚至都没听说过,有的大一点的娃儿知道一些传说而已。①

关于土司强权之下的"落后""愚昧""荒蛮"的历史事件在民间流传。从民间故事与学界部分观点来看,人们对"土司""土皇帝"的一些生活上的"荒淫无耻"充满憎恶,并认为这些是导致土司制度瓦解的原因。从当前的学界研究来看,我们深知民间对土司与土司的文化存在一叶障目的解读。但是,如何以客观的研究重塑人们对"唐崖土司"的印象,并不是传播的当务之急。

从传播的现实意义来看,将"唐崖土司城"作为唐崖文化的物质载体,随之该地区的所有文化现象都囊括于唐崖这一地域文化之中,唐崖文化一方面是该地区人民千百年来的智慧结晶,另一方面也是古代汉文化与土家文化交流与交融的产物。作为历史的一部分,通过媒介对唐崖断裂的文化记忆的弥合与加强,是当前传播技术迅速发展背景下媒介的应有之义,也是学界、业界和相关部门的共同命题。笔者于2017—2021年间多次带领团队赴恩施咸丰县唐崖镇进深入的实地调研,获取了较为全面的第一手资料,并对相关人士进行了深入访谈。本书正是从唐崖文化的记忆视角打开切口,进一步延伸和拓展唐崖文化传播研究的理论问题与记忆路径。

二 研究意义

唐崖土司城遗址本身已不仅仅是一处物的存在,而是物在史逝中的文化代表,也是记忆在这里戛然而止、成为历史断崖的文化隐喻。

纵观近些年,学界对土司文化、唐崖土司与唐崖文化的探讨和研究大多聚焦于历史视角下的叙事方式,采用宏观的历史看法,其

---

① 2018年7月2日下午笔者在唐崖小区(土司城遗址内原住民搬迁换建小区)一住户家内对当地一位退休教师的深度采访,采访对象为唐崖镇某小学的退休教师,74岁,男性。

止步于"大一统"国家格局思想下的治理制度。目前，诸多学者分别从政治制度、历史等视角对唐崖土司城址展开研究，但较少有人通过传播的视角聚焦于这一文化遗址。首先，笔者试图以传播学中媒介记忆的视角对唐崖这一地域文化展开研究，利用文献资料、田野调查等方式，探讨有关唐崖文化的记忆断裂与弥合，从传播"5W"要素的创新路径中，提出对唐崖文化的传承和传播与文化记忆的加深，进行学理性的思考，让唐崖文化融入媒介记忆的理论阐释之中，以期拓宽唐崖文化研究的领域与视野。

借助"唐崖论坛"的成功举办，近年来，围绕唐崖的研究逐渐增多。但是，学界与现实生活的脱节也正是唐崖等地域文化所面临的现实情境之一。在唐崖土司城址附近的人们，对"唐崖""唐崖土司""唐崖文化"都存在着文化断裂的现象。在唐崖的"后申遗时代"，如何弥补这些文化的断裂，也成为当下学界与业界应讨论的重要议题。媒介记忆这一理论视角为唐崖文化记忆提供了理论框架，通过媒介的形式对唐崖文化记忆进行修补，加强广大受众对唐崖文化的认知与认同。近些年，有关"文化记忆"与"媒介记忆"的讨论受到国内外学者的广泛关注。将媒介记忆相关的理论视角运用到我国广泛的地域文化与非遗文化之中，具有一定的开创性价值与现实意义。

其次，笔者在围绕唐崖开展的田野调查中发现，关乎唐崖土司与唐崖文化等文化认同与记忆的割裂在坊间暗流涌动，这一现象不容忽视。民众对唐崖文化的歪曲解读、刻板印象，究其根本，还是在于对唐崖文化的不了解，没有用历史的眼光去看待问题。记忆，尤其是社会记忆与个体记忆的扭曲与缺失，由此产生对唐崖文化的认同偏差，带来认知危机。利用媒介记忆的理论视角，将民众认知当中唐崖文化记忆断裂的部分，进行有效的弥合。

最后，基于唐崖文化的现状与传播局限等外部呈现，借助传播策略创新提出唐崖文化创意园等文化景观畅想，极具现实意义与价值。通过对唐崖断裂的文化记忆进行弥合与进一步发掘，推动唐崖文化在当代的创造性转换与创新性发展，提升文化自身的"造血"能力，以实现文化效益与经济效益的双丰收。

第二节 文献综述

一 文化记忆的相关研究综述

记忆研究最早可以追溯到古希腊哲学家赫拉克利特对记忆现象的思考，他认为从阅读中获取的记忆要比从听觉材料中所捕捉的更为牢靠；在此之后柏拉图、亚里士多德、奥古斯丁等人都基于自己的记忆经验对记忆现象进行过论说。德国心理学家赫尔曼·艾宾浩斯首次将记忆研究开辟为一个系统研究领域，他所关注的主要是个体的记忆过程。法国社会学家莫里斯·哈布瓦赫则将记忆研究从个体视角转向集体视角，并提出了"集体记忆"[①]的概念。扬·阿斯曼夫妇认为，集体记忆的形成需要一定的文化基础，而记忆的文化基础即是文化记忆，[②] 文化记忆理论作为记忆研究的一个发展坐标由此在学术研究上被正式提出。文化记忆包括时间、功能、媒介、建构和权力五个维度，其中功能维度是文化记忆的核心维度。文化记忆最重要的功能就是建构群体认同。[③] 作为单数个体的个人通过与所处群体共享相同的文化记忆，获得本群体特有的"整体性意识和特殊性意识"，而不同的单数个体浸润在这种文化氛围之中，他们也由此想象自己作为群体成员应该有什么样的"集体画像"，并以此为依据认可自己作为群体成员的身份。文化记忆借助媒介生成，媒介记忆即是文化的表征。从印刷媒介到电子媒介再到当下"大众书写"、

---

① [法]莫里斯·哈布瓦赫：《论集体记忆》，毕然、郭金华译，上海人民出版社2002年版。

② Jan Assmann, *Religion and Cultural Memory: Ten Studies*, Translated by Rodney Livingstone, California: Stanford University Press, 2006, p.1.

③ 王蜜：《文化记忆：兴起逻辑、基本维度和媒介制约》，《国外理论动态》2016年第6期。

信息爆炸的融媒体时代，文化记忆的书写和表达经历了什么样的改变？中华民族优秀传统文化如何利用文化记忆实现文化传承？跨文化传播如何依据文化记忆的融通取得交流共鸣？许多学者都进行了相关研究并提出了自己的观点和看法。

（一）文字·身体·影像：文化记忆的符号书写

文化即是物质文明和精神文明的总和，涵盖着生活习俗、节日庆典、艺术表演等方方面面，不同时代有其发展阶段内独特的文化内容和记录载体。自文字出现以来，文化记忆有了可供流传的完整符号系统，造纸和印刷术的发明又使得文化记忆以实体且轻便的纸质材料形式在横向的地理纬度上传播，在纵向的历史维度上传承。文字书写无疑是文化记忆最重要的保存方式。尧舜时代是中华民族文明国家产生的前奏，《尚书》首篇即是《尧典》，赵敏俐从考古学角度解读《尧典》生成的文化记忆特质以及它所传承的文化记忆价值，她认为《尧典》是将事实的历史转化为记忆的历史，包含着中华民族早期的文化认同和后人对尧舜时代的政治想象。它最初由夏代的史官根据尧舜时代的文化记忆而生成，商周时期通过史官不断地润饰和文化的累积，最后定型于孔子时代。它的形成过程就是一个文化记忆书写与经典化的过程。① 甲骨文是我国最古老的文字形式，王颖吉、孟萌萌从甲骨文和金文的构形角度进行研究，探讨中国汉字媒介和文化记忆的文献构形，认为历史经验的最终呈现是受文字媒介形式规定的结果，汉字的独特构形方式作用于历史文献构形、经验传达、概念表达等多个方面，这些文字的物质技术特性又和思维习惯、文化记忆相互影响，并在历史的文字使用中不断强化，由此塑造历史文献和文化记忆的基本面貌。②

---

① 赵敏俐：《〈尧典〉何以为"典"——兼论中国早期文化记忆与经典的书写》，《文学评论》2021 年第 4 期。
② 王颖吉、孟萌萌：《中国汉字媒介与文化记忆的文献构形——以甲骨文和金文为例》，《当代传播》2017 年第 4 期。

在文字出现以前，一定地域范围内的人们依靠节庆和仪式作为凝聚彼此间共识的重要方式。这种古老、传统而神圣的文化记忆载体延续至今，发展出宗教祭祀、民俗娱乐以及艺术表演等多种形式，无论如何发展和改变，这些形式都有一个最重要的共同属性，就是身体在场。孙德朝等采用体育人类学动作截图法，对黎族打柴舞的"九种舞步"进行截图，探求黎族打柴舞与黎族特质文化间的关系，研究认为黎族打柴舞的"九种舞步"是黎族长期观察、体悟世界而形成的身体符号，体现了黎族个体、群体对自然生存环境的调适、对生活质量诉求和对生命敬畏的符号意境，黎族打柴舞从生产生活中的细节动作模仿，到模拟自然界中动物智慧的生存、生活行为，寓意爱情、祈求幸福，折射表达身体的生命力和思想力，群体凝聚力和区域生命力的思维方式、观念和主张。身体是认知世界的本体论思维方式，对传承、传播、共享民族文化记忆和国家级非物质文化遗产具有重要的理论意义和实践价值。① 李菲通过分析嘉绒跳锅庄的旋转模式，解读其中隐含的族群文化记忆，同时探寻嘉绒传统观念与身体表述实践在历史变迁中的某些轨迹。她认为无文字族群以身体表述来传承共同体文化记忆，并在特定社会情境中通过族群表述的选择、挪移与再造，将文化记忆转化为形塑共同体认同的文化资源。②

数字传播时代到来后，图像媒介直观地复刻着当下的文化生态，从照片、视频到电影、纪录片，影视材料成为再现文化记忆的全新载体。纪录片是瞬间的艺术，在影片拍摄时镜头忠实地记录着此刻发生的故事。纪录片区别于其他的影视作品的最大特点就在于它的真实性和即时性，因此在文化记忆的记录上，纪录片也更具代表性。王伟平分析了纪录片的文化记忆功能，他认为纪录片不仅具有固定的图像叙述重构模式，同时也具有极强的社会集体记忆功能，因此

---

① 孙德朝、顾慧亚：《黎族打柴舞身体文化记忆研究》，《体育与科学》2020年第3期。
② 李菲：《文化记忆与身体表述——嘉绒跳锅庄"右旋"模式的人类学阐释》，《民族艺术》2011年第1期。

它是文化记忆的一种特殊形式。纪录片的文化记忆功能是将各种不同类型的文本通过蒙太奇手法建构起来的。人类可以通过图像视觉经验的固定性和重复性来重构流失的历史经验。①

（二）民族文化记忆：线性时间轴上的流动与传承

集体记忆关注记忆的共时性基础，而文化记忆则倚重于记忆的历时性传承，这种历时性传承依靠"传统的形成"和"对过去的指涉"②。民族文化作为国家和民族的精神瑰宝，凝聚着当地劳动人民的智慧结晶，在代代相传的文化记忆中建构起本民族的群体认同。任宽认为中央广播电视总台推出的文博类节目《中国考古大会》，将考古发掘工作与中华文明史相结合，以介绍文化遗产的形式向大众呈现中华民族的起源和发展，是民族文化记忆建构的有益尝试。节目用跨时空的探秘唤醒记忆，以专家的解读阐释记忆，用多态的表现形式巩固记忆，将中华民族悠久的文明信仰和民族精神呈现于荧屏。③新疆锡伯族为纪念民族先辈的"西迁"历史，将每年的农历四月十八日定为"西迁节"，并在祭礼结束后跳起"贝伦舞"。贾安林认为，贝伦舞作为承载民族文化记忆的媒介能反映锡伯族渔猎、畜牧、农耕生产方式的变迁；贝伦舞中渗透着锡伯族乐观坚毅的西迁精神；贝伦舞中"马"的形象反映了民族宗教信仰；贝伦舞艺术化呈现了锡伯族的生活习俗。同时，在贝伦舞的传承过程中也产生了文化失忆问题，这些问题若是不被重视、解决，随时间的推移，贝伦舞背后文化记忆的断层会越来越明显④。舞蹈和歌曲都是传承民族文化记忆的重要方式，王海霞等以黑龙江孙吴县四季屯田野调查为例，对满族民歌的活态传承发展及文化记忆进行诠释。在当今世

---

① 王伟平：《电视纪录片的文化记忆功能》，《新闻战线》2010年第6期。
② [德] 扬·阿斯曼：《文化记忆：早期高级文化中的文字、回忆和政治身份》，金寿福、黄晓晨译，北京大学出版社2015年版。
③ 任宽：《中国考古大会：民族文化记忆建构的有益尝试》，《中国广播电视学刊》2022年第3期。
④ 贾安林、岂蒙：《新疆锡伯族"贝伦舞"变迁中的文化记忆与传承》，《北京舞蹈学院学报》2021年第2期。

界经济多元一体格局下,满族民歌的活态传承路径不仅要依靠媒体进行传统文化传播,还要利用其他传承方式,包括建立保护与传承机制、构建活态文化传承有效载体——传承人机制、学校教育传承、推出旅游文化打造品牌意识、网络媒体传播是传承新途径。[①]

文学作品对民族文化的书写为民族文化记忆的传承融入了独具民族特色的艺术视角,陈佳冀提出,乌热尔图作为鄂温克民族文学书写的代言人,将自身对本民族的感情融入创作,书写着鄂温克族的民族历史。其小说巧妙借助"动物叙事"和多维视角传达族性声音、揭示民族发展进程中的诸般问题,构建起富有民族特色、异彩纷呈的文学世界。乌热尔图在不断对民族文化进行反思与自审的同时,亦不乏对当代中国传统文化的民族标识、历史记忆与生存观念的整体审视,并将视野延伸至对现代化进程中各民族可持续发展路径与未来愿景等问题的阐发上。[②] 黄晓娟则通过分析藏族女作家梅卓的小说,阐释民族文化记忆的女性书写角度。在梅卓的小说中,民族文化记忆是一种想象的重构。她在小说中对本民族历史的想象和叙述,也成为自身寻求归属与认同的过程。在对民族文化记忆的构筑中挽回本应永恒的存在,渴望恢复本民族文化自信,对自己民族的关心和对人类命运的关注在梅卓的小说中合二为一,表现出鲜明的民族集体主体性和对狭隘民族主义的超越。[③]

(三)跨文化传播:文化记忆的交流与碰撞

跨文化传播中之所以有文化折扣的存在,是因为交流双方拥有不同的文化记忆。双方的文化主体产生碰撞,可能碰撞出噪声,也可能碰撞出共鸣。跨文化传播要想收获"美美与共"的传播效果,

---

① 王海霞、金顺爱:《没有消失的"群族文化记忆"——认知满族民歌的活态传承与文化认同》,《文艺争鸣》2019 年第 8 期。
② 陈佳冀:《动物叙事、族性声音与文化记忆——论乌热尔图小说民族文化书写的叙事建构》,《中国文艺评论》2021 年第 11 期。
③ 黄晓娟:《民族文化记忆的女性书写——论藏族女作家梅卓的小说》,《民族文学研究》2012 年第 6 期。

就需要交流双方针对彼此的文化记忆展开相应的传播策略。李瑛认为，中西方文化思维模式之间存在着一定的差异，西方保留文化记忆的方式是修建博物馆。东西方各自的文化记忆和彼此文化之间的碰撞，必然会创造出深刻的记忆痕迹及新的多样化状态。人们在跨文化交流中不仅要具有语言技能，还要有文化感知能力。① 王蕾基于美国女性作家赛珍珠的跨文化生活背景，分析她作品中对于中国底层人民的关注。在赛珍珠的中国书写中，女性通过通俗化与生活化的口述形式将传统文化与伦理价值观渗透到日常生活中，不仅展示出对文化记忆的独特传承功能，而且突破了男权话语的垄断，进而成功地解构了西方男性中心主义对中国女性的他者化呈现。② 张德明认为，每个民族的文化记忆中都存在着某种"他者性"，对应着与外来文化打交道时积淀下来的种种复杂的回忆与经验。正由于文化上的"他者"的出现，民族文化记忆才有了来自外部的参照物，从而意识到自己存在的价值，更加珍惜自己独特的地方性文化身份；并能在保持本民族文化个性的同时，对外来文化采取主动吸纳的态度，为适应多元文化共存的现实打下文化心理基础。③

二 唐崖文化的研究综述

自"唐崖土司城址"入选世界遗产名录以来，"唐崖"以及其所象征的文化逐渐出现在大众的视野中，学界对"唐崖"的关注也与日俱增，表现出较大的研究热情。当前，仅中国知网就有关于"唐崖"的学术论文、期刊近百篇，研究曲线在2015年（唐崖土司城遗址与永顺老司城、海龙屯遗址共同入选世界文化遗产名录）后出现较大浮动。根据研究梳理（见表0.1），围绕"唐崖"的研究主题分布

---

① 李瑛：《跨文化交流视阈下的文化误读与文化记忆》，《出版广角》2016年第3期。
② 王蕾：《赛珍珠跨国书写中的女性口述与文化记忆》，《江苏大学学报》（社会科学版）2021年第3期。
③ 张德明：《多元文化杂交时代的民族文化记忆问题》，《外国文学评论》2001年第3期。

集中于"土司城遗址""土司制度""民族文化"等方面。将研究聚焦"唐崖文化"这一物质与非物质的文化遗产,以下将从文化认同与互动、文化遗产挖掘保护与价值凝练等方面展开具体的综述与研究。

(一)文化认同与互动研究

在"蛮不出境,汉不入峒"的土司时期,土家族文化和汉文化也曾有过较大规模的互动和交流。[①] 覃鼎以来,唐崖文化在一定程度也与两种文化进行了较为深入的互动,在长时间军事交往、人口迁徙等交融互动中,也形成了基于各自文化特性上的文化认同。自土司覃鼎以来,唐崖所象征的文化就与汉文化等有过深度的交往,通过军事交往、人口迁移等形式实现不同文化间的交流与交融,并由此达成了基于各自文化基因层面上的文化认同。在长久的文化交流背景下,唐崖文化吸收了诸多文化的特色,逐渐形成了具有自身特色的文化形态。作为唐崖土司区域的权力和礼仪中心,土司城是明代后期土司地区认同和接受汉地价值观之后高度汉化的产物。[②]

从考古保护发掘等工作成果来看,唐崖土司城遗址的还原从城址布局、建筑风格、雕刻技艺等方面,体现出了在历史的长河中,唐崖与不同文化间交流、交往与交融的结晶与文化认同的印记。在土司时期,唐崖地区的自然生态与历史景观的交融、土家族和汉族文化的共荣等,都是文化互动和认同历史的印记,折射出的是文化共生情结和民族和谐意识。[③] 笔者在文献阅读过程中,梳理了土司个案研究的文章并将其分析后发现,文献数量靠前的土司个案研究有共性也有个性(见表0.1)。从梳理的11个土司个案研究来看,大部分都是从各个土司的历史考察、遗址保护、文化价值、土司制度等

[①] 王祖龙、陈露、肖竹:《仿象与象征:唐崖土司城遗迹的文化解读》,《三峡论坛》(三峡文学·理论版)2014年第4期。

[②] 李梅田:《观念认同与文化同化——唐崖土司城结构与性质分析》,《三峡论坛》(三峡文学·理论版)2014年第4期。

[③] 王祖龙、陈露、肖竹:《仿象与象征:唐崖土司城遗迹的文化解读》,《三峡论坛》(三峡文学·理论版)2014年第4期。

方面去切入,也有就各个土司自身的独特性即区别于其他土司的个性化的研究,主要聚焦在所处地区的少数民族文化、建筑文化、文化认同等方面。总体上来说,土司的个体研究共性大于个性。

有研究将播州土司、永顺土司和唐崖土司进行横向对比分析后认为,土司文化国家认同观念底蕴深厚。在土司管辖治理的地区随着各族人民的走动和流动以及生活半径和圈层的扩大,各土司地区下层民众的国家认同感得到空前加强,民族融合也随之进入更宽广的领域和层次。

表0.1　　　　　　　　土司个案研究概况[①]

土司名称	研究对象	篇数(篇)
唐崖土司	土家族文化、旅游开发、文化传播、申遗、建筑文化、音乐文化等	106
容美土司	土司文化、文化互动、国家认同等	95
忻城土司	文化旅游、建筑文化、历史源流、地方旅游、土司制度等	81
播州土司	历史遗迹、文化旅游、文化教育、文化遗产、土司制度等	78
酉阳土司	文化遗产、土司制度、社会治理等	63
永顺土司	社会治理、国家认同、军事制度等	36
卓尼土司	文化价值、藏族研究等	26
水西土司	文化论述、土司比较等	21
南丹土司	文化资源、土司制度等	19
卓克基土司	文旅发展、官寨等	12
海龙屯土司	文化遗产、文化价值等	10

有研究从民俗信仰的视角对唐崖土司遗址进行文化研究,对唐崖覃氏是蒙古遗裔,"佳城"、"唯城"还是"佳城","玉皇庙"是否为风水建筑,唐崖土司城遗址的"井"数究竟有多少,等等议题进行了细致的考察。[②] 也有从唐崖土司民间传说中去研究民俗风情的论文,譬如土喇叭接媳妇、穿露水裙、打"扬尘"、吃八宝合菜等,

---

[①] 笔者将相关土司的关键词在中国知网上检索,检索日期为2019年2月1日。
[②] 萧洪恩、侯春燕:《唐崖土司文化研究献疑——基于民俗信仰的视角》,《湖北社会科学》2016年第11期。

这些民间的传说承载了当地流传的风俗背景、来历、仪式和故事，在一定程度上也流露出了土家人对民俗文化的接纳和精神上的寄托。① 唐崖河流域是鄂西著名的"民俗之乡"，无论是生活习俗、礼仪习俗和祭祀习俗都是一种文化的表征，可充分利用丰富多彩的民俗文化来打造唐崖民俗文化村，将土家族的建筑、饮食、戏曲、风俗等融入其中，展示民族文化的同时，开发文旅产业。②

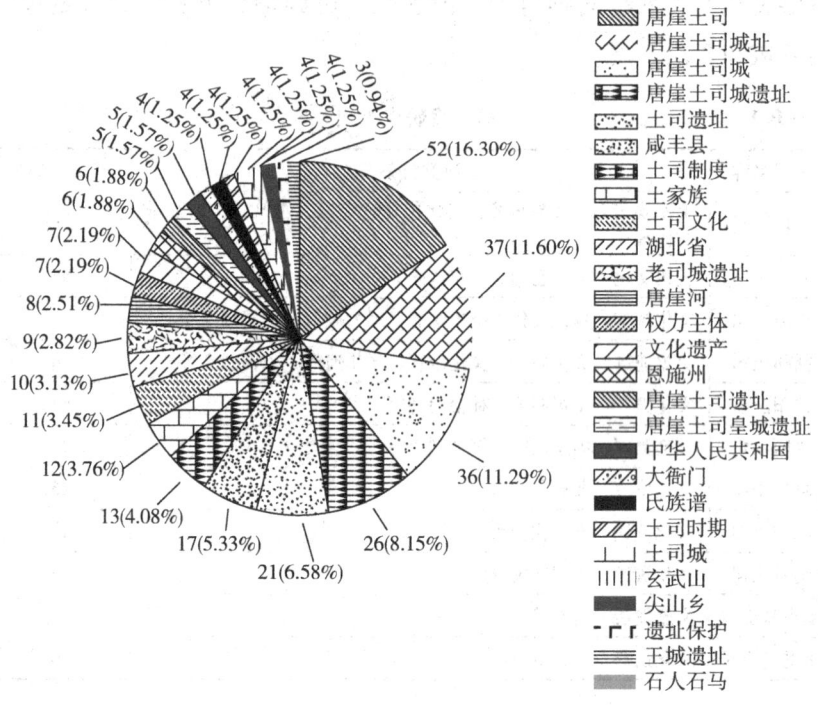

图 0.2　中国知网"唐崖土司"文献的主题分布③

"民族文化需要传播，任何一项文化遗产不只是文化的承载之

---

① 刘健灵：《唐崖土司民间传说研究》，硕士学位论文，湖北民族学院，2017 年，第 29 页。
② 邢淑芳：《对构建唐崖土司皇城民俗文化村的思考》，《中南民族大学学报》（人文社会科学版）2004 年第 5 期。
③ 图源：截至 2022 年 12 月 31 日，中国知网共计有 195 篇有关"唐崖土司"的学术论文，经过词频分析，得出此图数据。

物,更是承载着一个民族的灵魂。"① 如何在新媒体时代将唐崖文化进行有效的传播也是不少研究者开始关注的方向,但是总体来说唐崖文化传播方向的文献十分有限,研究成果的层次有很大的提升空间。随着传播介质迭代速度越来越快,在新媒体时代,如唐崖文化、非遗文化等的传播现状与改进的策略也成为诸多学者关注的话题方向,但以传播学视角对唐崖文化展开研究的文献仍十分有限,研究成果的视角有很大的提升空间。当前,围绕"世遗唐崖"所展开的宣传局限于咸丰县与恩施州等地区。如何将现代的传播策略与传统的唐崖文化相结合,将最新的传播策略应用在唐崖文化的传承与传播中,使唐崖文化走得更远、影响更大,这也是文化传播的学界与业界共同面临的机遇与挑战。

(二) 文化遗产挖掘保护与价值凝练研究

当前,唐崖土司遗址地处的咸丰县坚持"保护为主、抢救第一、合理利用、加强管理"的方针,坚持文物本体保护与周边环境保护并重,统筹协调世界文化遗产与当地的经济社会发展关系,推动文化遗产保护工程向"保护成果、全民共享"的惠民工程转变,推进文旅融合,全力打造文化旅游新地标。

从唐崖文化的构成上来说,唐崖土司城遗址是唐崖文化的核心组成构件,是文化记忆的物质载体。因此,唐崖文化保护的第一步就是用科学的理念、完善的机制、高效的措施对土司城遗址进行"抢救性保护"和"持久性保护"。不让土司遗址的真实性和完整性在时间的长河中被冲刷、侵蚀,方可保证土司遗址可持续保存和利用以及土司文化的有效保护和深度挖掘。② 文化的保护和传承不仅仅是对遗址"躯壳"的存在性保护,同时也不能忽视承载文化意义和

---

① 范明华、张贤根主编:《美学与艺术研究》(第 6 辑),武汉大学出版社 2015 年版,第 381 页。
② 撒露莎:《论我国土司遗产的申报与保护——以永顺、唐崖、播州三土司城遗址联合申报为例》,《民族论坛》2014 年第 11 期。

阐释文化精神的原住民的重要性，因为"原住民在这里的生活，才是真正的活的文化遗产"。① 静态的遗址和动态的百姓结合起来才能完成土司文化的保护，因为文化是由人创作、发展和共享。

从宏观上看，唐崖土司城遗址的选址、布局以及排水系统设计等方面均体现了土家族的独特智慧，采用了汉唐城市的模式（如"T"形街道布局和上尊下卑的层次），是土家文化和中原文化与土司文化互动的产物。唐崖土司城坐西朝东、三面环山、一面临水，反映了土家族"万物有灵"的自然观。土司城排水系统利用天然的地势与地形，设计并修造排水系统，反映出土家族对土地神、山神、石神等自然物的崇拜。②

图 0.3　唐崖土司城遗址　恩施州政协供图

从微观上看，譬如以唐崖土司城址中具有标志性的建筑"荆南雄镇"牌坊为例，从牌坊建造背景来看，在平定"奢崇明叛乱"的战争中覃鼎战功卓著，明熹宗颁令嘉奖，敕建功德牌坊并阴刻"荆

---
① 田宗伟：《原住民才是真正的"活文化"》，《中国三峡》2016 年第 3 期。
② 范洪涛：《唐崖土司城的营造与土家族的自然观》，《齐齐哈尔大学学报》（哲学社会科学版）2017 年第 7 期。

图 0.4　唐崖土司衙署区　摄影/蒲元浩

南雄镇"和"楚蜀屏翰"八个字,寓意唐崖土司是"国家的捍卫者",也是"国家至上"的认同者和追随者,体现了唐崖土司对明王朝基本制度、政治体制和国家权威的接纳,因此,从文化认同和国家认同的角度来看,城址的建筑格局和风貌也是中央政府与地方土司交往互动的产物,国家权力施于地方社会治理的政治书写。① 牌坊建造是中央政府与地方土司的文化交流与互动,其政治性价值远远大于其文化价值。②

唐崖土司城址作为唐崖长官司治所,是"齐政修教、因俗而治"的枢纽,连接起中央政权和地方族群,促进了民族地区稳定发展和文化多样性传承。③ 也见证了鄂西地区土家族的历史变迁、社会发展、文化交融。因此,保护好唐崖土司城的遗址至关重要,不仅是制度上的要求也是文化上的自觉。在开发中处理好保护与发展的关系,不仅要做到物质化的保护,使其不受人为损坏和自然侵蚀,同

---

①　冉红芳、谭俊:《唐崖土司与中央王朝的文化互动——以"荆南雄镇"牌坊为中心的考察》,《湖北民族学院学报》(哲学社会科学版)2017年第5期。
②　曾超:《唐崖土司牌坊的"历史性价值"述说》,《三峡论坛》(三峡文学·理论版)2016年第3期。
③　傅晶、李敏、徐新云、王敏、吴东:《"土司系列遗产"视角下唐崖土司城址价值研究》,《三峡论坛》(三峡文学·理论版)2014年第4期。

图0.5 唐崖土司城"荆南雄镇"牌坊

时也要做好数字化的保护,即资源库的数字化、平面数字化、三维立体数字化和传播的数字化等,利用现代技术开辟唐崖土司遗址保护和价值输出的新路径。[1]

三 新闻框架的研究综述

框架理论最初源于社会学家戈夫曼《框架分析》(1974)一书中提出的"个人组织事件的心理原则和主观过程"[2],对"框架"作了简要定义。吉特林发展了这个概念,认为框架就是"关于存在什么、发生什么、有意义的是什么,这些问题的选择、强调和表现上所用的原则"[3],吉特林还将框架理论发展成三个核心概念:框架(frame)、框

---

[1] 黄天一:《唐崖土司成功申报世界文化遗产的影响及保护对策》,《铜仁学院学报》2016年第3期。

[2] 参见[美]斯蒂芬·李特约翰《人类传播理论》,史安斌译,清华大学出版社2004年版,第178页。

[3] Gitlin, T., *The Whole World Is Watching: Mass Media in the Making an Unmaking of the New Left*, Berkeley, University of Califonia Press, 1980, pp. 6 – 7.

架化（framing）和框架效果（framing effect）。恩特曼指出框架理论在本质上就是选择和图像，强调某些方面使之更加突出，这是当前传播学研究者采用最多的定义方式①。学者陈阳指出，传播学视野下的框架研究分布在新闻生产、媒体内容、媒体效果三个不同的领域内，带来了研究问题的多样化②。换言之，新闻生产是对媒介构建框架的过程研究，媒介内容着重对新闻文本进行研究，媒体效果则是关于受众如何接收和处理信息的研究，即受众框架。

鉴于本书研究问题属于第二个领域，即对媒介内容的框架分析，故下面简要对媒介内容的框架研究进行必要的梳理，以期在前人的基础上形成理论框架。

对于新闻文本的研究是框架分析的中心，甘姆森认为框架是新闻报道的"中心思想，为新闻事件赋予意义"③，"意义"的赋予是通过媒体对新闻的选择、组织和凸显得以实现的，通过新闻文本可以看到"凸显"与"遮蔽"的部分。早在1993年就有台湾学者钟蔚文等引入框架理论用于研究新闻文本④。李希光、刘康等采用框架分析法，分析了美国主流媒体如何采取"妖魔化"框架报道中国事务⑤。陆晔采用内容分析法，通过对香港媒体报道中新闻文本的抽样分析，直接探讨香港媒介是否存在固定报道形态，如何呈现内地事件，进而可间接分析香港媒介的客观公正程度⑥。张克旭等人通过对三家电视台同一新闻的内容分析，以及对受众的深度访谈，证实了新闻媒体在反映客观现实的特定事件时，会固定呈现此事件的特殊

---

① Entman, R. M., *Framing Toward Clarification of a Fractured Paradigm*, Journal of Communication, 1993, 4: 51–58.

② 陈阳：《框架分析：一个亟待澄清的理论概念》，《国际新闻界》2007年第4期。

③ W. A. Gamson & A. Modigliani, "The Changing Culture of Affirmative Action", in R. D. Braungart ed., *Research in Political Sociology*, Greenwich: JAI Press, 1987, 3: 137–177.

④ 钟蔚文等：《新闻的框架效果》，收录于臧国仁主编《中文传播研究论述》，（台北）"国立"政治大学传播学院传播研究中心1995年版，第243—256页。

⑤ 李希光、[美]刘康等：《妖魔化中国的背后》，中国社会科学出版社1996年版。

⑥ 陆晔：《香港中文报纸中的中国内地新闻：新闻文本的框架研究》，《新闻大学》1998年第2期。

部分，媒介框架与受众框架之间趋同、协商或对立①。张宁将框架分析作为一种方法，研究日本三大报有关历史教科书问题的社论框架，探索新闻媒体社论框架的演变、进步，提出一种框架被反复使用和扩大，就把一种特定的观点强加于受众，指出某种思潮在媒介的言论和意识构造里出现②。李希光通过对美国媒体国际冲突报道框架的分析，指出中国媒体应该在增加一手信源、信源和选题多样化上提高媒体的专业性和客观性③。此外，将框架理论用于不同题材新闻文本的分析中，以此探索某种新闻的报道形态，用以指导实践，也是常见的分析思路，如战争报道框架④、丑闻报道框架⑤、灾难新闻框架⑥、人物形象报道框架⑦；随着媒介的发展和多样化，也出现了电视新闻⑧和网络新闻文本⑨的框架分析。

近年来，新闻的视觉化和情感化转向，也在一定程度上带来了学界对视频新闻报道框架的分析与关注，如苏状对中外数据新闻可视化所运用的视觉框架分析⑩。张程喆研究了以视觉驱动为核心技术的抖音平台上主流价值观的宣传，从选题、态度、情感三方面对

---

① 张克旭、臧海群、韩纲、何婕：《从媒介现实到受众现实——从框架理论看电视报道我驻南使馆被炸事件》，《新闻与传播研究》1999年第2期。
② 张宁：《论日本三大报有关历史教科书问题的社论框架》，《国际新闻界》2002年第4期。
③ 李希光：《谁在设置我们的国际冲突报道框架——一些媒体国际冲突报道议题设计与框架选择分析》，《中国记者》2002年第9期。
④ 金苗、熊永新：《美国25家日报要闻版伊拉克战争报道新闻构架分析》，《新闻与传播研究》2003年第3期。
⑤ 曾妮：《局促的自由——美国媒体关于伊拉克虐囚报道的框架分析》，《国际新闻界》2005年第1期。
⑥ 彭鹏、樊永强：《悲剧的中国式处理与新闻的健康表达——以中国新闻纸对"海啸"灾难的报道为例》，《新闻与传播研究》2005年第3期。
⑦ 夏倩芳、张明新：《新闻框架与固定成见：1979—2005年中国大陆主流报纸新闻中的党员形象与精英形象》，《新闻与传播研究》2007年第2期。
⑧ Simon Cottle, Mugdha Rai, "Television News in Singapore: Mediating Conflict and Consent", *Asian Journal of Social Science*, 2008, 36 (3/4), pp. 638–658.
⑨ 余红、叶雨婷：《网络论坛不同类型ID的议题框架——以人民网强国社区的中日论坛为例》，《华中科技大学学报》（社会科学版）2008年第2期。
⑩ 苏状：《真相还是包袱？——基于中外同议题数据新闻可视化比较的视觉批判研究》，《编辑之友》2020年第12期。

《人民日报》的抖音平台短视频进行分析①。

第三节 核心概念

一 唐崖文化

唐崖土司城遗址是唐崖文化的具象化表现。因此在探究唐崖文化前，须先厘清其"土司文化"的概念。"土司文化"一词最早由学者余嘉华正式提出并使用，其在1996年发表的《雪山文脉传千古——兼谈土司文化评价的几个问题》中对丽江纳西族土司进行了深入研究，并对木氏土司的诗文成就进行了考释，然而文中并未对"土司文化"进行明确界定。李良玉教授认为，土司是一种符号，它是特定地点和时间的产物，它反映了民族地区的政治、军事、文化和社会的格局与特点。土司文化的概念来源于土司，是土司的延伸和拓展，土司文化作为古老文化的一种，是中华民族厚重文化和悠久历史的重要组成部分。成臻铭教授从文化属性的维度去定义土司文化，认为土司文化是一个文化"集合体"，浓缩了传统文化、民族文化、乡土文化、家族文化和政治文化，但又区别于其中的任何一个文化，具有多元性、原生性、本土性的特点。国家招标课题"中国土司制度史料编纂整理与研究"首席专家李世愉教授认为，"土司文化"在学术研究及媒体报道中使用日渐频繁，为使土司文化研究健康持续发展，厘清土司文化的定义和内涵不可延宕。他认为，土司文化是土司制度创建和推行过程中产生的一种特殊的历史现象。但不能简单地把土司文化等同于民族文化、乡土文化。根据定义的基本属性和基本特征要求，笔者更倾向于最后一种设定，即李世愉教授的"土司文化是土司制度创建和推行过程中产生的一种特殊的历史现象"。根据文化的属性进行划分，探讨土司文化主要聚焦

---

① 张程赫：《视觉驱动的认同——以人民日报抖音号的主流价值宣传为例》，《青年记者》2020年第26期。

在土司的制度文化、建筑文化、民俗文化等。李世愉先生认为以上阐述失之于宽泛，并非严格的定义，他在《试论"土司文化"的定义与内涵》一文中认为，就目前对"土司文化"的使用来看，主要有"土司时期的文化""土司地区的文化"与"土司制度的文化"三种用法①，但三者是不能互相取代的。它们三个分别体现了土司文化的历史性、地域性和制度性。严格来说，土司文化应该称为土司制度文化。李世愉先生将土司文化界定为：土司文化是土司制度创建和推行过程中产生的一种特殊的历史现象。土司文化是土司制度推行过程中出现和存续的一种存在于少数民族地区的历史现象，土司文化不能简单等同于其他的文化，譬如民族文化、乡土文化等。

对"唐崖文化"概念的定义，需要借助知识社会学的视角来进行考察。唐崖土司是在特定历史时期所形成的一种独特的文化现象，其土司的设立源于中央王朝对边疆等少数民族地区的"放权"。在近400年的唐崖土司治理下，民间流传着许多有关土司等的传言，如人物、历史等。从土司城的建筑与布局等方面来看，体现了其风水、建筑与雕刻等文化现象。由此可知，唐崖文化是在特定历史时期、特定地区的土家族文化与多文化的结晶，是唐崖地区的土司与民众所共同构建的一种杂糅的文化，主要包括地域文化、制度文化、民间传说等。

二 文化记忆与媒介记忆

扬·阿斯曼和阿莱达·阿斯曼夫妇共同提出文化记忆理论后又有了各自不同的研究侧重点。随着互联网技术的发展，新媒体对过去的记忆产生了新的冲击，技术赋权使大众开始主动参与记忆的建构，文化内核在这个社交媒体风靡的时代也被不断解构、重构。文化既沉淀遥远的过去，也指向无尽的未来，文化记忆也是如此。扬·阿斯曼将记忆分为交往记忆和文化记忆。文化记忆是被创建的，

---

① 李世愉：《试论"土司文化"的定义与内涵》，《遵义师范学院学报》2016年第2期。

比如庆典仪式性的社会交往、节日等。在记忆传承的过程中，随着年代远去，亲历记忆的一代人也将逝去，交往记忆如何能转变为文化记忆呢？依托于数字技术的现代媒介正是记忆得以留存与再现的关键载体。扬·阿斯曼认为文化记忆始终拥有专职承载者负责其传承。这些承载者包括萨满、吟游诗人等，这些人都掌握了知识。但是随着人类文明程度的提高，文字的读写不再是少数人的专职，知识不再是少部分上流社会阶层垄断的特权，媒介的获取变得唾手可得，媒介内容的生产门槛也降低了。在这种背景下，文化记忆"专职承载者"的角色开始由媒介来担任。关于媒介记忆的研究，目前尚未形成成熟的理论体系，而德国古埃及学家扬·阿斯曼与语言学教授阿莱达·阿斯曼的文化记忆理论中有相当一部分内容论述了记忆与媒介的关系以及记忆通过媒介在时间与空间中的形成过程。

关于媒介记忆的研究方兴未艾，但是关于媒介记忆的概念定义还未达成共识。作为科技交叉融合的产物，媒介记忆的研究往往聚焦其过程、功能、责任等方面。媒介记忆的过程就是媒介在运行过程中媒介扮演的记忆代理的角色完成相关社会交往互动的过程，[①] 媒介具有对人类历史、文化进行记忆传承的责任，[②] 同时也有"告知、教育、预见、表达和解释"的功能。[③] 邵鹏在其专著中也试图对媒介记忆的概念做具体的阐释，他认为媒介记忆是指：媒介通过对日常信息的采集、理解、编辑、存储、提取和传播，形成一种以媒介为主导的人类一切记忆的平台和核心，并以此影响人类的个体记忆、集体记忆和社会记忆。[④] 媒介记忆作为记忆研究的一个新的研究方

[①] Trinidad, E., "Carolyn Kitch, Pages from the Past: History and Memory in American Magazines", *Journal of American Studies*, 2006, 40 (3): 670–671.

[②] 邵鹏：《媒介记忆论：媒介作为人类文明记忆过程的研究》，《中国传媒报告》2010年第4期。

[③] 邵鹏：《媒介作为人类记忆的研究——以媒介记忆理论为视角》，博士学位论文，浙江大学，2014年，第126页。

[④] 邵鹏：《媒介记忆理论：人类一切记忆研究的核心与纽带》，浙江大学出版社2016年版，第4页。

向，它与集体记忆、社会记忆、文化记忆等存在不可分割的关系。张莉认为新媒介造就了新的媒介记忆时代。新媒介形成的媒介记忆在记忆的画面性、记忆的速度以及记忆的私人化方面有显著的特点。① 邵鹏关注到媒介记忆与个体记忆的博弈，认为媒介记忆与个体记忆看上去相辅相成，但背后隐藏着风险，二者之间的博弈才刚刚开始。② 陈峻俊将媒介记忆与民族文化传播联系到一起，认为媒介组织和媒介从业者要避免媒介的遗失才能建构民族文化符号。③ 余霞将国家创伤与媒介记忆置于全球传播的语境下，研究媒体的报道如何对"南京大屠杀"进行记忆，如何通过媒介观察和理解集体记忆。④ 还有学者提出，媒介记忆作为一个交叉领域概念，其边界不应无限制扩展，媒介记忆以新闻媒体为记忆实践核心的特性应该与集体记忆以电影或文学等媒介为介质的特性区分开来。⑤ 因此，在研究中，笔者认为，媒介记忆应该是以新闻媒体为核心的媒介在长时间地对某一话题信息的采集、编辑、传播、互动而形成的一种潜移默化地印刻在大众脑海里较为趋同和共鸣的记忆。

第四节 研究内容与研究方法

一 研究内容

本书的研究内容主要分为两大部分，分别是唐崖文化记忆和唐崖文化传播创新。研究团队对于唐崖文化记忆的研究包括唐崖文化

---

① 张莉：《新媒介：被释放的社会记忆》，《新闻爱好者》2012年第9期。
② 邵鹏：《媒介记忆与个人记忆的建构和博弈》，《当代传播》2012年第4期。
③ 陈峻俊：《融媒时代的民族文化传播与媒介记忆生成》，《西南民族大学学报》（人文社会科学版）2015年第36卷第11期。
④ 余霞：《全球传播语境中的国家创伤与媒介记忆——中、日、美、英"南京大屠杀"相关报道（1949—2014年）的内容分析》，《华中师范大学学报》（人文社会科学版）2016年第5期。
⑤ 李红涛、黄顺铭：《新闻生产即记忆实践——媒体记忆领域的边界与批判性议题》，《新闻记者》2015年第7期。

文献古籍整理、对唐崖当地人的深度访谈等，唐崖文化传播创新研究则通过对唐崖文化相关的新闻报道进行内容分析以及建立唐崖家风家训文化园的可行性构想来展开。

2015年7月4日，湖北恩施州咸丰县唐崖土司城遗址申遗成功。研究试图提炼出唐崖土司城遗址成功申遗前后，我国媒体对于唐崖文化的报道气候，因此选择2014—2018年这五年间关于唐崖文化的网络新闻报道为研究样本，在"中国搜索"、新浪新闻、搜狐新闻等几大主要新闻网站进行检索，并对收集到的研究样本进行内容分析，尝试得到一个较短时间跨度内的媒介记忆呈现。

2011年9月，湖北省考古研究所派考古工作队对唐崖土司城遗址进行考古发掘，这标志着唐崖开始为大众和媒体所关注并逐步走进公众视野，在此之前关于唐崖文化的报道可谓凤毛麟角。人民网、荆楚网、恩施新闻网、咸丰新闻网分别是国家、湖北省、恩施州、咸丰县四级的新闻门户网站，除了网站自己生产的新闻产品同时还收纳了其他新闻媒体的报道。研究抓取这四级媒体在2011年9月到2021年9月期间，关于唐崖文化的新闻媒体报道样本，并以此进行内容分析，尝试得到一个较长时间跨度内的媒介记忆呈现。

研究团队多次前往湖北恩施州咸丰县唐崖镇进行田野调查，并与当地文化保护相关人员进行对话和访谈，尝试挖掘出关于唐崖土司文化的一手信息。在咸丰县内发放和回收关于"唐崖家风家训文化"的纸质问卷，在网络平台上对湖北省内不同年龄、职业、文化程度等的人群进行关于"唐崖家风家训文化"的问卷调查。对回收的有效问卷，借助SPSS工具进行数据分析，对唐崖家风家训文化的可能传播效果进行论证和评估。

二 研究方法

本书中进行的研究以质化方法为主，研究团队多次去往唐崖进行田野调查，也结合一些量化方法，对涉及唐崖文化的新闻报道进行内容分析等，撷取质化研究中的思辨性，佐之量化研究的客观性。

（一）田野调查法

田野调查法（field work）是一种重要的质化研究方法。它要求研究者亲临研究地点，进行实地参与式观察。研究者要和被研究者共同生活一段时间，这种共同生活的研究方式被称为"进入田野"。

（二）内容分析法

内容分析法是对一定时期内的文本内容进行定量描述的研究方法。内容分析法的关键步骤包括以下几点：定义概念并确认分析内容；编制编码表和说明表；汇报编码的信度和效度；进行编码。内容分析法可以做的研究包括趋势分析、归纳分析、差异分析、频度分析、倾向分析和强度分析等。

（三）比较研究法

比较研究法就是对两个或多个研究对象进行比较和分析从而判断不同研究对象间的相似性和相异性的研究方法。

（四）访谈法

访谈法是指研究者通过与研究对象进行面对面访谈，从而获得研究对象的态度、情感、看法的研究方法。访谈分为结构性访谈和非结构性访谈。

（五）问卷调查法

问卷调查法是指研究者制作问卷并向研究对象进行发放、回收和统计从而得到研究数据的研究方法，问卷调查法的优点在于操作简单且成本低。

第一章 文化记忆与传播价值

第一节 唐崖的文化价值与传播取向

"民族文化需要传播,任何一项文化遗产都不只是文化的承载之物,它承载着一个民族的灵魂。"[①] 唐崖土司城遗址于 2015 年成功列入世界文化遗产名录,遗址背后的文化历经斑驳流年的洗礼,能否在新时代下焕发新的生命活力,取决于我们能否积极地萃取精华、提炼价值。由于多方面的因素,关于唐崖文化的研究起步较晚且进展缓慢,因此,深入挖掘唐崖土司的当代价值,让唐崖文化走向公共视野并进行传播,让唐崖文化的影响力与其遗址的地位相称,显得尤为迫切。通过文献调研和田野调查等方式,笔者从遗址出发沿着历史的脉络去探寻唐崖土司的謦音足迹,找寻土家人的唐崖记忆,构筑适应时代发展的传播进路。

一 唐崖的当代文化价值

(一)地域文化的历史性回望

从 14 世纪初到 18 世纪中叶,唐崖土司参与并见证了土家族历史沿革和制度更迭。在农奴制度向封建帝制发展的过程中,唐崖文

---

① 张昕、潘伟:《郧西上津镇文化遗产资源的可持续开发研究》,《湖北美术学院学报》2014 年第 3 期。

化对中原文化、传统文化、民族文化起到了桥梁纽带的作用,春秋岁月中唐崖不仅遗存了物态的躯壳,而且传承了文化的内核。文化传承的意义在于我们能从中窥见先人们的技艺、禀赋和智慧,进而能预见我们未来的文明。过往由于缺乏官方的正史典籍,人们对唐崖文化的认知、理解和记忆主要来自对遗址的观瞻、家族内部的人际传播以及坊间的传说故事,而这种碎片化、非正式的记忆往往使人们对唐崖文化的解读流于浅尝辄止的知晓或者是基于一定历史偏见的文化误读,这些行为对唐崖文化的挖掘和发展产生了负面影响。因此,无论是学界还是文化部门、相关组织都应该充分利用唐崖文化的历史价值,进行深入的研究,让人们更清晰、全面、深刻地理解并传承唐崖的悠久历史,重构唐崖文化的集体记忆。

经济的蓬勃发展、科技的飞速进步改变着人们的生活图景,但孕育诞生出民族文化的原始环境也被现代社会取代,逐渐消失,民族文化的精髓特质不断被稀释,它的传承与传播遭遇前所未有的困境。当前,各方重塑唐崖文化的实践是一次对民族文化的历史回望,通过保护和传承唐崖文化,深层次的民族文化基因得以挖掘,意蕴悠长的历史文化记忆得以再现。王明珂认为,对历史的回望就是在记忆与认同间建立起交互的桥梁,进而形成双向勾连。[①] 文化认同和文化记忆在很大程度上有互文性阐释和双向强化的功能。文化认同在长期的历史演变和民间沉淀后形塑了文化记忆,成为人们思想和行动上的印记并随着认同的加深和扩散形成更广泛的集体记忆。同时,文化记忆的存在给文化认同提供了丰沃的滋养土壤。作为一个动态的建构过程,文化记忆的特性之一在于对文化内容的扬弃,即对认同部分的凸显和存疑部分的遮蔽。因此,强调唐崖文化的当代价值离不开对两者的联系,通过文化认同和文化记忆的共同合力来弥合物态遗址所呈现的时空断裂。

---

① 黄应贵主编:《时间、历史与记忆》,(台北)"中央"研究院民族学研究所1999年版。

（二）现代语境的共同体想象

唐崖土司是中央王朝对民族地区治理因势利导的制度框架，它是对"山高皇帝远"的现实补充，也是民族地区社会进步、秩序稳定、文化繁荣的现实所需。① 传播唐崖文化有利于形成和强化当地人的文化认同，有利于传承和发展集体记忆。唐崖文化的挖掘和传扬既保存了民族性和地方性特色，同时又促进了文化间的相得益彰。团队在田野调查期间发现，当地人对于唐崖文化的集体记忆主要表现在唐崖土司的民间传说、戏剧和音乐等方面。例如，土唢叭接媳妇、"金银潭"由来、腊月打"扬尘"、过年吃八宝合菜等。这些地名传说、民俗传说、人物传说、风物传说都是当地人对唐崖记忆的一种集体书写和民间叙事，在反映集体记忆的同时也衬托出土家族人民精神上的寄托和憧憬。②《田氏夫人》和《女儿寨》作为恩施咸丰南剧的代表作，这两部大型舞台剧是唐崖土司的历史和文化的戏剧化再现。南剧通过道具、舞台、表演将唐崖土司传说进行艺术化呈现，利用剧本创作、情节设置、情感渲染等艺术手段来复写和重构集体记忆。从恩施土家族的民歌、山歌中可以发现，土司音乐有许多可以与之关联的音乐痕迹，譬如音乐的元素、歌曲的唱腔和表演等，土司音乐在吸取土家音乐的同时也反映了当地的特色与文化。土司音乐传达着一个族群的历史风韵，它也承载着这个族群的传统文化记忆，这种记忆不是个体的记忆，而是一个族群的集体记忆。

随着唐崖文化的传播，在国家认同上唐崖土司的历史对鄂西南地区的土家族也在润物细无声地加深着。国家认同，尤其是民族地域的国家认同即"对政治共同体的支持"，在很多时候，这种共同体的存在是制度化、政策化、行省化的显存，但更多时候是一种"想

---

① 李良玉：《土司与土司文化研究刍议》，《广西师范大学学报》（哲学社会科学版）2009年第3期。
② 李良玉：《土司与土司文化研究刍议》，《广西师范大学学报》（哲学社会科学版）2009年第3期。

象共同体"的内隐表达。美国政治学家本尼迪克特·安德森认为,即便我们身处一个很小的环境中也很难做到彼此熟络,但是即使彼此相互之间素昧平生,心中仍会不约而同地有一种潜在认识,"我们的关系胜过一般人",这种认识与其说是一种假设,倒不如说是一种"共同体想象"。[①] 任何"想象"都是基于一定的文化认知衍生出来的"框架",具有一定框架的认知和解读,赋权于我们共同体的"合法性"。随着对唐崖土司文化的挖掘、提炼和传播,其文化的价值之一就在于当地百姓对这种想象共同体的认同得到了进一步加强。

二 唐崖的传播内容取向

如何以"唐崖文化"为中心,从中提取传播地区文化的侧重点,最关键的是依据土家族人民当代生活的文化状况,分析其所需要的文化内容,结合唐崖历史,提取相应资源,或者把相应文化资源集中于"唐崖"这一品牌中释放。当代土家民族生活形态迅速变迁,造成了离散化、文化断层等突出现象。因此,我们认为,可以从强化文化认同、传承集体记忆等角度,思考在"唐崖土司城遗址"传播活动中的传播内容取向。

中华大地疆域辽阔、民族众多、文化多元。元明清时期中央王朝为了维护"大一统",更好地进行"因地制宜"的治理,在西南少数民族地区推行了土司制度,这种官职制度有效弥补了"中央—郡县"单一化的国家管理体系,开创了"中央—郡县、土司"新的国家行政结构体系。据学者考究,土司制度"因俗而治"的治理模式和思想渊源源自古代"修其教,不易其俗;齐其政,不易其宜"。[②] 唐崖土司在当地历经三个朝代的"治理"实践也表现出了其

---

① [美]本尼迪克特·安德森:《想象的共同体:民族主义的起源与散布》(增订版),吴叡人译,上海人民出版社2001年版。
② 宋娜、陈季君:《播州土司、永顺土司和唐崖土司文化中的国家认同观念》,《遵义师范学院学报》2015年第1期。

对中央王朝的认同,从"荆南雄镇"石牌坊就能明晓一二。覃鼎因征调有功、战功显赫,朝廷敕造牌坊以示嘉奖,既是物质奖励也是精神褒奖。牌坊上题款和石雕也体现了土司与朝廷的双向认同,彰显了唐崖土司服从朝廷征调,参与平定"奢安之乱"的史实与功绩,也是对王朝国家认同的政治书写。[①] 宏观来看,土司城的遗址遗迹从建筑理念、规划设计、功能布局都体现了对王朝宫殿建制的"仿象",这也是唐崖土司对王朝和国家认同的体现与象征。作为唐崖文化研究的后来者,唐崖土司城遗址管理处的吴尚谦、秦卫、徐瑶所写的《官德家风并重　勤廉修身传家——唐崖土司勤廉文化初探》对唐崖文化进行了较好总结。我们将摘录原文部分内容,并在此基础上将唐崖文化记忆的一般特点归纳为"国家认同"和"家国情怀"两个方面。

(一) 国家认同: 趋同正统

唐崖土司城以"荆南雄镇"牌坊和衙署为核心,通过南北走向的主道路和下河道,将当时的水陆交通及城址的核心区连接起来,并由上街转进当时的万兽园和墓葬区。其城址外围西为玄武山、东为唐崖河与朱雀山、北为碗厂沟、南为贾家沟,较深的沟壑和高山将其与外隔开,恰巧契合了土司城军事防卫的需要,符合了古代"筑城以卫君"的思想,正所谓"古之王者,择天下之中而立国,择国之中而立宫,择宫之中而立庙"。

唐崖文化趋同"国家正统",不仅在城市的布局、选址上体现,在理念和形制上也有较好的体现。唐崖土司虽坐西朝东,理念上却将其后命名为玄武山,在思想上坐北朝南,符合古代汉文化中"四象"的理念。整个宫殿区的中轴线是以牌坊为中心来营造的,强化了土司的核心地位;整个宫殿区采用"前朝后寝"的布局,符合古代中国都城的建筑思想。唐崖覃氏在归顺中央王朝之后,对汉文化

---

① 雷宇:《交流与仿象:唐崖土司城址艺术探源》,《中南民族大学学报》(人文社会科学版) 2017 年第 6 期。

的学习与模仿，都在土司城的选址、布局上有所体现，这是通过对"国家正统"的趋同，构建了"国家认同"的基础和意识。

历代王朝都十分重视纳贡，它既反映出土司对中央的臣服，也是中央朝廷对土司进行统治的符号。唐崖土司对元和清王朝的进贡纳赋的情况不详，据《明实录》记载，唐崖土司共计10次向朝廷进贡，分别是在洪武七年（1374），宣德三年、七年（1428、1432），正统三年、六年（1438、1441），景泰四年（1453），天顺二年、三年（1458、1459），成化三年（1467），弘治二年（1489），主要贡品有马和地方特产佳品——"方物"。唐崖土司通过对朝廷的纳贡表明其归化之心，也因此获得了与中央政权接触的多重机会，瞻天子之威严、礼教之敦厚，习汉族之礼仪及生产方式、生活方式、民俗性格等。随着朝贡次数的增加，学习和交流也更加深化，增强了土司地区人民对汉文化的认同感。

鄂西、湘西、渝东地区在历史上被称为"蛮夷之地"，尽管有"汉不入峒，蛮不出峒"的既定规则，但土司在那个时期对汉文化曾有深层次的学习吸纳。明政府认为，除了军事威慑和严格管理外，对汉族文化的学习也十分重要，这有助于有效治理边疆和民族地区。《大明一统志》第六十二记，明太祖洪武二十八年（1395年）朝廷下令："诸土司皆立县学"，《明史·保靖宣慰司传》证，孝宗弘治十年（1497年）下诏："土官应袭子弟悉令入学，渐染风化以格顽冥，如不入学者，不准承袭。"[①] 明朝弘治帝朱祐樘在弘治元年颁布法令，要求各地方的土官子弟必须学习中原汉族的传统，不然就不能继承当地的官职。此规定一经发布，土司开始在本区内设立学校或将子弟送到汉族地区学习汉文化。土家族地区学校教育迅速发展。史料上未见记载唐崖土司的办学情况，相传，其仅有原牌坊右侧处遗址的地名为"书院"，虽无从考证其真实性，但为历代口口相传。

---

① 陈廷亮等：《改土归流与湘西少数民族地区教育事业发展》，《湖南日报》2022年3月9日。

覃鼎是唐崖土司的第十二代土司，其夫人田氏对佛教尤其信奉，是个开明的女贤人，她曾在朝圣峨眉途中学习汉民的多种农业技术，如耕种、纺织等，并广为传播，其开明之举被后人广为传颂。

同时，牌坊上雕刻的"渔樵耕读""麒麟奔天""断桥接子"等故事形象，也都体现了唐崖土司对汉文化的吸纳及认同。唐崖土司城被土民称为"土司皇城"，其管辖区域内的行政最高长官为土司，土司的"女婿"被称为"土司驸马"，土民称土司陵墓为"皇坟"。土司在其管辖范围内修建一定规模的城池并附上象征他们权势的符号，这些符号亦增添了"皇家"的色彩。为象征他们的身份地位，他们还使用行政印玺等，以便于土司借中央皇朝的威望表达自己拥有合法、正统的权力。

（二）家国情怀：忠君爱国

土司的士兵常被朝廷调遣："每有征战，辄荷戈相向"。他们所参与的军事行动主要有四种：一是对民族暴动的压制；二是镇平汉族的农民叛乱；三是抵御倭寇；四是"援辽"（也就是与明朝的部队一起对抗后金军队）。唐崖土司多次奉调出征且战功卓著，这在唐崖《覃氏族谱》和民国《咸丰县志》中皆有记载。最为著名的征战当属明天启年间（公元1621—1627）覃鼎奉调参与"奢安叛乱"的平定，唐崖《覃氏族谱》在覃鼎的事迹中对此有明确记载。

恩施境内现鹤峰县的容美土司也主动参加朝廷征调，派遣土司精兵参与朝廷军事："官军追及之于三江民舍，连战，斩首二百级。复追至黄家山，尽歼之"[1]，这是容美土司田世爵率兵于明嘉靖三十五年，随总督奉调至福建前线抗倭，又至浙江黄家山抗倭的写照，八月"进剿海寇徐海等于梁庄，大破之"直至"浙直倭寇悉平"[2]。容美土司田世爵为国鞠躬尽瘁，死而后已，八十多岁时还在辅佐其子率兵抗倭，八十三岁卒于芜湖军营之中，实为忠君爱国。

---

[1] （明）徐阶等：《大明世宗肃皇帝实录》，明抄本，见卷四百三十一。
[2] （明）徐阶等：《大明世宗肃皇帝实录》，明抄本，见卷四百三十一。

历经近 400 年的荣辱兴衰，唐崖土司城遗址给我们呈现的唐崖文化像一座富矿，需要我们去发现、探秘和挖掘，它的灵韵对我们的学术研究和生产生活都具有巨大的思想启迪。唐崖文化交融于土家文化和中原文化，其产生与发展也见证了两种文化共生、共存、共融的历史流变，成为我国西南地区、武陵山区的特色文化景观。土司制度作为元明清时期广泛适用于西南地区的少数民族聚集区的地方政权组织形式和制度，对当地的民族文化、生活习俗、思想观念都产生了深远影响。也许从当下的视角去审视，其中或多或少带有"落后""独断""荒蛮"的一面，但是文化的生成离不开具体的社会背景和时代特征，纵观历史谓之瑕不掩瑜。"荆南雄镇"石牌坊，成为唐崖土司"世遗"的形象代表，牌坊上镌刻的"槐荫送子"和"渔樵耕读"等图案，都体现了对中原文化和儒家文化的仿象。唐崖土司城的建制格局令人神往，我国古代的"四象"在其中体现得淋漓尽致，体现了中华民族传统的"堪舆"思想。

一般来说，文化认同的社会价值至少有两个方面：一是为所处社会环境的人们提供情感共振的文化土壤，人们在某些观点和理念上心照不宣地趋于统一，形成情感共鸣，协调社会发展；二是为人们的行为规范提供参照，为个人和群体之间的言行互动提供认知基础和行动框架。作为当地最核心的文化基因，唐崖文化在长期的生产生活中一直发挥着这样的价值，而这正是文化认同在人们的情感、思想、行动中发挥的作用。唐崖土司在历史长河中留下的制度文化、家规家训、家国情怀等都是文化认同的源头，传播唐崖文化的这些内容对当地人的文化认同意义重大。

第二节 唐崖的文化记忆路径

唐崖历代土司基本都出自土家族，其记忆不可避免地与土家族记忆交织重叠。通过田野调查，我们发现唐崖文化的记忆情况并不乐观，无论是个体记忆、集体记忆、历史记忆还是媒介记忆均处于不太理想的状态。因此，新时期要完善或重建唐崖文化记忆就需要与土家族记忆相勾连，进而拓展记忆的主体内容，为发展唐崖文化开辟新路径，更好地留存唐崖记忆。根据唐崖文化的记忆特点，本书将其分为自下而上的民间路径和自上而下的官方路径。

一 个体记忆：模糊分散、清晰度较低

凯赛认为，人永远是记忆的载体，个体记忆不仅包含着"什么"，也拥有一种能记住事件是如何发生的以及具有事件类比的能力。[①] 同时，个体记忆是所有记忆研究的源头[②]——从这个角度上来说，个体记忆研究是非常必要的，它是其他记忆研究的基础。但生物层面的记忆"终究要消亡"，个体记忆容易受到各种因素影响而断层。通过实地调查我们发现，身处唐崖文化核心区的个体对于唐崖文化的记忆内容模糊分散，且与土家族记忆存在不同程度的交叉，这可能与我们访问的都是中老年人有关，访谈对象的学历层次不够高、记忆清晰度较低。

覃某　46岁　村民（唐崖土司城原居民）唐崖河钓鱼偶遇

问：你最喜欢吃什么？就当地传统的吃的？
答：油茶汤，这个油茶汤每天三顿至少有一顿有。
问：油茶汤有什么典故或者什么故事吗？
答：故事啊？故事没听过，反正我们就是喜欢。习惯了。
问：那小时候跟父母就是对于油茶汤啊、土豆饭啊有什么

[①] 张俊华：《社会记忆研究的发展趋势之探讨》，《北京大学学报》（哲学社会科学版）2014年第5期。
[②] 邵鹏：《媒介作为人类记忆的研究——以媒介记忆理论为视角》，博士学位论文，浙江大学，2014年。

故事或者经历？

答：具体的我记不清了，就是小时候……

问：就是你们小时候就已经开始吃油茶汤了。

答：油茶汤是我们这里的习惯，跟他们喝茶叶一样。整天就是干了一天不喝它就不新鲜，就不像人嘛。就跟吃盐一样。

问：你们过年是不是要吃打糍粑吗？

答：过年啊？吃，以前是自己做，现在都是买。没有时间做了，现在搬到这里来，没有谁弄，以前在老家。

问：以前你们是在哪里住？土司城吗？

答：土司城，以前我们在土司城都是自己做，每年过年，打糍粑要打几天咯。

问：打几天打糍粑？那能不能跟我们讲讲关于土司的了解，或者父辈有了解？

答：那个几百年的事情，都是传说。

问：那您听过什么传说？

答：传说？记不得了。

通过上述访谈记录我们不难发现：原来住在土司城附近的村民，对于唐崖的历史文化也不是特别了解，甚至认为土司只是传说，这虽然只是个别现象，但也反映在个体方面，关于唐崖文化的记忆已经所剩不多，记忆模糊分散且清晰度低。这也与前人的研究有一定的顺延关系，根据阿斯曼的观点，回忆文化可分成两种类型，生平回忆和"根基式的回忆"。人生回忆不是个人经验，而是与其同辈人分享的记忆。这些生活记忆的年代通常不会超过三代，其内容也大都是比较近的历史。它不仅记录历史、承载历史，还能唤醒历史的记忆与温暖，让历史重新焕发生机。我们与村民的访谈内容基本上属于阿斯曼所说的生平回忆，显然对他这一代人而言，唐崖文化的历史已经模糊、不再清晰。按照学者张俊华所做的梳理，"根基式的回忆"是指遥远的、对后人具有影响力的事件或事实，譬如一个民族神话里面的创世史。"生平回忆"的对象是非正式的，而"根基式的回忆"的内容却有其"庄严、非同寻常"的特点。"生平回忆"的时间跨度为80—100年，"根基式的回忆"包含整个神话中的远古时代。① 但在田野调查中，我们发现唐崖的"根基式记忆"也同样模糊不清。

二 集体记忆：残缺不全、完整性不足

早在1902年，法国社会学家胡果就提出了"集体记忆"这个名词。他认为，集体记忆是一种控制性的力量，也是不断积累而来的东西。1925年，学者哈布瓦赫在《记忆的社会框架》一书中明确地提出了集体记忆的概念，并对此进行了相关研究。集体记忆的载体相互之间没有任何亲缘或地域上（同一个街区等）的联系，但他们可以用完全不同的形式各自追忆同一事件或人物。但正是因为怀念或追忆的是同一事件或人物，以及记忆内容的同一性，使他们之间形成了这种"集体"。② 集体记忆是一种社会行为，人们从社会中获得集体记忆，也在社会中与其他个体或群体交流这些集体记忆并获得认同。③

这一部分我们采用了"集体访谈"的形式来呈现唐崖土司文化记忆的保存现状与记忆情况。根据受访对象的数量，可以将访谈分为集体访谈和个别访谈两类。而集体访谈则是由一个或两个研究者同时对一个小组进行访问，并以小组成员之间的交互行为深入地讨论并研究问题。研究方法基本上遵从"集体访谈"的一般操作流程，现简述如下。首先初步拟定调查提纲，其次选取来自不同单位的访谈对象，最

---

① 张俊华：《社会记忆研究的发展趋势之探讨》，《北京大学学报》（哲学社会科学版）2014年第5期。
② 张俊华：《社会记忆研究的发展趋势之探讨》，《北京大学学报》（哲学社会科学版）2014年第5期。
③ 周海燕：《媒介与集体记忆研究：检讨与反思》，《新闻与传播研究》2014年第9期。

后开始正式访谈并整理相关记录,从而得出关于唐崖的集体记忆。为全面了解唐崖文化的记忆情况,本次集体访谈对象为唐崖地区民宗局、文化局、旅游局博物馆的工作人员。以下为片段节选:

A1

问:关于节会这方面您能给我们说一下具体是怎么样的吗?

答:我来介绍一下吧,关于节会和特殊节会这一块呢,旅游局从旅游的角度,分为四个季度,春、夏、秋、冬,打造了几个重点的节日。比如,我们是以苗族和土家族为主,我们这里有苗会和土家的一些祭祀活动,但是这些在恩施的其他州是都做过的。所以我们旅游局今年呢就打造了一个"牛王节"。我们这边有一个苗岭老寨,主要以苗族为主。在今年的四月份,"牛王节"本来就是在每年农历的四月份,春季就是以"牛王节"为主。夏季我们就主要以景区为依托,就是旅游节的一些范围。比如说,我们有一个黄金洞,黄金洞有一个地心大漂流,夏季就是中国地心第一漂的漂流节为主,这些就与传统的文化节就没有多大的关系了,是一个旅游的活动。那个坪坝营这边呢夏季主要打造的就是露营帐篷节,这个也是与传统没有多大关系。涉及传统文化这一块呢,咸丰有一个文化之乡叫丁寨,那里也是有一个一直想打造的节叫"伯牙会"。我们这个是有据可考的,丁寨是恩施扬琴的发源地,秦云龙把咸丰的扬琴发扬光大了。当时在清朝的时期,恩施圈重庆、钱江、湖南等地,每年的八月十五,就有一些文人、学者到丁寨那个地方去以琴会友、以文会友,这个群就叫"伯牙会"。去年丁寨我们传统节有一个美丽乡村的一个景点要开园的时候,准备把这个节会植入进去,虽然最后没有达成,但这是一个比较好的传统节会。然后这是秋季的,八月十五是秋季的。那冬季呢,主要就是土家族的祭祀活动,这一块呢现在我们开发得也不多,所以我能介绍的也不多,这就是节会这一块。

问:从文化和民俗的角度来讲,这个节庆文化在我们成长过程中是越来越丰富了,还是越来越淡化了?

答:一些政府参与了,重点打造的活动,会越来越深度地去挖掘它的文化,会越来越丰富,包括它的文化底蕴会越来越明晰。比如说"女儿会",比如说"摆手节",包括目前我们的"牛王节",有相关的部门和企业去挖掘,会做一个很好的传承。但是还有一些民间的节会活动,随着时间的流逝,它会慢慢地淡化。

A2

问:严氏祠堂的来历与发展情况是怎么样的?

答:严氏祠堂,本来这个严氏是从贵州的清代末年迁移到咱们这个地方,家族在咱们这个地方发展得比较快,比如严氏的家规家训。我们咸丰这个地方,家族式的东西很多,家规家训很多,保存得比较好,现在还是省级文化单位。[①] 现在这个地方有开发有建设,有一个初步的想法,严家祠堂把全国各个宗族的祠堂的家规家训收集起来,以后凡是有家规家训的祠堂都能在严氏祠堂这个地方找到它家族的家规家训,想把它搞成这么一个基地。如果能够做到的话,很不错。以前我们在抓党风的时候,很少把家风家训,把传统道德教育的东西抓起来。现在我们看待以前民族文化的东西,我们发现其实有很多优秀的东西是值得我们民族去传递的,同时这些也是能在我们党的建设里面发挥极大作用的,它是积极向上的。

A3

问:恩施州的节庆活动与文化传承有什么特殊之处吗?

---

① 1992年被省人民政府定为"省级文物保护单位"。

答：在整个恩施地区上来讲，这些没有什么关系，因为这个地方大同小异，都是土家文化的基地。它的文化传承、它的节庆活动基本上都是差不多的。只是有些节庆活动在某一些地区发展得比较好，在另外一些地方发展得差一些。我们也都在过国家规定的清明啊、端午啊、中秋啊、重阳啊、春节这些法定节日，但地区里面也有一些特殊的节日，很多人都淡化了，很多文化都是这样，政府也很重要，很少有保留着最基础的东西，像我们农历的七月，我们地区以前它有一个好听的名字，叫盂兰会，它这个是地区有文化的人在一起，过这个节的人，现在基本上这些人就很少了，没有很多人做这个事情，但我想以后慢慢回想以前这些地域的节日，可以重新挖掘出来，再发扬光大。我们说的家风家训不是一两天、一两年，它必须是在家族发展很长时间以后才有的东西。长期积累、浓缩、提炼，最后有文化的人再把它整理成文章。

A4

问：咸丰什么油茶比较有名？

答：咸丰最出名的就是一个硒山油茶①，这还有一个小笑话，还是谈朋友的时候，这个男孩子到女方家里去之后，为了对客人家的尊重，人们就铲一碗油茶，这个小伙子不清楚，端起来一口一碗喝下去。那你想啊，肯定会很烫。"油茶汤不冒气，烫死傻女婿"。这是我们这边待客的时候比较隆重的方式。

A5

问：咸丰地区的家风家训是如何发扬起来的？

答：在我们咸丰，发扬家风家训跟这个当地的引导有关。

---

① 湖北恩施有名的一个油茶品牌。

就像最近两年把那个严家祠堂变成基地，推广起来也挺容易的，因为政府引导嘛。然后要求提出来了以后，大众会参与进来。节庆文化，比如在前两年我们搞的弘扬土司，土司文化节还搞了两届了，但是最近一年，因为一些原因，我们没有继续了。再就是涉及我们传统的节庆——社节。社节在我们咸丰是家家户户每到清明节的时候都会过的。吃社饭啊、做这个青团啊。社节给我们分两大内容，活着的人会过这个节，逝世的人也会过这个节。去世的人分三年前三年后这个祭祀，活着的人就是吃社饭、包青团，是饮食上的一个节庆。其他的，比如国家法定的一些节日，端午节这些全国各地都差不多。在饮食文化上，就是油茶汤，是我们咸丰具有代表性的饮食上的一个民俗习惯。还有在我们这的一个地方，有喝咂酒的习惯，制作和喝的方式都是在土家族和苗族很有代表性的，其实就是少数民族的大团结、大融合的氛围。

A6

问：你们节庆文化大传承、传播过程中主要负责什么工作？

针对我们民族宗教部门呢，主要是要了解特殊节庆，包括水文化和茶文化，在我们部门的话，主要涉及就是传统节庆这方面。我们主要是在传统节庆的时候，要发挥的就是民间艺人和民间艺术大师的宣传教育作用。在传统节庆的时候，利用传统节庆的文化表演，打三棒鼓，包括我们那个大幕坝的那个方言教学，把这些形式融合到传统表演里面，并且针对性地制作的关于家风家训的三段五词的内容，然后对家风家训进行了专门的展示。同时，那个三段五词的话，也是在我们咸丰县新闻网，包括刚才的社节在我们咸丰新闻网是有一个专门的文章介绍。然后目前我们的民间艺术大师、中级民间大师啊主要涉及的行业，就包括唢呐、百步拳、根雕技艺、踩龙船、咂酒以及吊脚楼的建造企业，就是这些的话可能跟你们本次的调研的不是有特别多的实质的关系，但是可能下次的时候会用到我们的东西。然后就是唐崖土司城补充一点，就是在2016年底的时候，唐崖土司城世界文化遗址公园是作为全国民族团结进步创建活动教育基地，是被国家民委支持命名了的，然后它在整个世遗过程之后，也开展了大量的宣传教育活动，包括小小志愿者、唐崖论坛等方面，有一系列的传承和宣教的工作在做，然后也是作为我们一个重要的展示部分，一个重要的示范点，然后在2017年12月之后，我们咸丰县是被国家民委正式命名，为全国民族团结进步教育示范县，所以说，我们也是在这个示范县的过程中做出了突出贡献的。

A7

问：是不是有土司十大碗？有什么含义在里面呢？

答：土家族有这种说法，整个恩施州分了有土家十大碗和土家八大碗。至于几个碗，主要是看主人家族的富裕程度，还有地位来决定。不管八大碗还是十大碗，里面的主要菜系都主要是以蹄、髈、扣为主，每一个菜都有自己的菜名，具体我记得不太清楚了。在吃的这一个要素里面，现在旅游也着力在打造土司十大碗和复兴宴。因为土家族的十大碗一般老百姓家里是请不起这个十大碗的，一般是在土司家族里会有，一般家庭比较富裕的就是八大碗。主要就是蹄、髈、扣，还有豆腐为主，微信公众号里面都有。关于每个菜，在上菜的时候还会有专门的职务的一个人，这个菜上来了它的菜名是什么，它的贺词是什么，这是一个上菜的流程。

通过以上访谈不难看出，集体对唐崖土司文化的记忆并不完整。政府工作人员主要根据自身负责的部分进行记忆阐述，比如节会活动、祭祀活动等，内容较为单一。关于咸丰严氏祠堂的历史由来与具体发展，集体记忆较为模糊。在唐崖饮食文化方面，尽管提到了土司十大碗、恩施油茶等，但大多也是笼统的说法，整体记忆残缺不全。作为一种社会行为，唐崖土司文化的集体记忆具有一定的复杂性，需要依靠全社会的共同努力，在时间和空间的维度进行有效继承和发扬。

三 历史记忆：年代久远、传承难度大

诗歌等形式是塑造历史文化记忆的重要途径。哲学家尼采对人们选择诗歌的样式记录日常生活曾作过精辟论述：

> 人们发现，诗歌比散文更容易记住，于是也认为，靠了节律能把自己的话传播更远，因此有节律的祈祷也似乎更能上达神的耳目……节律是一种强迫，它唤起一种遏止不住的求妥协和调和的欲望；不但脚步，而且心灵都按节拍行进，——人们推测，神的心灵兴许也如此！于是人们试图用节律去强迫神，施之以暴力：他们向神献上诗歌，犹如给神套上有魔力的圈套……不但在祭歌中，而且在古代的世俗歌咏中，前提都是节律要练就一种魔力，例如地庠水或划船时，歌是对于被想象在此活动的魔鬼的一种迷惑，使之俯首听命，失去自由，做人的工具……对于古代迷信的人们来说，难道还有什么比节律更有功用的吗？它无所不能，魔术般地促成一项工作；逼使一位神显灵、亲近、听从；把自己的灵魂从任何过度（恐惧、躁狂、哀怜、复仇欲）中解脱出来，而且不仅是自己的灵魂，还包括魔的灵魂，——没有诗，人便什么也不是，有了诗，人便近乎是一位神。[①]

---

① [德]尼采：《悲剧的诞生》，周国平译，生活·读书·新知三联书店1986年版，第236—237页。

在"改土归流"后，唐崖土司城逐渐衰败，唐崖文化也淡出了人们的视野，但可喜的是在唐崖土司原有区域内，特别是唐崖村周边，大量与其密切相关、世代相传的民间文学、传统戏曲、传统美术、传统技艺等文化资源被完整保留了下来。这种文化形态，可以很好地填补唐崖地区的史料空缺，从而使唐崖土司城遗址的文化内容更加充实。

在民族文化传承与传播的过程中，各种文化会习惯性地以文学诗歌、传说故事等方式留存下来，但这些文化形式会随着时间流逝渐渐被人们所遗忘。就唐崖文化来说，一些关于唐崖土司的传说和故事连当地人都觉得陌生，如果再不进一步挖掘和梳理相关记忆内容，文化遗失会越来越严重，保护、传承的难度也会越来越大。研究团队在调研的过程中，发现唐崖当地仍存有许多文化资源。我们通过当地文化部门获得了相关资料，整理后将历史记忆归纳为以下内容。

（一）唐崖诗文

鄂西一直有"容美是文土司，唐崖是武土司"的说法。唐崖土司不像容美土司博学多才，几乎没有留下任何可以流芳百世的诗词，更没有名士在土司时期踏访而留下的关于唐崖土司的详细描述。因此，目前所整理的唐崖诗文，更多表现为民间文人对唐崖土司城址及当地风俗习惯、景观的描述。如：

唐崖司[①]

冯永旭

烟树苍茫望里分，当年歌鼓寂无闻。
惟留废苑埋芳草，但见空山走白云。
古木寒鸦元武寺，斜阳衰柳土司坟。
千秋凭吊情何极，况听哀猿又叫群。

[①] 摘自咸丰县政协文史资料委员会、唐崖土司城遗址管理处所著《唐崖土司城址》，湖北人民出版社2015年版。

冯永旭，字晓湖，道光年间咸丰贡生，候选直隶。这是一首凭吊诗，作诗时间大体在道光1820—1850年前后。根据此诗，道光年间，此唐崖土司城已荒芜。在这首诗里，首联"歌鼓"二字值得注意，一般都说"歌舞"，这里说"歌鼓"，可见"鼓"在当地音乐中的突出地位，这可算是地域音乐特色。第三联，提及"元武寺"，可知唐崖原有元武寺（同治《咸丰县志》均记载为"元武寺"），而且应是比较恢宏、热闹的。

饮唐崖黄香府通守署中[①]

唐方耀

唐崖高百尺，官舍寄崇冈。

远树千峰拥，清风两袖凉。

簿书论吏治，樽酒话同乡。

自笑风尘客，松醪醉满觞。

唐方耀，嘉庆年间咸丰知县，湖南宝庆副榜。此诗亦可用于探讨唐崖兴废历史。应当约在嘉庆年间，即1796—1820年，此时唐崖"官舍寄崇冈"，说明唐崖彼时未废，与前引后来道光间人冯永旭所写"惟留废园埋芳草""但见空山走白云"的情景不一样。

九日同张慎斋游玄武山[②]

夏文蔚

佳节携樽入翠微，颁高爽气正霏霏。

日沉古寺钟声寂，云接尖山雁影稀。

[①] 摘自咸丰县政协文史资料委员会、唐崖土司城遗址管理处所著《唐崖土司城址》，湖北人民出版社2015年版。

[②] 摘自咸丰县政协文史资料委员会、唐崖土司城遗址管理处所著《唐崖土司城址》，湖北人民出版社2015年版。

万里遨游聊遣兴,十年漂泊暂停机。
得偕胜友联新句,欲尽浊醪踏月归。

夏文蔚,字朴斋,云南昆明人,嘉庆丙辰进士,点翰林院典簿,铨授唐崖司通判。道光十二年(1832)到任。从文献角度看,这首诗可在追溯唐崖兴废历史的过程中发挥作用,这里也说到当时有"玄武寺"——"日沉古寺钟声寂"即指此寺。

手扒崖阻渡
黄家璲

一天梅雨涨前溪,旅次无聊借舍栖。
茅屋数椽生意乐,林峦千嶂湿云低。
新添蛛网丝飘软,骤落沙痕水漾齐。
欲济有舟行不得,孤吟望到夕阳西。

黄家璲,嘉庆年间咸丰知县,福建闽县举人。

过唐崖谒张桓侯庙[①]
熊飞

森森花木径通幽,二十年来记旧游。
栋宇凄凉空署冷,乡村错落午烟稠。
崖疆已改新周索,石马如腾古阆州。
国士有风威不猛,千秋庙貌枕江流。

熊飞,嘉庆年间咸丰贡生。此诗亦可探讨唐崖变化,提示了变迁的信息。熊飞此诗,对比了二十年间变化,"栋宇凄凉空署冷"一

---

① 摘自咸丰县政协文史资料委员会、唐崖土司城遗址管理处所著《唐崖土司城址》,湖北人民出版社 2015 年版。

句，似指二十年前官署未废，二十年后已废。而"乡村错落午烟稠"句，是说唐崖周边民居错落，整体环境不像是经过灾变。大概只是这个唐崖里的"署"废了。

题张王庙石人石马①

二马腾骧势欲飞，武僮执辔猛而威。
脑中多少平蛮忆，起舞常随寒夜鸡。
石人石马在闽州，大仙留下几千秋。
青草齐眉难开口，黄尘满面一鍪兜。
狂风呼呼无毛动，细雨霏霏有汗流。
牧童有绳牵不去，狂鞭怒打不回头。

（二）民间歌谣

在现今仍然流传于唐崖境内的一系列民间歌谣中，有关于风俗民情的、有关于宗教活动的，也有关于建筑景观的。不管是哪一类，都反映了民众对此种文化传承方式的重视程度，这些歌谣不仅方便文化记忆，更与当地百姓的福祉、信仰、习惯紧密联系起来。

唐崖河畔土家民谣："嫁出去的女，泼出去的水。""哭嫁"的内容丰富，形式多样，经常会出现合唱"哭十姐妹"的场景。

一步走进姐华堂，
玻璃镜子亮堂堂，
朱红板凳发毫光，
朱红桌子摆两张，
八把椅子摆四方，
上席摆的龙戏珠，

---

① 该诗作者不详，原题于张王庙马殿左侧墙壁上，题目为咸丰县政协文史资料委员会、唐崖土司城遗址管理处所著的《唐崖土司城址》编者所加。

下席摆的凤朝阳，
左摆鸭蛋莲花瓣，
右摆猪肉和牛羊，
叔侄姐妹快坐好，
陪我姐姐叙衷肠。

唐崖土家族在接亲过程中有一种风俗叫作土喇叭接媳妇儿，在此过程中流传有男女对唱的民间歌谣。

女方唱：
对门溪边的阿哥哟，
你莫独自一边吹。
你用笛儿我用嘴，
我俩来把山歌对。

男方对答道：
笛声直把泪珠催，
阿哥穷得像清水。
要是你不嫌弃我，
我愿终身伴阿妹。

（三）民间故事

美国学者保罗·康纳顿提出的社会记忆理论认为，社会同样具有生产记忆和以运用身体的方式完成纪念仪式来传达记忆的功能。所以社会史一直在研究体化实践来传播与维持社会记忆。但是康纳顿同时指出非正式口述史同样具有参考意义，口述史同样是对我们日常生活的一种临摹、对人类行为基本活动的一种描述和对社会记忆重要内容的一种描述。土家族很特别，他们有语言而无文字，因此民间故事就成为人们记忆历史的重要载体。研究神话的学者都明显发现这样三个事实：一是人类历史的早期是神话最繁荣的时期，社会越发展，神话越萎缩；二是没有文字或文字不普及的少数民族还有大量的相对完整的神话仍然在流传，而汉族等文字悠久的民族，其神话已支离破碎，仅剩下只言片语残留在文献之中；三是远离工业文明的乡村尚有神话在口头传播，而城市的人们在喧嚣中快节奏地为生活奔波，几乎没有时间和心情倾听神话，或者淹没在大众媒介输送的洪水般的信息之中来不及光顾神话。① 唐崖土司和唐崖土司城的民间故事，在唐崖河和咸丰一带广为传播。至今还留存有土家神马传说、金银塘的来历、杀人凹的来历、两口锅的来历、建石牌坊的传说、张王庙的修建、石马上小孔来历、石马泉的来历、唐崖土司招驸马、女儿寨、落马滩等民间故事。其内容丰富多彩、多种多样，对于世人了解唐崖土司和唐崖土司城，印证相关文献资料真伪，具有重要的参考价值。《跨文化传播理论》里曾提到：

> 民间故事是一面魔镜，从中我们可以看见社会秩序和日常生活：家庭如何组成，政治结构如何运转，人们如何捕鱼，宗教仪式如何感染信徒，男人和女人如何分权，食物如何制作，军功如何被奖赏等。②

在书中又提到：

> "每个文化中都流传着各种故事，不论是民间传说还是神话，都是通过人与人之间、代与代之间进行传承。"人类学家南达和沃姆斯对口述的民间故事在文化传承中的作用给予了高度肯定，

---

① 蓝东兴：《贵州少数民族口述传播史研究》，民族出版社2010年版，第155页。
② [美] 拉里·A. 萨默瓦、理查德·E. 波特：《跨文化传播》（第四版），闵惠泉、王纬等译，中国人民大学出版社2004年版，第41页。

他说:"民间故事和传说一般具备一个重要的寓意,表明哪些文化价值观是值得赞赏的,哪些是要受到谴责的。通过故事的讲解,听众会了解哪些行为特征会致嘲笑和讽刺,哪些会受到赞赏。"①

唐崖流传的许多民间故事,其中固然有糟粕,但也蕴含着生活的智慧和生产的技巧与经验。这些民间故事和当地的歌谣以及乡约族规互为表里、互相补充。

建石牌坊的传说②

传说,在明朝天启年间,因土司覃鼎征讨有功,朝廷特意赐建石牌坊一座,光耀千秋。为建好牌坊,覃鼎召集了三百多个手艺高超的石木工匠,耗时三年零六个月,一块一块地精雕细琢,耗费数不清的人力、物力,才最终完成。立石牌坊的日子是覃鼎千挑万选的吉时,并叫来几百个土民立石牌坊,哪知人太多,又没有个好办法,硬是立不起来。覃鼎只得叫停,另择吉日,哪知第二次人又太少,办法也没想出来,又没立成。覃鼎大发雷霆,叫来掌墨师,限他第三次一定要立起来,如果还是立不起来就要重重地处罚他。到了立牌坊这天,覃鼎叫来几百个土民,大摆筵席,一起欢庆这一光辉的时刻。大家敞开肚皮,喝酒吃肉,狂欢不止。唯独掌墨师心事重重,没有胃口。他想:该怎么办啊?再想不出好办法,把石牌坊立起来,定是凶多吉少啊!眼看良时就要到了,他左思右想,毫无头绪,急得像热锅上的蚂蚁。

恰好一个叫化子从上边正街走来,打量一番,他手里拄着一根拐棍,头上戴的是破烂的小毡帽,脚上穿的是破烂的鞋子,

---

① [美]拉里·A. 萨默瓦、理查德·E. 波特:《跨文化传播》(第四版),闵惠泉、王纬等译,中国人民大学出版社 2004 年版,第 40 页。
② 此故事摘自杨适之、陆大显、晏治国、晏纯武主编《咸丰民间故事集》,湖北人民出版社 2007 年版,第 129—131 页。

身上穿的是满是破洞的脏衣服,背后背的也是破旧的篮子。仔细看,这叫花子的长相也很古怪,额角凸起,脸庞消瘦,鼻梁高挺,耳朵大,下巴长,一双眼睛却异常闪亮。他径直走到土司大院里,向土民们讨饭吃。土民们只觉得他可怜,就给他打来一簸箕米饭,一大盆菜,又随便抓来一把竹筷送到他面前,给他吃。但这个叫化子并没有直接吃饭,而是将那一把竹筷插在米饭中间,又拿起木瓢来舀饭,垒到竹筷的四周,一直垒一直垒,直到竹筷直立在饭中。紧接着,叫化子站起身来,走出土司大院,消失在下河边的大路上。

土民们内心感到很惊奇,议论纷纷:叫化子为什么把筷子竖立在米饭中间呢?为什么来讨饭又什么都不吃呢?

掌墨师听闻了这件怪事,他急忙走出来,围着这竖立着竹筷子的米饭转了很多圈,忽然有了头绪,大喊一声:"有办法了!"笑着转身让徒弟找回那个叫化子来,要重重答谢这个大恩人。但结果是几个徒弟找寻一整天,却始终都没找到。

掌墨师待吉时一到,就令工匠们开始动工。负责挑土的土民们挑土,负责担沙的土民们担沙,边立柱子边垒沙土。只见柱子一根一根被立了起来。两日不到,石牌坊就竖立在了土司城的正殿面前。在太阳光的照射下,那刷金的八个大字"荆南雄镇""楚蜀屏翰"异常辉煌,顿觉土司城也气派不少。

第三天,整个土司城鞭炮齐鸣,锣鼓喧天。覃鼎在石牌坊下大摆哑酒宴,庆贺三天。覃鼎的亲朋好友、文武百官都前来道贺。传闻,石牌坊建立起来后,唐崖土司就渐渐兴旺强盛起来。

落马滩[①]

话说从前,唐崖神马从四川征战归来,途中路过尖山区的

[①] 此故事摘自杨适之、陆大显、安治国、晏纯武主编《咸丰民间故事》,湖北人民出版社2007年版,第362页。

平桥乡有个叫大坪村的村子。恰好当时是夏天，水坝上长着很多的稻子苗，绿油油的，特别喜人。神马长途跋涉，疲惫不堪，一看这漂亮的稻苗急匆匆地就上前去大吃特吃起来。谁能想到这是有主的稻田，那主人家一看有马偷草吃，急忙上去追打。神马见有人朝自己跑来，心里顿时发了慌，扭头就逃。因神马身怀有孕，加速太急，水坝又滑，一下摔倒在地上，小马驹就被早产在稻田上。后来这块地方就被改名叫作落马滩。直到现在这个丘田里还有一块大石头露出地面来，那模样活脱脱像马背一样，据老一辈人说，那就是当年神马生下的小马驹呢。

石马上小孔来历[①]

相传，在半夜，张王庙的两匹马经常到附近田地偷吃庄稼。但当地老百姓从来没有看到过任何牲畜，就决定夜里守在庄稼地等待。某天，老百姓又见两匹马在偷吃庄稼，便用猎枪朝着马的方向开了一枪。第二天，当地老百姓顺着血迹，一直找到张王庙，想得知这两匹马的下落。当看到在石马尾部，有枪击留下的小孔时，才知道是这两匹石马。

在上述的民间故事中，都不同程度上从历史的角度承载着唐崖文化的记忆。第一个故事中，威武高大的石牌坊是唐崖最显眼的建筑，由不同寻常的神秘叫化子启发了工匠而建成，分工明确，边立柱子边垒沙土最终成功建成。它是靠着天启的智慧才建起来的，石牌坊建立起来后，唐崖土司也渐渐兴旺强盛起来。这其中或许有糟粕的一面，但建石牌坊的传说中，叫花子的聪明才智蕴含着一定的科学道理，从中我们可以看见社会秩序和日常生活在文化传承中给

[①] 此故事摘自杨适之、陆大显、安治国、晏纯武主编《咸丰民间故事》，湖北人民出版社2007年版，第362页。

予我们日常生活的启示。落马滩、石马上小孔都是对唐崖张王庙石马的传闻的记载，落马滩故事中，从唐崖神马衍生出稻田中的小马驹变成像马背一样的石头，石马上小孔的故事中解释了这个石马上不平常的小孔的来历，说明了这两匹马是神马，夜间可以出来活动。这三个故事都是围绕唐崖而产生的，唐崖作为一个重要的神圣吸聚地，吸引石马的到来，同时把石马神话化了，含有一定的神话倾向，给唐崖文化增添了神秘色彩；同时带有一定的情感因素，以此可凝聚社会共同体，动员社会保护历史文化记忆，在现实中以情感表达体现文化内涵。这些历史性的民间神话故事，随着时间的推移，建构起社会语境与文化形式。但同时这些民间故事的来历也都暗含着某些不符合常规的行为或者价值观念，我们要取其精华，去其糟粕，传承创新文化形象。

如今有传播学者从叙事学、仪式观等角度分析和考察神话的隐喻功能，邓启耀在研究神话思维时讲得很深刻：所谓隐喻，只是对现代人而言。对神话的当事人（原始民族）来说，神话不是隐喻，而是约定俗成了的集体进行文化共识的标志，是语义明确的解释体系。只是在历史的流变中，才变得朦胧、暧昧起来，成了后世人猜不透、猜不完的谜。①

唐崖口述传播的文本有许多都是含有神话内容的古代歌谣，人们口述传播的环境有许多也是在宗教仪式中，他们相信神话般描绘的内容都是历史的真实，他们觉得从事的仪式也理所当然。

张王庙的修建

传闻，这个地方原本叫作群猪下河。当地土民非常喜爱养猪，但无奈猪瘟开始盛行，土民就想到屠夫张飞。土民们为了制止瘟疫，就请来张飞杀猪，并为他塑雕像建庙宇。自此，土

---

① 邓启耀：《中国神话的思维结构》，重庆出版社2004年版，第194页。

民再无养猪方面的困惑，仔猪贸易也非常发达。土民们年年到张王庙烧香还愿，感谢张飞。直到现在，张王庙内依旧香火不断。

两口锅的来历

两口锅，是唐崖土司皇城名胜之一，它在皇城右侧贾家井的一个小漂坎下。传说在好几百年前，这里有一对恋鸟——水鸭子。无论处在哪个季节，它们都彼此相伴，在小漂坎下井心里的岩板上栖息。不分昼夜，从不分离。这里的乡亲都喜欢来逗逗它们，吓吓它们，水鸭子也不计较，自顾地飞来飞去。枪打它不到，箭射它不着。

不知何时土王知道了这对恋鸟，觉得它们一定是对神鸟，吃了它们的肉必能获得神力，枪打不着，箭射不到。想到此，土王一阵欢喜，随即命令士兵带上鸟枪、土炮、弓箭，兵分四路，摸进贾家捉鸟。当士兵靠近贾家井时，机警的水鸭子早已展翅腾飞，土王扑了个空。正当他不知所措的时候，"啪"的一响，水鸭子又回到了原地。土王喜出望外，连忙以手势命令士兵："拿上武器，装好弹药，伏身行进。"水鸭子一见士兵冒头，立即展翅腾空。士兵一阵乱射，竟没有碰到水鸭子分毫。土王眉头一皱，主意又生，忙找来两个亲信让他们找两副渔网，藏在漂坎旁的密林边，水鸭子一落地就网住它们。

两个亲信得令赶忙去准备。土王又与另外一个亲信调换了衣物，自己躲进密林中，令亲信带兵回城。不一会儿，两个亲信拿着网，轻手轻脚地走到土王身边隐藏起来，静静等待水鸭子的到来。水鸭子在唐崖河上空翱翔，见土王和大队人马已经离去，就又展翅飞回，落在漂坎下的井心的岩板上，快活地游玩起来。土王瞅准时机，大手一挥，两副渔网随即撒下，两只水鸭子被困在渔网之中。土王见此情景，纵声大笑，以为水鸭子已是囊中之物，可没想到水鸭子闻声机智地扑腾神翅，拍打身下的岩石，只见水花四射，水雾腾起，土王大惊之下滚进井里，晕了过去。两亲信吓破了胆，眼也不敢睁，抱头爬到井壁下，瑟瑟发抖。过了许久，迷雾渐渐散去。土王这才缓缓苏醒，睁开眼看见渔网已烂，漂坎下出现了一对相距不远、有灶锅大的两口岩坑。两只水鸭子分别站在两个坑口之上。

土王一动，两只水鸭子马上钻进坑里。至今，就算是遭遇干旱，水源枯竭，这两个坑却还是清水满盈。听说那对水鸭子还安稳地住在里面哩。由于坑口的形状、大小都像灶锅一般，故唐崖人多年来都称之为"两口锅"。

在"张王庙的建立"这一民间故事中，张飞是宰猪行业的祖师爷，来此制止瘟疫。从这里面则产生了两项意义：一是唐崖地区得到了张飞的特殊保护和眷顾，把唐崖视为世界的中心，上天会为了这个小地方派出各路神祇来帮助他们；二是表达对张王庙、张王的感谢。在这种神话的民间故事中，张王庙的存在被赋予了与普通民众相关的意义。"两口锅的来历"作为解释地方风物名胜的传说，以神话性的方式解释为什么这两个坑是这个样子的。捉神鸟的人物"土王"这一功能性的角色，没能降服神鸟，表现出历史故事的神秘力量。张王庙内的香火和两口锅的来历作为唐崖民间故事的一部分，也同样是"约定俗成了的集体进行文化共识的标志，是语义明确的解释体系"。在宗教仪式的大背景下，这些民间故事都从不同侧面展现了宗教礼仪，同时以历史记忆的形式体现出唐崖文化的深厚底蕴，成为人们记忆历史的重要载体，唐崖文化在民间故事的表达下得到了多元化再现，成为社会记忆的重要组成部分。

四 媒介记忆：类目较少、效果不理想

唐崖土司文化源远流长，自2015年唐崖土司城遗址申遗成功，更是获得了新闻媒体的广泛关注。这里将以2015年为基点，选取涵

盖 2015 年这一时间点在内的新闻报道为研究样本,通过分析 2014—2018 年不同级别政府网站对唐崖土司文化的再传播状态,挖掘各级新闻媒体对唐崖土司文化的记忆建构,窥探其自上而下的媒介记忆之斑。

(一) 研究方法

本小节采用定量与定性相结合的方法,通过网络检索出 2014—2018 年关于唐崖土司文化的报道,并进行统计与分析,提炼唐崖文化新闻报道的基本特点,总结这一时期唐崖土司文化的再传播状态,进而对比不同媒介对唐崖土司文化的传播效果,以及对当地唐崖土司文化的现实影响。为确保网上检索的可行性与准确性,研究团队主要通过"中国搜索"这一网站对唐崖土司文化的新闻报道进行检索,输入关键词"唐崖土司"进行搜索,并且把时间设定在 2014—2018 年,同时也在新浪新闻、搜狐新闻、中新网等几大主要新闻网站进行检索。

近年来,中华民族优秀传统文化受到社会各界的普遍重视,传播方式与传播范围都在不断扩大,新闻媒体作为党和人民的耳目喉舌对于民族文化的传播发挥了积极作用。在"中国搜索"中输入关键词"唐崖土司",可以检索出 2014—2018 年唐崖土司的新闻报道共 93 篇。除去主题不符、内容重复的报道,关于唐崖土司文化的报道还有 16 篇。其中,2018 年有 4 篇,2017 年有 3 篇,2016 年有 3 篇,2015 年有 6 篇。具体数据见表 1.1。

表 1.1　　　　　　　　唐崖土司文化的相关报道

时间	媒介	题目	内容
2018-02-23	腾讯大楚网	《唐崖土司城址——一座藏在深山里的民间皇城》	土司城遗址的位置,环境景观
2018-09-07	恩施新闻网	《唐崖土司城的后申遗时代》	见证着后申遗时代的发展印记的移居土司城外的原住民的生活

第一章　文化记忆与传播价值

续表

时间	媒介	题目	内容
2018-07-31	荆楚网	《避免杂牌砸牌打造公共品牌"唐崖"携众多咸丰特产出山》	打造一个统一的农产品品牌——唐崖
2018-06-06	长江网	《端午节神农架、武当山等地活动多　快看看你喜欢哪款?》	唐崖土司城遗址等各大景区为市民端出丰富节庆大餐
2017-11-30	荆楚网-《楚天都市报》	《图文:〈唐崖土司夫人〉进校园演出》	把极具地方特色独特的土家风情、音乐、表演、服饰等给表现出来
2017-05-27	荆楚网	《唐崖土司城遗址成功迈向世遗　申遗之路揭秘》	对唐崖土司城遗址的申遗之路进行了阐述
2017-06-21	恩施新闻网	《咸丰加快建设唐崖土司文化产业园》	文化产业园的建设
2016-06-10	人民网	《探访世界文化遗产:湖北咸丰唐崖土司城遗址》	唐崖土司城遗址详情
2016-06-11	中新网	《世界文化遗产唐崖土司城址开园　被誉"土家族露天博物馆"》	对开园情况做了相关介绍
2016-06-11	人民网	《湖北咸丰:端午假期唐崖土司城游人如织》	唐崖土司城旅游情况
2015-07-05	荆楚网	《世界文化遗产唐崖土司城遗址受影视作品关注》	唐崖土司城遗址影视问题
2015-04-08	光明网	《湖北省咸丰县着力打造唐崖土司城遗址民族文化旅游品牌》	唐崖土司城遗址民族文化旅游品牌建设
2015-08-20	光明网	《唐崖土司城遗址旁的千年味道》	对"土司十大碗"特色菜肴进行的报道
2015-07-13	《湖北日报》	《唐崖土司城遗址游客激增》	申遗成功后,游客数量增长,做好旅游规划
2015-06-26	《恩施日报》	《油茶汤——土家茶文化精髓》	对油茶汤和特色鸡做了具体的报道
2015-01-30	《光明日报》	《湖北:开展唐崖土司城文化保护工作》	唐崖土司城文化保护

(二) 数据分析

1. 新闻网站对唐崖文化的报道数量偏少

如前所述,2014—2018 年,各大新闻网站上有关唐崖土司文化的报道共有 93 篇,但除去部分不相关的报道,最终得到的分析样本仅 16 篇。同时,检索中发现 2014 年并没有关于唐崖土司文化的

— 61 —

报道，出现落空的情况。2015 年，唐崖土司城遗址申遗成功，同年各大新闻网站出现了 6 篇报道，此后又开始回落，2016 年只有 3 篇报道，2017 年也只有 3 篇，2018 年有 4 篇。如表 1.2 所示。

表 1.2　　　　　　　　新闻网站各年份相关报道数量

年份	篇数
2015 年	6 篇
2016 年	3 篇
2017 年	3 篇
2018 年	4 篇

媒体网站是中华民族优秀传统文化传播的基石，对于民族文化传播具有至关重要的作用，特别是在相对落后偏远的民族地区，它可以起到很好的宣传效果。而若是媒体网站的报道过少，那么地区文化的传播效果就会大大减弱，也会给当地的发展带来更大的挑战。因此，有关部门应该重视这一方面，主动设置报道议程，多发布与唐崖土司文化相关的报道，加大对唐崖土司文化的宣传力度。

2. 报道唐崖土司文化的平台数量较少

根据统计，报道过唐崖土司文化的媒体平台共有 9 个，它们分别是：腾讯大楚网、恩施新闻网、荆楚网、人民网、中新网、光明网、《湖北日报》、《恩施日报》、长江网。其中荆楚网发表的有关唐崖文化的报道最多，共有 4 篇；恩施新闻网、人民网、光明网各发表了 2 篇；腾讯大楚网、中新闻、《恩施日报》、《湖北日报》、《光明日报》、长江网等各有 1 篇。如表 1.3 所示。

表 1.3　　　　　　　　主流媒体相关报道数量

媒介	篇数
腾讯大楚网	1
恩施新闻网	2
荆楚网	4
人民网	2

续表

媒介	篇数
中新网	1
光明网	2
《湖北日报》	1
《恩施日报》	1
长江网	1
《光明日报》	1

唐崖土司城遗址位于湖北省恩施州咸丰县唐崖镇，作为湖北省当地的历史文化遗址，得到了湖北省当地媒体的广泛关注。无论是腾讯大楚网、恩施新闻网、荆楚网还是长江网，都对其进行过报道。人民网、中新网和光明网作为国家级媒体也对唐崖土司文化给予了自己的重视，人民网作为全球十大报刊《人民日报》旗下的一家以新闻为主导的网络大型资讯平台，它的影响力不言自明，人民网对唐崖土司文化的报道，可以扩大它的传播范围，把唐崖文化更好地传播出去，让更多人了解这一特色文化。但同时也要意识到，关于唐崖土司城遗址的媒介报道仍存在一些问题，虽然唐崖土司文化得到了这几家媒介的关注和重视，对唐崖土司文化起到了一定的宣传作用，但这些大多是湖北当地的媒介的报道，如果唐崖土司文化能被其他区域媒体报道，则会得到更多读者的关注和认可。

3. 报道文本特点分析

（1）来源真实：现实辅以史料佐证

新闻报道中引用专家或相关部门人士的话语来增强报道主题的重要性。《世界文化遗产唐崖土司城址开园 被誉"土家族露天博物馆"》中就提到，专家指出"唐崖土司城遗址如成功申遗，将在鄂西南种下一颗金色种子。它对于湖北打造文化高端品牌、提升全省文化遗迹知名度、填补鄂西生态文化旅游圈文化元素空缺，都具有重要支撑意义"，以此突出唐崖土司城址的重要意义所在。在新闻报道《湖北：开展唐崖土司城文化保护工作》中指出恩施土家族苗族自治州州委书记王海涛提出建议如何做好保护工作。《唐崖土司城遗址旁的千年味道》中对"神豆腐"的制作材料、食用方法与口感进行了详细报道后,就引用资料记载中制作材料所含成分与对人类的药用性进行说明,以此体现这种饮食的特别之处,增强饮食文化的魅力。此外,新闻报道的来源是考量新闻真实性的重要依据,通过记者采访,与当事人接触获得一手材料。例如《唐崖土司城的后申遗时代》就是如此,与当事人(导游)接触获得唐崖土司城址申遗前的回忆与申遗后生活的报道。

(2)注重细节:新闻话语亲切朴实

唐崖土司城址所处的咸丰地区具有独特的餐饮文化,咸丰"土司十大碗"是现存最古老、传承最为完整的地方美食。2020年10月,咸丰"十大碗"被列为"州级非物质文化遗产",并借助咸丰唐崖土司的申遗,创建咸丰特有的美食品牌。《唐崖土司城遗址旁的千年味道》中就对民族特色饮食"土司十大碗"名称的由来与使用材料,在节庆、红白喜会整酒时的特点,本土待客礼仪形式等都进行了详细的报道,话语朴实,不加太多的修饰,让人们对此饮食文化有了更细致的了解。"土司十大碗"还体现了土家人精致的生活方式,土家人合理利用猪肉的不同部位,烹制出丰富多彩的"十大碗"——髈扣席,赋予土家饮食文化丰厚的内涵。土家人用精细手法将平常生活中常用的肉食、豆制品、蔬菜加以烹制,这正是"土司十大碗"得以保持本色口味的真正原因,体现了"土司十大碗"的经济基础是平民的,是得以传承的根本。

此外还对清凉美味的"神豆腐"进行详细报道,其首段用"非果非蔬非米粮,玲珑玉润翡翠光。争相举箸珠盘尽,腋下生风齿颊凉"句式描述的"神豆腐",以及用以制作这种豆腐的灌木都做了陈述,详细而不显赘余,细节体现饮食文化的独特之处。

《油茶汤——土家茶文化精髓》中对用饮品茶叶做成的菜色油茶汤的制作方法与工序,做了详细的介绍,还指出对所用食用油与炸的方法都很有讲究，引用民谚"不喝油茶汤，心里就发慌"，"一日三餐三大碗，做起活来硬邦邦"来表明油茶汤对当地人民的重要性，借这一特色饮品对当地人的影响来凸显这一饮食文化的深刻内涵。

此外还对民间流传油茶汤的由来进行了陈述，民间流传结合现实，又增添了几分乐趣，引起人们对油茶汤这一饮食文化的好奇。报道用语没有太过华丽夸张，以小见大，以报道细节为切入点，对唐崖土司城址的咸丰特色饮食进行报道，突出其独特之处。

（3）特定框架：围绕主题进行报道

新闻框架具有一定的策略性，不同的新闻媒体在进行新闻报道时都有各自的新闻框架，会根据各自的商业诉求调整报道对象与报道内容。例如，恩施新闻网是恩施日报社主管主办的恩施州综合门户网站，它作为恩施当地的媒体，介绍恩施当地的政治、经济、文化及民俗、民风特色，丰富人民群众的文化生活，为恩施州经济社会全面发展做贡献是它的最大职责与诉求。从本次检索中看到一篇题为《咸丰加快建设唐崖土司文化产业园》的报道，提及做好各项规划，克服产业园建设中的难题，打造唐崖土司文化产业园。另一篇题为《唐崖土司城的后申遗时代》的文章，对见证着后申遗时代的发展印记的移居土司城外的原住民的生活进行了报道。都充分围绕一定的框架进行报道。

（4）视角独特：重视唐崖文化品牌

一篇拥有独特视角的报道，往往会吸引更多受众的眼球，使其具有更佳的传播效果，得到更多受众的关注与认可。在光明网一篇题为《湖北省咸丰县着力打造唐崖土司城遗址民族文化旅游品牌》的文章中报道了该县积极引导遗址区的旅游发展，深入研究遗址区旅游工作，努力完善旅游服务设施，借此推进武陵山片区扶贫开发全面建成小康社会。倾力打造民族文化旅游品牌，大力传承、弘扬民族传统文化。荆楚网的《避免杂牌砸牌打造公共品牌"唐崖"携众多咸丰特产出山》一文就打造公共品牌特产"唐崖",以茶叶为突破口,通过品牌宣传和质量提升,把"唐崖"品牌打响,以促进农民增收、产业增效。从唐崖土司城址联系到打造品牌,从品牌中又能传播品质,传承与传播文化特质。打造民族文化旅游品牌,让唐崖土司城址的民族文化更好地传承下去并向外界广为传播。公共品牌"唐崖"特产的形成,则避免了众多杂牌把当地好的饮食特色埋没,突出了当地的饮食文化的独特之处。品牌和文化是紧密联系的,有了一定的文化底蕴才能更好地打造品牌,反过来品牌成立后能促进文化的传播与发展,推动文化生生不息,不断向前。

(5) 非遗传承:关注唐崖申遗之路

世界文化遗产是国家文化软实力的重要见证,被称为"皇冠上最耀眼的宝石"。唐崖土司城址的申遗很顺利,只用了一年半的时间,其申遗之路何以如此顺利,让人好奇。荆楚网围绕这一话题,发布了《唐崖土司城遗址成功迈向世遗 申遗之路揭秘》一文,对唐崖土司城遗址的申遗之路进行了阐述。列举了申遗过程中的一系列时间历程,其中说到它本身的文化内涵也给申遗提供了必要条件。恩施新闻网发表了题为《唐崖土司城的后申遗时代》的新闻报道,对见证着后申遗时代发展印记的移居土司城外的原住民的生活进行了报道。从申遗成功的原因、条件,到申遗成功后,回顾过去,展望未来。其报道追根溯源,不只停留于报道表面现象,还深度挖掘其申遗成功背后的原因:关注原住民的生活,贴近群众,贴近生活。

(6) 类型单一:可视化呈现不足

关于唐崖土司文化的报道,其数据新闻报道较少,更没有图形或图像的形式了。各网络媒介报道交互性不强,用户没有足够的参与性,没有充分引起用户的阅读兴趣。新闻报道中大多只是文字报道,缺少关于唐崖土司文化的视频,若能在文字报道外加入一些视频报道,就会使读者在阅读过程中收获一定的临场感,增加读者对于唐崖土司文化的了解。此外,众多网络媒介都缺少对节庆、茶文化与饮食文化方面的报道，这不利于当地文化的宣传与发展。网络媒介对社会具有很大的影响力，要充分利用这一渠道，让其深刻的文化内涵流至百家、流传百世。各相关部门也应该重视起来，积极采取相应措施，促进文化的传播与发展。

第二章　唐崖的记忆断裂与符号象征物

由于文献史料的严重匮乏以及战争、政权更迭、媒介环境下新技术的冲击等原因，唐崖文化记忆存在断裂的风险。2015年唐崖土司城遗址成功列入《世界遗产名录》，但关于唐崖地区的文化研究才刚开始，当地政府部门以及人民群众对唐崖文化记忆还是产生了较大程度的断裂。在此过程中，唐崖文化的符号象征物因其独特性、显著性、象征性成为弥合文化记忆的重要方式和手段。

第一节　文化记忆断裂与断层

"文化记忆离开了媒介是不可思议的。若无媒介在个体和集体这两个层面所扮演的角色，文化记忆根本无从想象。"[1] 唐崖文化记忆的生成也需要依靠地级媒体和国家级媒体对唐崖土司城遗址的新闻报道，唐崖土司城遗址位于我国湖北省恩施州咸丰县，从国家媒体到地市级媒体都对唐崖文化进行过一定的报道，但是各级媒体的定位各有不同，他们对唐崖文化的报道主题的偏重也会产生差异，在对这些媒体的报道进行具体分析后，研究发现关于唐崖文化的记忆呈现一定的断裂与断层之势。

---

[1] Erll, A., *Memory in Culture*, New York: Palgrave Macmillan, 2011, p.113.

一　唐崖文化的浅层瞬时记忆

媒介记忆是媒介组织和社会互动的产物，无论是媒介传递信息还是受众（用户）接收信息都是基于一定的价值判断和筛选的过程，浅层瞬时的媒介记忆是社会通过对媒介信息习得的表层，最容易获得也最容易遗忘。面对媒体纷繁复杂的新闻信息时，信息的处理、筛选与取舍往往决定着报纸、电视、网络等媒体对于文本的展示。信息从哪里来？又到何处去？这是人类认知世界的基本问题。对于人而言，信息的来源主要有三个渠道：一是感官接触；二是听觉感知；三是视觉接受。同时，作为受众的我们每天都在接收和消纳来自四面八方的信息，包括人际传播、组织传播和大众传播在内的传播方式。这些传播方式都存在不同程度的时间限制，传播者传递的信息需要经过一定时间才能到达目标人群，而接受者也需要经历一段时间才能够完全理解并记住所接收到的所有内容。在这段时间里，并不是每个信息都能进到我们的大脑皮层中去，甚至形成记忆，哪怕只是浅层的瞬时记忆。因此，媒介浅层瞬时记忆是媒介记忆的首要环节，只要将这些信息送入媒介的流水线中，并向公众传播，从而激发和影响他们的思维，并通过持续的接触和交互，逐步成为媒介记忆的另一个层次——浅层瞬时记忆。

我是从小在唐崖镇长大的，前几年到外地务工后，就对家乡的事情关注也越来越少了，家乡文化的传承和弘扬感觉和我们关系也不大。唐崖嘛，我从小就和发小们就这附近玩，也没觉得和其他地方有显著的差别，但是这几年确实听到家乡在宣传唐崖土司皇城，毕竟是唐崖文化的重要组成部分，但也只了解一点点。有时候刷手机，偶尔就会想到唐崖地区的文化，回忆起之前在这里生活的场景，但是因为可能相关媒体报道比较少，而且我自身知识水平不太高，因此关于唐崖文化的新闻报

道看的还是比较少吧。① （村民，陈某，男，27岁）

我们年轻人现在几乎已经不看报纸了，不像之前的纸媒时代，现在已经是互联网时代了，我有时间的话会抽出部分时间在网上看一下家乡的新闻，我们年轻人还是比较关注家乡的，如果以后有机会还想回家乡发展的。自从前段时间唐崖土司城申遗成功之后，家乡这边的变化还是挺大的，恩施当地政府部门和文化保护部门很重视了。如果能根据唐崖文化挖掘出具有本地区（特色）的旅游业，我觉得可能会给家乡带来良好的经济收益。② （大学生，覃某，22岁）

从田野调查的访谈中不难看出，当地人对唐崖文化的认识和了解还是停留在对过去的回忆以及部分网络上的新闻报道，认识主体还是以唐崖土司城为主，关于唐崖地区的其他文化认识还远远不够。关于唐崖的浅层瞬时记忆主要表现在对唐崖土司遗址、唐崖未来发展的展望、唐崖旅游等方面。唐崖文化的媒介浅层瞬时记忆是停留在表面上的，只能持续很短的时间，就像存储信息的瞬间，可能是视觉的、听觉的或者其他感觉信息。

从四个网站的报道内容分析来看，报道的议题主要集中在唐崖地区的申遗保护、"文化旅游"上，"部门活动"和"会议调研"在当地网站的报道也有所体现。报道的体裁主要以消息为主，占据了整个报道比例的74%。相对固化的报道议题加上"短平快"的消息体裁，使媒介记忆处于浅层状态，并不深入且相对枯燥。

由图2.1分析得出，四个网站对于9个议题的关注主要以文化旅游、部门活动和申遗保护为主，其中荆楚网关注最多的议题是申遗保护，恩施新闻网和咸丰新闻网关注最多的议题是部门活动。由此可以看出，这些短期内发生和遗忘的新闻报道往往对受众来说只是"过眼烟

---

① 田野调查期间的深度访谈。
② 田野调查期间的深度访谈。

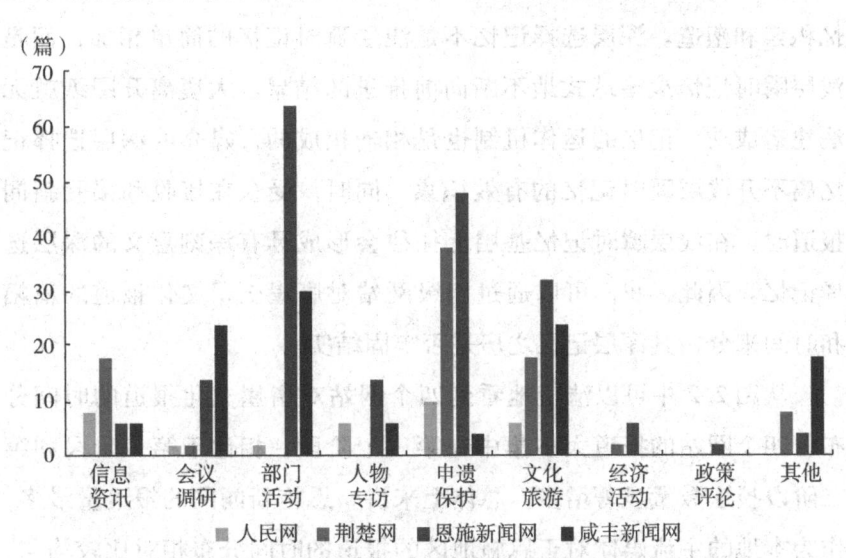

第二章 唐崖的记忆断裂与符号象征物

云", 在受众心中很难留下一片"云彩", 很难加深受众的深层记忆。

图2.1 四个网站唐崖土司报道的议题分布

从宏观角度而言，媒体是地方政府进行政策宣传的工具，也是政府与公众沟通互动的重要桥梁。从微观方面而言，媒体可以直接或间接地作用于受众的大脑结构。地方政府部门及有关文化保护部门推进的着眼点是媒体的报道重点，而媒体的报道内容又极大地影响了受众，尤其是当地人对于唐崖文化的认识与了解。一个时期的部门活动、申遗保护与文化旅游中的文本书写、信息输出及信息储存使媒介浅层瞬时记忆逐渐成型。因此需要顺应时代发展的潮流和受众的记忆习惯，对其主动进行"加料"和革新，唯有在固化和改变中持续前进，媒体的浅层瞬时记忆才会有机会演化为深层选择记忆，避免记忆的"病变"与"退化"。

二　唐崖文化的深层选择记忆

如果把媒介记忆的建构比喻成建造大厦，媒介的底层核心记忆就是大厦的图纸，属于印象层面。那深层选择记忆就是大厦的雏形，属于视觉层面。将想象中的设计图纸变成实在的大厦需要长期的记忆积累和塑造。深层选择记忆不是浅层瞬时记忆的简单相加，而是浅层瞬时记忆滚雪球式地不断向前推进的结果。大厦离开图纸就无法建造成功，记忆的运作机制也是相辅相成的，媒介的深层选择记忆离不开浅层瞬时记忆的有效积累。同时，受众在接收和接受新闻报道时，在浅层瞬时记忆基层上往往会形成具有深刻意义的深层选择记忆。因此，我们可以通过四级网站对唐崖土司文化报道的篇幅和时间来分析其深层记忆之房是否牢固结实。

从图 2.2 中可以清楚地看到四个网站对唐崖文化报道的时间分布，四个网站的报道大多集中在第三个阶段，相比于第一阶段和第二阶段报道数量显著增多。总体上来讲，恩施新闻网的报道量最多，作为本地的主流媒体对于恩施地区的报道的时间分布相对比较均匀，而人民网作为国家级的权威媒体报道数量则显著偏少，截至 2021 年 9 月份才超过 20 篇，因此可以看出国家级媒体对唐崖文化的关注度不高。荆楚网和咸丰新闻网在土司城址申遗之后才将注意力投入其中，在之前的 4 年时间里很少有相关的报道出现。笔者由此认为，记忆的累积不是一蹴而就，而是要经历时间的积累，需要精心培植。简单化、功利性、突击性的报道很难在媒介的资源库内长久保存和提取，在大众的记忆之库难以得到有效储存和流动。

从图 2.3 中四个网站对唐崖土司及其文化报道的篇幅情况来看，四个网站的报道体裁以消息类占比最高，字数在 300 字以内。其次才是长篇报道，字数在 1200 字以上。这就造成了报道呈现"两边多，中间少"的结果，中篇报道和中长篇报道比例远不及消息和长篇报道。作为国家权威媒体，人民网以中篇、中长篇报道居多，而作为湖北人气较旺的荆楚网，其报道版面分布较为均匀，四类报道体裁堪称"雨露均沾"。恩施新闻网在消息体裁上占优势地位，其次是中长篇；咸丰新闻网在消息体裁方面的优势主要体现在对新闻的选择上，而对于长篇报道的重视程度不够。报道篇幅结构分配的严

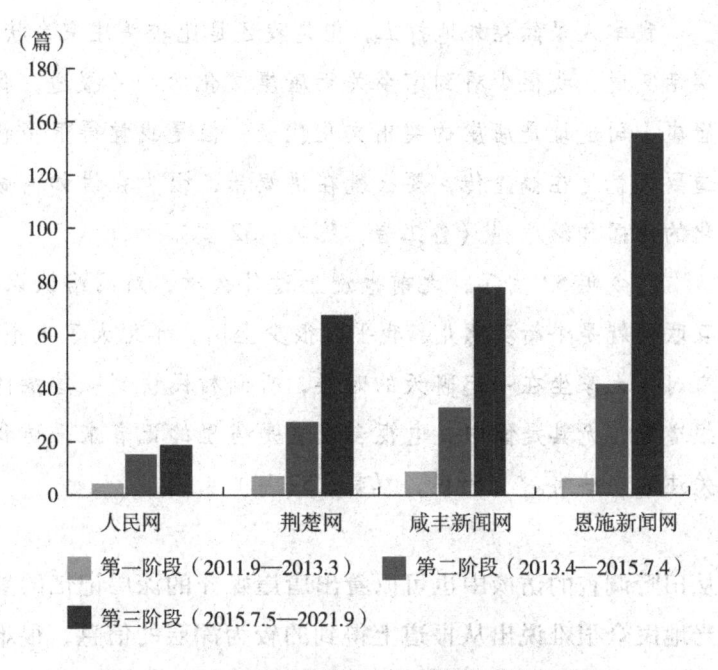

图 2.2 四个网站对唐崖土司文化报道的时间分布

重不平衡造成媒介记忆严重残缺，言简意赅的新闻容量极其有限，由此带来媒介记忆在数量与质量上都具有很大的局限性。横向对比来看，荆楚网对篇幅的把控是最好的，总体篇幅较为平均，是十分值得借鉴和学习的。

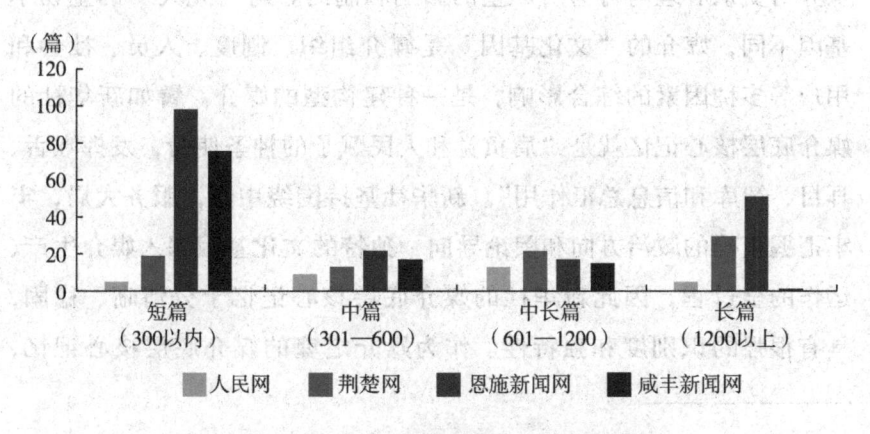

图 2.3 四个网站对唐崖土司文化报道的篇幅情况

> 我本人虽然在外地打工,但是我还是比较关注家乡状况的,实话实说,我很少看到家乡关于唐崖文化的相关报道,我知道唐崖土司遗址是唐崖的突出文化代表,但是我觉得很多新闻报道要么就是在搞宣传,要么就在讲娱乐,很少在讲如何做好文化的传播和继承。①(务工者,陈某,32岁)

> 我今年52岁了,之前也没上过什么学,对网络认识不够,互联网就是个新玩意儿,我平时很少上网,年纪大了也不会玩,有时候大家坐在一起聊天的时候,听到村民讲到一些媒体上的报道吧,尤其是像中央电视台或者是省里的记者来采访我们就关注的多些咯。②(村民,覃某,52岁)

从田野调查的访谈中也可以看出唐崖媒介的深层记忆的参差不齐,当地民众很难说出从报道上得到的较为深层的信息,很难说出真正有意义的文化内核,更难形塑深层的记忆。

三 唐崖文化的底层核心记忆

媒介的底层核心记忆是媒介经历了漫长的岁月洗礼之后所形成的"文化基因"。从这个角度讲,媒介的"文化基因"主要指的是媒介对受众心理与行为所产生的影响和制约。与"先天"的生物学基因不同,媒介的"文化基因"是媒介组织、制度、人员、社会和用户等多种因素的综合影响,是一种建构型的媒介。譬如新华社的媒介底层核心记忆就是"肩负党和人民赋予的神圣使命,发挥喉舌、耳目、智库和信息总汇作用"。新华社坚持围绕中心,服务大局,牢牢把握正确的政治方向和舆论导向,独特的文化基因深入媒介生产、运作的全过程,因此新华社的媒介底层核心记忆十分清晰、稳固,具有很强的识别度和独特性。作为媒介之魂的媒介底层核心记忆,

---

① 田野调查期间的深度访谈。
② 田野调查期间的深度访谈。

不论是个人的、集体的、社会的还是文化的，都是在底层沉淀下来的，是记忆成长的主要营养源泉。底层的核心记忆来源于浅层瞬时记忆、深层选择记忆的演化，媒介的底层核心记忆来源于媒介的物质生产与精神的沉淀，而对媒介底层核心记忆的深入分析则要求两者之间的有效整合。

通过人民网、荆楚网、恩施新闻网、咸丰新闻网的报道发现，报道数量上最多的是恩施新闻网，其次是咸丰新闻网。报道质量人民网做得最好，荆楚网紧随其后。从报道的数量、质量等多方面因素来考评，媒介底层核心记忆建设恩施新闻网做得更好，但在质量和数量都处于领先地位的媒介目前还处于空白，也是下一步建构唐崖文化媒介记忆的重要着力点（见图2.4）。

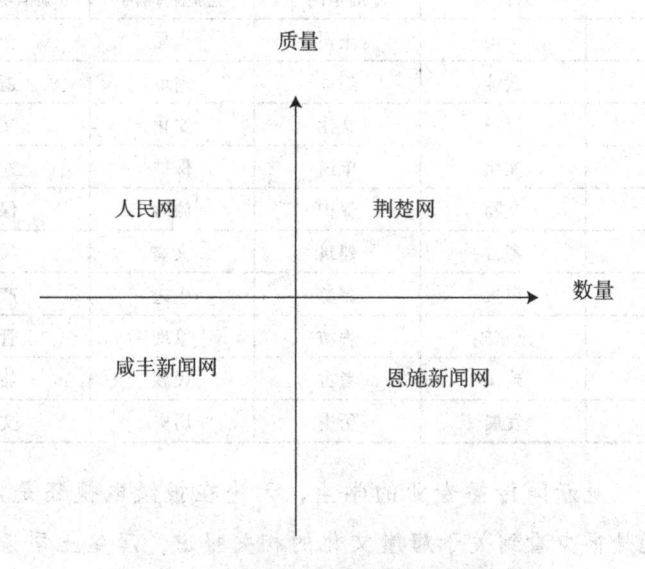

图2.4 四个网站在报道数量和质量的象限

在表2.1关于四个新闻网站报道的词频分析中，通过"语料库在线"词频统计软件进行分析，排除不相关的词语后从中选出了四个网站排名前十的高频词。人民网的前三大高频词为"土司"、"遗址"和"保护"，人民网之外的三个网站排名前三的高频词则是"土司"、"遗址"和"文化"。这从侧面反映了四个网站共同的媒介记忆的底层核心记忆都是"以唐崖土司遗址为核心记忆,从而衍生出来的唐崖文化"。从前五的高频词可以看出,唐崖文化的保护、申遗也占据着重要的位置。能够进入前十的关键词反映了媒介记忆建设和沉淀的结果,没有进入前十的关键词则在一定程度上代表着还没有真正意义地进入"记忆之房"。如果按照词频的高低再细分成高词频、中等词频和低词频,可以将高(前3名)、中(第4到第6)、低(第7到第10)三个等级对应为底层核心记忆、深层选择记忆和浅层瞬时记忆。因此,四个网站的媒介底层核心记忆都为"土司"、"遗址"和"文化"。

表 2.1　　　　　　四个新闻网站报道的词频分析

词频	人民网	荆楚网	恩施新闻网	咸丰新闻网
1	土司	土司	土司	土司
2	遗址	遗址	遗址	遗址
3	保护	文化	文化	文化
4	文化	申遗	保护	建设
5	文物	保护	旅游	保护
6	考古	建筑	文物	项目
7	申报	旅游	申遗	产业
8	土家族	牌坊	管理	管理
9	建设	考古	民族	旅游
10	发展	历史	历史	文物

我是新闻传播专业的学生,无论在报纸电视还是网站上,我还是很少看到关于唐崖文化的相关报道,唐崖土司遗址的报道虽然有但是很少,我觉得也没什么突出亮点,感觉和其他地区的遗址一样缺乏新意。你说的荆楚网、恩施新闻网、咸丰新闻网在这方面的报道投入我觉得很少,人民网虽然有报道但是感觉没有什么亮点,就是一些土司城申请世界遗产吧,还有旅游什么的。如果我以后可以做新闻报道的话,我一定要去找到唐崖文化的底层核心记忆,通过最核心的报道内容外延出其他

特色报道内容。①（大学生，覃某某，22岁）

  荆楚网作为湖北省的省级媒体，还是很出名的，我经常看它的相关新闻报道。但是我觉得它对于地方的文物和文化的关注度，尤其是唐崖地区这种热度不太高的，相关报道还是偏少，这可能与地方政府部门推广和重视的程度有关系。我觉得做的比较好的是恩施新闻网，它对这方面的报道还是不错的。咸丰新闻网感觉都是一些会议的报道，不过嘛，县级的媒体也不能有太高的要求吧。②（文化站工作人员，李某某，48岁）

  从田野调查的访谈中，可以发现无论是年轻群体还是中老年群体，对唐崖文化的印象和四个网站的媒介记忆都存在一定的相似之处，对于唐崖文化的认识不够深入，这在一定程度上也印证了媒介记忆研究与现实生活的价值适切。

第二节 文化符号象征物

  唐崖的文化符号是该地区丰富文化内涵的抽象体现、重要载体及表现形式，具有很强的抽象性和象征意义。唐崖地区的文化符号象征物不仅包括物质意义上的，还包括精神和情感的，二者共同建构起唐崖地区丰富且深刻的文化内涵。

一 精神符号

精神符号把精神看成了重要的载体，它承载了精神内涵的主要形态。精神符号研究的主体还是人，体现的是以"人"为本，主要探究人类精神生存发展、交往、演化等的内在规律和重要意义。在

---

① 田野调查期间的深度访谈。
② 田野调查期间的深度访谈。

唐崖文化的积极传播和弘扬过程中,巴东方言、跳丧哭嫁、宗祠、族谱、家风家训等作为精神符号的重要表现形式,发挥了极其重要的作用,对唐崖文化的有效传播和弘扬具有十分显著的作用。

(一) 巴东方言——族群认同记忆

阿莱达·阿斯曼在《回忆空间——文化记忆的形式和变迁》中写到"被回忆的过去永远掺杂着对身份认同的设计,对当下的阐释,以及对有效性的诉求"[①]。因此,我们首先想探讨的问题就是身份认同的问题,具体来说就是唐崖土司文化核心区族群认同记忆。这一地区的方言主要以巴东方言为主,巴东方言构建了唐崖土司文化的族群认同记忆。正如美国语言学家本杰明·李·沃尔夫指出的,"文化只能存在于语言中,任何文化的特性只能在自己的语言中展示出来,要认识一种文化,只能从语言特性出发"[②]。

语言是一种文化、风俗和习惯,语言的运用是一定的文化、风俗和习惯的行为表现。巴东方言是语言文化由古至今历经几代人传承和传播的产物,它是恩施唐崖地区多元地域文化的载体和唐崖文化最为质朴的体现。丰富多彩的唐崖文化,借助方言得以留存至今。在某种程度上来说,巴东方言是研究唐崖土司文化记忆的基础。巴东方言明显区别于汉语普通话,能较为准确地传达唐崖文化核心区的民俗基因,在日常生活的使用中也传递出较强的文化表现力。

在传播学的研究视域下,我们通常会认为:"意义的交换有一个前提,即交换的双方必须要有共通的意义空间。"[③] 在唐崖文化记忆中也是如此。交流抑或沟通,基本上都需要通过语言这一社会工具。所有记忆的交融汇聚的根本基础是巴东方言。唐崖地区的人们,生活在这一壮美的土地上,使用相同或相似的语言进行"意义空间"

[①] [德]阿莱达·阿斯曼:《回忆空间——文化记忆的形式和变迁》,潘璐译,北京大学出版社2016年版,第85页。
[②] 郑艺:《电视方言节目主持人的语言本土化策略——以恩施电视台〈新闻六口茶〉为例》,《湖北民族学院学报》(哲学社会科学版)2015年第2期。
[③] 郭庆光:《传播学教程(第2版)》,中国人民大学出版社2011年版,第49页。

的交流，逐步达成"意义的交换"，在此基础之上，在时间的打磨下，形成这一族群对于自身的文化认同，逐渐勾勒出对唐崖土司文化的记忆。

吉尔斯和约翰逊提出种族语言认同理论，认为个体为获取积极的社会认同会采用各种策略，语言在社会生活中作为群体成员身份和社会认同的一个显著的标志，有可能促使个体做出改变原属地语言而去适应迁入地语言的选择①。在唐崖文化记忆中，我们相应地找到了其相似共通之处。唐崖文化核心区的个体为形成"共同体"，强化这一群体的社会认同感，会选择统一的语言——巴东方言来作为群体一员的显性外在特征。从这一角度上理解，我们不难发现：巴东方言是唐崖土司文化中族群认同记忆的重要组成部分。

（二）跳丧哭嫁——节庆文化记忆

在恩施土家族地区，"跳丧哭嫁"是与其他民族地区显著的区别之一。唐崖文化核心区在一定程度上是与土家族文化核心区相交叠的，因此，在唐崖文化记忆中不可避免地会涉及包含节庆文化记忆的部分。由于节庆文化与人民的贴近感更强，更容易为普通大众所理解，更容易在普通大众当中打下深刻的烙印，因此，节庆文化记忆是唐崖文化记忆不可分割的一部分。

在唐崖地区，经过笔者前期的调研发现：唐崖文化节庆的文化记忆主要包括土家传统婚俗、唐崖端午节、土家摆手舞、恩施女儿会、丧葬文化等内容。

1. 土家传统婚俗

本小节研究以当地传统婚礼为例，通过调研访谈发现，土家传统婚俗大致经历了三个阶段，完成婚礼需要五个步骤、九个流程。记忆资料如下：

---

① Giles, H., Johnson, P., "The Role of Language in Ethnic Group Formation", In J. Turner & H. Giles (eds), *Intergroup Behavior*, Oxford: Basil Blackwell, 1981.

土家传统婚俗文化记忆笔记①

1. 演变：自由恋爱—封建包办制度（改土归流）—自由恋爱
2. 特点：

(1) 文化底蕴深远厚重，由周公六礼演变而成。

(2) 民族特色浓郁独特——哭嫁。

新娘出嫁前三天或前七天开始，也有更早的。起初自由自在，直到嫁娶头天晚上至次日坐花轿到达顶峰。哭嫁，是对父母长辈的养育和兄弟姐妹关怀的感激之情；哭泣青春的快乐生活，哭泣少女时代幸福生活将要逝去，以及对新生活到来前的不安与困惑，倾泻对婚姻生活的不满。

(3) 地域特征特色彰显。

(4) 与时俱进传承发展。

但男女老少都认为现在婚礼没有了传统婚礼的严肃庄重，多了一份猎奇的成分，冲淡了婚礼的乐趣。

3. 主要内容：

(1) 定亲：主要是求亲、合亲、相亲；媒人（多为中年妇女）、八字先生、父母三个重要人物。

(2) 插香：在媒人的撮合下，双方同意，男方去女方插香，主要是为了讨回女方的生庚八字，因此也被称为"讨年庚"。男方准备酒肉、插香布和首饰盒、大小鞭炮等，随行有男方父亲、媒人夫妻和其他人力，女方则请外公外婆、舅父、姑爷等在堂前等待。

(3) 合八字：男方请阴阳先生根据男女双方的生辰八字进行推算。

(4) 看人户（相亲）：女方到男方家考察，随行有七大姑八大姨，同意便在男方家玩三天，不同意吃完饭便可离去。

---

① 通过实地调研访谈资料整理。

(5) 迎亲：

具体流程：

①请期：男方请人写期单告知对方结婚吉日并送去女方，称为请期，最后要商量好一切琐事。

②迎亲：起媒（结婚前几天拿酒肉等去请媒人，媒人再去女方确认过礼数目）—帮忙（请人力帮忙以求妥帖，其中总管、支客和礼房先生要提前）—过礼（男方迎亲前一天要去女方过礼。媒人夫妻一同前去，准备欢喜钱）—哭嫁（哭嫁歌）—迎娶：准备（前一天天黑前轿子要到主家，龙头凤冠在内。同时安排好名单分工）、上路（第二天早上迎亲队吃头轮饭，支客士带着新郎敬酒）、吃髈席、发亲、报路（以防万一）、趣闹（取笑新娘）。

③接亲拜堂：男方给喜钱，抬柜子的双份，因与"贵子"谐音，进洞房时新郎要抢房。

④说吉：长辈给新郎新娘插红花、说吉利话。

⑤参厨：婆婆娘带新娘来厨房参厨。

⑥开拜：新娘拜长辈，长辈送礼。

⑦交亲：第二天早饭后送亲客回家，在堂屋交亲。走后将包有欢喜钱和瓜子的花手巾反手丢在地上让新郎捡。

⑧回门：送亲客走后当时回门当天转，三天回门歇一晚。

⑨打三朝：报信（女方生子后若是男孩男方便提着公鸡去女方家报喜，若是女孩则提母鸡）、洗三朝（婴儿出世第三天外婆要给他洗澡，以示一切顺利）。

访谈人　刘小芳　女　38岁

由男方去女方提亲，媒人定好接亲时间，接亲前晚男方带肥肉去女方家，当晚女方和其母亲将其炒掉，因第二天要离开母亲，称为"离娘肉"，吃肉时母亲要和女儿交代去婆家的相关事情。女方父母准备好被子、柜子、火盆、凳子等嫁妆，并将锅碗瓢盆用绳子竖绑成树状,男方"押礼"(负责礼节)和女方进行沟通,"带兵"抬走,需要保证在路上的时候不能掉。现在由于都是车接车送,很少沿用传统形式,为了动员大家传承这种文化,我们也举行了一些活动,比如说大年初一到十五每晚"摇船"、踩龙船、狮子灯等……

2. 唐崖端午节所蕴含的文化记忆内涵

通过调研当地端午节文化记忆,大致将其整理为以下几个方面:

龙舟文化:祭吊屈原、弘扬屈原精神(龙舟竞渡,景观秀美、工艺精湛)。

饮食文化:包粽子(食用、投水祭奠屈原、相互赠送);蒸面馍(寓意圆圆满满,祈求风调雨顺五谷丰登);饮雄黄酒。

祭祀文化:祭屈原、祭龙舟、祭先祖。

骚坛文化:以"骚坛"为载体,传承屈原"骚体艺术",抒发怀屈情思,关注社会变革。

配饰文化:系彩丝(装饰、辟邪、怀念屈原);佩香袋(辟邪、缅怀);戴艾虎(少女或少妇用艾叶作为虎形钗饰)。

禳疫文化:采露水艾;洗菖蒲澡;洒雄黄酒。

节庆文化:文艺表演(打莲湘、踩高跷、划采莲船、唱皮影戏、舞狮子);文化赛事(龙舟赛、书画赛、歌咏赛、演讲赛);稻场娱乐(唱山歌、吹打乐、扭秧歌、跳鼓花舞);节日庆典。

信仰文化:供奉屈原;挂菖蒲剑;送瘟船(端午节当天扎制纸船,放置蜡烛,傍晚时分点亮让其随波逐流)。

端午节是中国汉族人民纪念屈原的节日,是集拜神祭祖、祈福辟邪、欢庆娱乐和饮食的民俗大节,唐崖地区的端午节文化记忆,既有与其他地区共通的内涵价值,也有其独特的当地文化特色。

3. 摆手舞文化记忆

唐崖地区摆手舞的文化内核源于祖先崇拜。由蛇、虎图腾崇拜演变为宗族观念的祖先崇拜。最早的始祖崇拜是对女性神灵的崇拜，实际上就是母系氏族的母祖崇拜。土家人的原始女神均无庙宇和神像，表明土家族对祖先的崇拜更为原始而古朴。土家摆手舞始终充满着祖先崇拜的祭祖情节。

摆手舞还有着祈福消灾和繁衍生息的迫切愿望以及慎终追远和民族聚合的目的，同时也是对群体生活强烈需求的外在体现。在娱神娱人载歌载舞的祭祖聚会中，土家人找到了情感的宣泄口，增强了民族的凝聚力。

4. 恩施女儿会——相亲文化记忆

女儿会是民族地区出于对妇女的尊崇而形成的节日，是我国共同交友节会与婚恋节日中的一员，是中国古代祭社习俗的遗存，同时是与月半息息相关的民间习俗（月半出了嫁的女儿要回娘家祭祖），也是发端于七夕节综合多种习俗流变而成的独特节俗。

古代"相亲"俗称"看亲情"，指的是男方正式向女方提亲之后，男方父母亲就要到女方登门。以前男女结婚首先要经过"相亲"这一道程序，现在虽然提倡自由恋爱，但"相亲"还是作为一种民俗流传了下来。唐崖地区的相亲文化有独特的地区特色和文化特点。

5. 丧葬文化记忆

通过调研唐崖地区的独特丧葬文化记忆，大致将其整理为以下四个方面。

首先，独具特色的丧俗。

（1）入土为安，生死轮回：土家人具有豁达的生死观，认为死是生的另外一种表现形式。

（2）自掘坟墓，自备棺材：请阴阳先生看墓地，制作墓碑，培植"寿料"。

（3）重死乐生，薄养厚葬：是身份的象征。

（4）人鬼同屋，人神共奉：将墓葬修建在自己的堂屋之中，将祖先崇拜和神灵崇拜合二为一，"人神一体"特殊的祭拜形式。

其次，多样的墓葬形制。

（1）崖墓：分天然和人工两种。

（2）石室墓：多为生基墓。主人生前修建。

（3）石椁墓：用整片石板拼接成棺椁的土坑墓葬。

（4）瓮棺墓：二次葬的典型墓葬形制。

（5）衣冠冢：棺材里只有死者曾经穿戴过的衣物，主要是家人无法获取遗体或是为了掩盖真正的墓穴。

（6）土坑碑坟墓：显示多元文化共存。

最后，完整的丧葬礼俗。

（1）送终祈福：老人临终前孝子要通知至亲人等为老人送终。

（2）净身入殓：落气（老人未断气前在堂屋坐好，不能在床上落气）—停尸（老人落气后将其放在板凳搁置的木板上，脸上放一张盖脸纸）—放落气炮（马上放三个大火炮，然后放一串小火炮，报丧）—烧落气钱（在亡人脚前烧纸钱，意为零花钱）—净水（用艾草熬水，一帕一洗，从头至脚）—裹尸—装老（给尸体穿衣，穿单不穿双）—入殓—戴孝—送老。

（3）设置灵堂：点地扑灯、立灵位、献供品、做孝棒、写孝联、布置灵堂。

（4）礼仪准备：请人、看期、放信、写帮忙名单、看阴地。

(5) 守夜陪亡：孝家要请锣鼓和歌师守夜。

(6) 开路：开路、请神、接亡、安灵、润喉、奠酒、写开路文。

(7) 做道场：写牌位、写文书、开坛、开路、拜忏、交忏、送亡、送圣。

(8) 坐夜：参灵送礼、告席答谢、绕棺安坐礼、打坐闹亡。

(9) 出殡安葬：开棺辞灵、发引抽灵、送丧下葬。

(10) 扫灵回煞：下葬过后，孝媳们要赶快回家打扫灵堂，打扫干净后要"分福"，就是将灵堂前祭拜烧的纸钱灰烬每家均等地分一份。

(11) 烧七送灯。

(12) 复三坟。

(13) 守孝。

访谈人　覃美丽　女　唐崖某小区1栋2单元

老人去世在家先放几日，召集亲戚朋友回来看最后一眼，出葬前晚亲戚守夜。去世当晚道长将灵堂等搭建完备，出葬前将冥房、纸钱等烧掉。出葬日不定，但一般都是三天。通常要请四个道士，道士主要是为了化解亡灵在世时的过错，让其转世后能够托身于一户好人家，传说做不好的话，亡灵的过错将会传到道士身上。道士住的地方称为"道场"，用竹子或者木头挂着帆布，上面画一些符咒，同时剪几个布条，布条里包着米、黄豆和檀香，包完六个挂在道场，称为"悬帆"，道士则需要在道场住到风将帆布缠起来才能离开。若未缠起来，则是道长法力不够。"挂榜"必须是大户人家，讲究荤素。老人若是生病不行了不愿去医院，认为辛苦了一辈子死在医院回不了家，不能进屋，只能在外面搭一个屋。所以一般老人得了重病不愿去医院，希望能在家里走。

6. 舞蹈文化记忆

通过调研当地舞蹈文化记忆，大致将其整理为以下三个方面。

板凳龙

板凳龙是盛行在咸丰县及周边的原生态民间舞蹈。2011年，咸丰县板凳龙入选湖北省第二批省级非物质文化遗产扩展项目名录。每逢节日、集会等，当地人会进行板凳龙的表演。

板凳龙主要以板凳为道具，主要伴奏乐器有唢呐、锣、鼓、钹、咚子等，以鼓声和唢呐开场，板凳龙表演时，由两人各执龙头下的左右一条凳腿，在打击乐的伴奏下，三人将板凳举起在场地进行跑转、翻滚。三人表演翻滚时，只能连续翻转长凳，依次进行掏花，俗称"龙翻身"。表演动作有"雄鹰展翅""雪天盖顶""黄龙缠腰""猛虎下山"等，表演时需要队员相互配合、动作整齐一致才能舞出龙的造型。板凳龙是咸丰土家族、苗族喜爱的传统舞蹈形式。它以3—5人抬一扎制长条板凳龙相互穿绕、游弋翻滚而命名，盛行于咸丰清坪一带。

目前，板凳龙已经列入湖北省第三批非物质文化遗产名录。板凳龙的主要传承人是周礼乐，现在，他已是湖北省第三批省级"板凳龙"传承人。

绕棺（穿花）

绕棺，是咸丰县最受欢迎、最受群众喜爱的传统舞蹈。它起源于一个小村——清坪的杨洞。这种民间文化艺术形式是一种祭祀性、宗教性的表演艺术。原为佛教"打丧事"（民间又称敲当当）和"做道场"中的一个附坛。咸丰县"绕棺"（穿花）的传承人较多，最出色的有刘国鉴、陈万鹏等十余人。目前，咸丰县的"绕棺"（穿花）已经被列入第四批省级非物质文化遗产名录。

草把龙

草把龙因采用稻草扎制而得名,是极具土家特色的民俗表演。2013年,草把龙被列入湖北省第四批非物质文化遗产保护名录,在咸丰非遗保护中心成立了传习所。草把龙是咸丰传统舞蹈中的一种,在咸丰官坝一带流传,至今已有千年之久。20世纪50年代,高乐山镇马河官坝陆家仍零星流传着打草把龙的风俗,但随着时间的推移,逐渐没落,直至绝迹。如今,咸丰草把龙被列为湖北省第四批非物质文化遗产名录项目。

草把龙一般是由民间艺人在腊月编织,由龙头、龙身、龙尾三部分组成。主要材料是干稻草、竹子篾条、竹棍、伸筋草和草绳。龙身有七节、九节、十一节、十三节等多种规格。

相传,历史上草把龙有驱瘟和求雨等作用。土家人常年种植水稻,在农历五六月间,恰逢稻瘟病高发时节,农民就以舞草把龙来驱逐稻瘟病。如遇天干大旱,人们会聚集设坛祈雨,舞起用稻草编扎而成的草龙,并为草龙洒水润身,祈求降雨。

现在,草把龙已经变成了一种民俗舞蹈,每逢节日、庆祝庄稼丰收的时候,甚至是新房子建成之时,都会有草把龙的表演,以表祝贺。舞草把龙的玩耍方式类似于传统的中国舞龙,又有源于生活和劳动场景的独特动作。玩耍时有锣、鼓、钹、咚子伴奏。玩耍草把龙的动作主要有:游龙出山、蛟龙出海、犀牛望月、二龙戏水、双龙戏珠、穿龙身、穿龙尾、跳龙身等。

作为唐崖地区传统舞蹈文化中几种比较特殊的艺术,草把龙以其神奇瑰丽、魅力弥久,不仅深受当地人民群众的喜爱,也引来了全国各地以及其他国家的人民群众的青睐。

7. 土家板凳拳——民间体育记忆

咸丰土家板凳拳起源于清朝中期,兴盛于清末民初,其流传于咸丰县唐崖河两岸的唐崖、高乐山、黄金洞、清坪等乡镇。相传，历史上咸丰唐崖镇小水坪一带，由于地势偏僻，是一个匪盗猖獗之地。当地的土家男子利用板凳进行自卫还击，久而久之便形成一种拳术。

作为咸丰土家族民间的一种传统体育竞技项目，板凳拳既可防身又可健体，是湖北省第三批非物质文化遗产项目。板凳拳是由操练者的单手或双手持凳，运用挂花、撞击、扭凳等一系列动作组合而成的一套拳术，共有三十六个攻防架势，常以吼声助力、助威、助势，其招法主要有撞、压、顶、砸、扫、架、磕、劈、栽、撑、磨、拦、挑、翻、拐等组成。

如今，土家板凳拳主要的传承人陈俊法被聘为唐崖镇燕朝小学的特约武术教师，以学校为非遗传承基地，普及板凳拳相关拳法、招式。

（三）宗祠、族谱——姓氏家族记忆

艾略特的《四个四重奏》中有这样的句子："家是我们出发的地方。随着我们年岁渐老，世界变为陌路人，死与生的模式更为复杂"。[①] 中国人依靠强大的宗族姓氏紧紧地凝聚在一起，正所谓"族之有谱，犹国之有史"。走进宗祠，可以感受到强大认同的感召，翻阅族谱，可以回忆起本姓氏宗族的记忆。虽然在我国大部分地区，都有宗祠的痕迹，也有修族谱的习惯，但是在唐崖文化核心区，这一特点更加明显，也更具典型性。

从历代土司的流传记载表中，我们也能看到关于族谱记忆的影子。在记录中会详细记载土司的世系、姓名、时代、任土司时间、任职年限、职衔等内容，甚至还包括亡故原因及时间。非常详细地记载了当时土司的各方面情况，给后人留下了珍贵的研究史料。

---

① 叶立文：《伦理记忆与道德重构》，《小说评论》2002年第1期。

第二章 唐崖的记忆断裂与符号象征物

在唐崖人的心中，始终绕不过的是家国情怀，有力地回答了"我是谁、从哪里来、到哪里去"的哲学思问。宗祠的设立，有助于后人在一个相对固定的场域中找到内心的归依。族谱的修订，可以帮助其完善姓氏来源、族上原有的杰出人物等原先缺失的记忆。在恩施唐崖地区，姓氏宗族记忆最完善的应该是严氏祠堂和严氏族谱。

严氏祠堂坐落在咸丰唐崖镇大水坪村，主体建筑在两层高台之上。门厅入口是六扇镂空雕花大门，古朴典雅。走进门厅是三间穿堂的一个大厅，有22根立柱，构架类型属于混合式。两侧是穿斗构架，中间两架是插梁架。屋盖坡度平缓，没有举折，青瓦直接覆在檩条之上，正脊中央有青砖垒出的装饰。两侧山墙与木构架脱开，高高耸立在屋顶之上，为"观音兜"式样。广厅是严氏家族族人聚会、就餐之所。

从门厅撇山后门进出，可以看到天井中央平台之上的亭阁，亭阁通高10.7米。檐口转角部分由"板凳挑"挑出，撩檐枋上置"观音手"构件承接，结合内部的角梁，使屋角高高翘起，形成优美的弧线。亭中二层有小房一间，供族长、执年（管事）议事之用。议事时，族长、执年将上亭阁的长楼梯抽上亭阁，其余人等不得入内，透出了族长的威严与议事之神秘。

亭阁正面的两尊柱础系大理石雕成，左为"雄狮滚绣球"，右为"母狮戏幼狮"。狮下石座刻有"孟宗哭竹""杨香打虎""单刀赴会""辕门斩子"等八个故事的图案。亭阁照面的木枋，上有"槐荫会""七仙女送子"等木刻画，刀法精巧洗练，线条自然清晰，形态栩栩如生。

"山管人丁水管财"，祠堂内修建水池，既可主财，又可预防祝融（火）之害。外壁刻有王士晋所编保规（十六条），四边精雕云纹。在水池前方不足1米处，平台的中央斜置一块长2.6米、宽2.06米的镂雕盘龙石，上刻"二龙抢宝""三龙戏水""鲤鱼跳龙门"等图案。云水相间，龙鱼交错，龙龙相盘，龙体遒劲，穿绕涌动，活脱欲出，刀法精细，堪称绝技。

绕过天井，沿东西两侧敞廊拾级而上，就来到了正堂。这里是整个祠堂最神圣重要的所在，结构式样与门厅相仿，只是更加高大敞亮。正堂用料柱大枋粗，正中设有严氏祖宗牌位龛座，上悬"敬宗收族"金字匾额。殿堂左右墙壁上各嵌石碑两块，左侧石碑刻有《族规》《戒规》，右侧石碑刻有《奖励章程》《创建祠亭》，均字迹工整清晰，雕工技艺精湛。照面穿枋上刻有"千里走单骑""三堂会审"的故事画面，虽年久风蚀，仍隐约可辨。正堂两侧的山墙与门厅一样，也是高高耸出屋顶，不过是三阶马头墙式样。这些山墙兼具防火的功能。围绕祠堂三面的墙采用侧砖加平砖顺砌错缝的砌法，是空斗墙，内填松土，墙的上部有精美的砖雕。

严家祠堂除围墙部分有裂缝（现已用铁块加固），瓦檐部分腐坏，彩画已褪色之外，镂空石雕已用防护罩盖住，其余各物均保存完好，是咸丰至今唯一保存完好的姓氏宗祠（咸丰丁寨乡魏家堡魏家祠堂比严家祠堂占地面积大，造型考究，建筑精美，可惜毁于"文革"）。严家祠堂在"文革"期间已成为村小学和电影放映场所，才幸免于难。1988年6月，严家祠堂被恩施土家族苗族自治州（简称"恩施州"）人民政府列为州级文物保护单位；1992年，被湖北省人民政府列为省级文物保护单位。

2004年，《严氏家谱》（"天水"堂"富春"分堂，咸丰、来凤、黔江部分）甲申年版得以印制。"天水"堂"富春"分堂是这里严氏一脉的"堂号"。堂号是家族门户的代称，是家族文化重要的组成部分，堂号的来源往往与祖先的发源地、祖上的名人逸事等有关。堂号之下还有分堂号，"天水"和"富春"就分别是这一支严氏的总堂号和分堂号。"天水"指汉置天水郡，今甘肃通渭县西南，是严氏发源地之一（严氏堂号还有"冯翊""华阴"。"冯翊"，汉临晋县，后魏时改称华阴，西魏时又改为武乡，即今陕西大荔县治。也许这两个堂号指的是同一个地方）。

北宋名臣范仲淹仰慕严子陵的高洁，写了一篇传诵千古的《严先生祠堂记》，在其中赞他："云山苍苍，江水泱泱，先生之风，山高水长！"还说："仲淹来守是邦，始构堂而奠焉，乃复为其后者四家，以奉祠事。"意思是：我到这个州任职后，开始建造祠堂来祭奠先生，又免除了先生四家后裔的徭役，让他们负责祭祀的事情。这"四家"应该就是龙洞严氏的祖先。在龙洞严家祠堂的《严氏祠堂创建宗祠序》（如下）中，我们可以看到龙洞严氏与先祖严光的血脉关系。[1]

严氏祠堂创建宗祠序

我先生祠堂著于桐庐，作之记者范文正公也。为之后者四家，家于分宜者黔谱不详，宗祐代有典司。咸淳间，陵祖由江右徙黔，筑祠于居室之左，迄今黝垩殆甲于且阑。国朝乾隆初年，智敏祖奉子善祖经此契龟。惟食歌斯、哭斯、聚族于斯者盖有百三十载也。室家纵立，路寝未成，春露秋霜，抱歉于晨昏不少。

道光末，先叔附增生雨村不禄，直义祖嗣斩。先大夫成斋祖有志就此斫奢缘禄尽未逮。附贡生因之叔与天明叔及我先君子久欲续其志，格于族议。简与先堂兄太学生玉山拟论，不敢事遂寝。乙亥夏，因之叔年已七十矣，痛先灵之未妥，而河清难俟，爰率龙臣、秉臣弟将所受七房业创建。

洎合族会议，踊跃匡襄，汝为弟珠风侄鸠工庀材，于是乎大启尔宇。吁！休哉。因之叔之为功于一家者岂浅戡哉。上以明尊尊之道，下以明亲亲之道，旁以明老老幼幼、贤贤贵贵之道。神道尽而人道立，将尊祖者即敬宗，敬宗者即收族，今而后宝田子孙规矩。高曾馨香俎豆，姒续簪缨后人之报本也。隆则先人之可福也。景因之叔之率族食报于将来者，讵有量乎。

---

[1] 部分内容删改节选自《唐崖》2017年夏季号增刊（严家祠堂特辑），第4页。

我先生山高水长之风,简当于礼仪既备,钟鼓既戒之余,而趋跄颂之,是为序。

钦赐花翎盐提举司即补贵州直棣州正堂云孙简敬撰
大清光绪三年七月朔六日立

虽然上述呈现的是严氏祠堂和严氏家谱的具体内容,但是从这个姓氏的祠堂和家谱当中,我们可以管窥到唐崖文化核心区的人们注重家族观念,强调姓氏家族记忆。因此,姓氏家族记忆是唐崖文化记忆的重要组成部分。

(四)家风、家训——道德伦理记忆

家风指的是家族世代相传的为人风尚和生活作风,是为家中后人树立的价值准则,是建立在中华文化根基之上的集体认同。体现的是整个家族成员在精神风貌、道德品质、审美格调和整体气质的家族文化风格。家训即家庭伦理规范,其核心是"修身"与"齐家",强调以德行立家,以孝治天下。家训不是字斟句酌的名人警句,而是家族先辈对其子孙关于立身处世、持家治业的训诫警示和谆谆教诲。家训更像是一种精神风尚,对一代又一代的人产生潜移默化的影响。家训作为一个家庭言行的方向灯,在一定程度上反映了一个家庭的价值观和世界观,也体现了长辈的道德水平。

黑格尔曾说:"伦理是现实的或活的善,它通过人的知识和行动得以体现出来,而成为现实的或活的。反过来说,人的伦理性的意识,以善为其基础、内容和目的。"[①] 唐崖土司城遗址能够申遗成功与其自身的文化内涵密切相关,其特有的物质、精神、制度等多个方面,都彰显了我国西南民族地区"齐政修教、因俗而治"的管理智慧,也同样彰显了中华民族的丰富性和优秀性。2015 年 7 月,由

---

① [德]黑格尔:《法哲学原理》,杨东柱、尹建军、王哲编译,北京出版社 2007 年版,第 76 页。

第二章 唐崖的记忆断裂与符号象征物

湖北省咸丰唐崖土司城遗址、湖南省永顺老司城遗址以及贵州省播州海龙屯遗址共同组成的"中国土司遗址"被成功批准列入《世界遗产名录》。故而，唐崖土司城遗址成为湖北省第三处世界文化遗产，引人注目。它自身的文化内涵如物质文化、精神文化、制度文化代代相传，是申遗成功的必要条件，也显示着中华民族文化多样性和丰富性。现阶段，咸丰县委、县政府力图围绕"世遗唐崖，森林咸丰"的定位，按照"一城一镇一公园，一堤一坝一通道，一路一廊一中心"的思路实施一批重大旅游配套设施建设项目，进一步提升文化辐射力，倾力打造唐崖文化旅游品牌。

唐崖土司时期流传下来的家训文化，是唐崖文化的重要组成部分。唐崖土司城历经16代共计18位土司，历时470余年，繁荣时间长，家训文化保存得较完整，离不开有效、完善的家族制度管理和家风家训思想的引导。经过实地访谈与资料的整理，唐崖地区的家风家训可分为多家，其中严氏家训最具有代表性。作为人类记忆思维的一种特殊表现形式，道德记忆是关于人类道德生活经历的记忆[1]。家庭传承家庭伦理精神的一种重要方式是家庭道德记忆[2]。

严氏家族的宗祠建于光绪元年，建筑选址位于湖北省咸丰县唐崖镇大水坪村，距今已有一百四十多年的历史。通过调研和实地走访得知，严家在三百多年前迁徙至唐崖镇，繁衍至今，已有三千多人。在几百年的发展中，祠堂成了严氏家族繁荣昌盛的象征。家族祠堂众多，而严家祠堂最具特色的是在祠堂显眼处篆刻了十六条家训。时至今日，严家后人还在家族董事会的带领下，定期在祠堂开展相关活动训诫族人。经过几百年的发展，家风家训文化已然成为唐崖土司文化的重要组成部分。

唐崖的严氏家风家训文化，其中的遵守乡约、和睦处事、勤劳工作、勤俭节约等内容与今天的社会主旋律不谋而合。严家家训并

---

[1] 向玉乔：《经济治理的伦理意蕴》，《华中科技大学学报》（社会科学版）2018年第6期。
[2] 向玉乔：《家庭伦理与家庭道德记忆》，《伦理学研究》2019年第1期。

没有受到时代背景的约束,家训内容不仅有惩罚还有奖励,而且十分强调读书的重要性,以至于家族理事会共同商议出了一套对于当地学生考取大学的奖励机制,也体现了优秀传统文化对现在社会的积极影响。原文如下:

《严氏宗规十六条》(节选其中四条,完整版见附录)
谱牒当重

谱牒所载,皆宗族祖父名讳,孝子顺孙,目可得睹,口不可得言,收藏贵密,保守贵久。每岁清明祭祖时,宜各带所编发字号原本,到宗祠会看一遍,祭毕仍各带回收藏。有鼠侵油污,磨坏字迹者,族长同族众,即在祖宗前量加惩诫,另择贤能子孙收管,登名于簿,以便稽查。或有不肖辈鬻谱卖宗,或誊写原本,瞒众觅利,致使以伪混真,紊乱支派者,不惟得罪族人,抑且得罪祖宗。众共出之,不许入祠,仍会众呈官,追谱治罪。

蒙养当豫

闺门之内,古人有胎教,又有能言之教,父兄又有小学之教、大学之教,是以子弟易于成材。今俗教子弟者何如?上者教之作文取科第功名止矣,功名之上,道德未教也。次者教之杂字柬笺,以便商贾书计。下者教之状词活套,以为他日刁猾之地。是虽教之,实害之矣。族中各父兄须知子弟之当教,又须知教法之当正,又须知养正之当豫。七岁便入乡塾,学字学书,随其资质。渐长,有知识,便择端悫师友,将正经书史严加训迪,务使变化气质,陶熔德性。他日若做秀才做官,固为良士,为廉吏。若为农为工为商,亦不失为醇谨君子。

职业当勤

士农工商,业虽不同,皆是本勤则职业修,职业修则父母妻子仰事俯育有赖。惰则资身无策,不免姗笑于姻里。然所谓勤者，非徒尽力，实要尽道。如士者则须先德行，次文艺，切勿因读书识字，舞弄文法，颠倒是非，造歌谣，匿名帖。举监生员，不得出入公门，有玷行止。仕宦不得以贿败官，贻辱祖宗。农者不得窃田水，纵牲畜作践，欺赖田租。工者不可作淫巧，售散伪器什。商者不得纨绔冶游，酒色浪费。亦不得越四民之外，为僧道，为胥隶，为优戏，为椎埋屠狗。若赌博一事，近来相习成风，凡倾家荡产，招祸速衅，无不由此。犯者宜会族众送官惩治，不得罪坐房长。

节俭当崇

老氏三宝，俭居一焉。人生福分，各有限制，若饮食衣服，日用起居，一一朴啬，留有余不尽之享，以还造化。优游天年，是可以养福。奢靡败度，俭约鲜过。"不逊宁固"，圣人有辨，是可以养德。多费多取，至于多取，不免奴颜婢膝，委曲徇人，自丧已志。费少少取，随分随足，浩然自得，是可以养气。且以俭示后，子孙可法，有益于家；以俭率人，敝俗可挽，有益于国。世固莫之能行。何哉？其敝在于好门面一念。始如乎讼，好赢的门面，则鬻产借债，讨人情钻刺，不顾利害吉凶礼节。好富厚的门面，则卖田嫁女，厚赂聘媳，铺张发引，开厨设供，倡优杂逻，击鲜散帛，乱用绫纱，又加招请贵宾，宴新婿，与搬戏许愿，预修祈福，力实不支，设法应用，不知挖肉补疮，所损日甚，此恶俗可悯可悲。噫，士者民之倡，贤智者庸众之倡，责有所属，吾日望之。

严家祠堂以家风家训文化为咸丰地区的人民群众所熟知，因其具有很强的指导和教化意义被广泛传播。中国是礼仪之邦，五千年的文化传承至今，深深铭刻在中国人的心中。每个家，都有家训、家规、家风，俗话说得好：无规矩不成方圆，从孟母三迁到岳母刺字，好的家训、家规、家风不仅承载了祖祖辈辈对后代的希望和鞭策，也同样体现了中华民族优良的民族之风。当下正值国家大力强调家国情怀、家风建设的时期，"严家家训"有着"严家祠堂"的载体形态和完整的家训体系，极具有开发价值，发掘、传承、传播其中的优秀"家风家训文化"，同时也是在传播中华优秀文化，既符合当代社会强调的社会主义核心价值观的要求，又迎合了国家战略方向。

二 物质符号

物质符号与精神符号是相对的，二者共同构成符号的象征物。物质符号往往以具体实物为表现载体，通过呈现物质来表示其文化意义和精神内涵。在唐崖地区的文化传播过程中，唐崖土司城遗址作为物质符号的显著代表之一，通过"唐崖"山名、牌坊、河流等建筑，通过物化的形式，成了民族性和历史文化脉络传承的宝贵文化象征。油茶汤、腊肉等是唐崖地区的独特饮食文化，作为文化传播的软实力加深了人们对唐崖地区的文化认同和认知。

（一）唐崖土司城遗址——族群物化记忆

元、明、清时期中央王朝为了更好地在西南民族地区进行统治和统一管理，通过委任当地首领的方式设立"土司"，世袭管理当地的人民。历史上，鄂西曾出现了39个土司，其中先后有10个在咸丰县设立或由咸丰的土司管辖。唐崖土司城遗址凝聚了唐崖族群的物化记忆，灿烂文明流传至今。

唐崖土司城，将"唐崖"二字作为山名，《施南府志》中载"唐崖（山）在县西五十里"。清同治版《咸丰县志》载"龙潭河源出利川县，至金峒，过太平坝到龙潭河，绕唐崖（山）出百节坝，至彭水县入夔江"。（"崖""岩"在咸丰县方言中都读 ái）唐崖土司，为鄂西土家族著名土司，覃氏世袭，设于今湖北省恩施土家族苗族自治州咸丰县，明清隶属施州卫，始封于元末，鼎盛于明，废止于清雍正十三年（1735）"改土归流"，历时近四百年。由于多次被朝廷调征，其战功卓著。①

唐崖土司城是14—18世纪土家族唐崖覃氏土司的政治、经济、军事、文化的中心。作为一座带有军事战略意义的堡垒式建筑，从背靠陡峭的玄武山、前临河水奔腾的唐崖河，到随时待命出征的石人、石马，再到镌刻"荆南雄镇、楚蜀屏翰"的石牌坊，以及左右营房、靶场、跑马场和东、北、南三面修建的城墙，从不同侧面传递着唐崖土司英勇善战和土司皇城重视军事防御的历史信息。三街十八巷三十六院烘托出的繁华景象，显示出皇城社区自给自足的封建农奴制经济。专门为土司子弟学习汉文化而开办的书院，证明唐崖土司学习汉文化的风气比较浓厚。集中分布的墓葬群和保存至今的碑文，诠释着唐崖土司的丧葬文化。②

在唐崖土司城遗址中，"荆南雄镇、楚蜀屏翰"的牌坊尤为明显。明熹宗天启元年（1621），唐崖宣抚使覃鼎奉调征渝城（今重庆）擒樊龙、樊虎，1622年又奉调征水西县安邦彦，1623年奉调征奢崇明、奢社辉，因战功卓著、军威显赫，明朝廷赐皇令两道，建大坊平西将军"帅府"，授书"荆南雄镇、楚蜀屏翰"八个大字以示嘉奖。③"荆南雄镇""楚蜀屏翰"直接含义应为：唐崖土司城保护楚蜀两地。但结合唐崖土司城的建设背景分析，前者应为对唐崖土司城的赞誉，后者应为对唐崖土司地位的认可。

牌坊坐西朝东，为仿木石结构，四柱三门三楼式，通高7.15米，面阔8.4米。石柱前后有高2.5米的抱鼓石相撑及石狮一对（现残存一个）。横额中两面分别阴刻楷书"荆南雄镇"和"楚蜀屏翰"。前后两侧均有题记，记录了牌坊的建造缘由、时间。分别为："钦差总督兼湖广荆岳郧襄陕汉中等府军务策授总粮饷巡抚四川等处

---

① 咸丰县政协文史资料委员会、唐崖土司城遗址管理处编：《唐崖土司城址》，湖北人民出版社2015年版，第38页。

② 邢淑芳：《对构建唐崖土司皇城民俗文化村的思考》，《中南民族大学学报》（人文社会科学版）2004年第5期。

③ 周光兵：《唐崖土司城遗址的守护者》，《中国民族》2008年第7期。

四方兵部左侍郎兼都察院乃金郡御史朱燮元为""湖广唐崖司征西蜀升都司金事兼宣抚司宣抚使覃鼎立天启四年正月吉旦"。牌坊构件上大量采用高浮雕和透雕的手法，雕刻内容有人物故事、瑞兽等。内容既有反映本土文化的"土王出巡"等，亦有外来文化的"哪吒闹海""渔樵耕读""断桥接子""槐荫送子""云龙吞雾"等内容。①

唐崖文化主要以唐崖土司遗址为显著代表，映现了本民族的集体想象，不断重现其民族的历史文化记忆，增强着当地人民的族群意识和认同感，具有很强的民族特色和地方特色。

（二）油茶汤、腊肉等——饮食文化记忆

衣食住行与人们的生活密切相关，正所谓"一方水土养一方人"。在唐崖地区，当地人为了生存与发展，受当地文化和自然气候地理因素的影响，形成了独特的饮食文化记忆。

《巴东县志》云："里中以脱粟、大小麦为上食，荞麦、燕麦次之，采蕨根作粉，佐以大豆，则为下食。"② 菜肴风味特色主要是"酸、辣、腊、香"，俗话说"三日不吃酸和辣，心里就像猫儿抓，走路脚软眼也花"。③ 结合我们调研的结果看，主要包括：烟熏肉、油茶汤、社饭、土豆饭、合渣等特色饮食文化记忆。其中普通大众对于油茶汤、土豆饭的记忆最为丰富，从当时的访谈记录中，能看出唐崖人对于饮食的记忆较为深刻，也较为生动。但是随着时代的变化，对于年青一代来说，可能更在乎方便快捷，但是他们的记忆深处，仍然留存着那些食物最原始做法的记忆。

访谈人　张柳力　男　30岁　钓鱼村民

我们现在年轻的都不怎么觉得这些吃的有什么特别的，对

---

① 咸丰县政协文史资料委员会、唐崖土司城遗址管理处编：《唐崖土司城址》，湖北人民出版社2015年版，第92页。
② 彭英明主编：《土家族文化通志新编》，民族出版社2001年版，第291页。
③ 刘琼、贺友桂：《武陵山区生态文化旅游视域中的饮食文化——以恩施州土家族为例》，《湖北民族学院学报》（哲学社会科学版）2015年第2期。

于合渣，我没有那么喜欢吃，因为要做那些很麻烦，比较费时间，（需）要石磨，我们住在乡镇上的没有这个东西，而且现在我们也不烧火，用电磁炉，以前有用土锅做土豆饭还可以把土豆煎成两面金黄，现在基本上电饭锅就只能煎一面，而且也不够香，没以前好吃，以前我们烧柴火，围着火炉煮油茶汤就很有感觉，上面挂腊肉进行熏烤，下面坐着吃油茶汤。我们现在过年的时候糍粑有些都是直接在集市上去买，因为人不多，自己做麻烦又划不来，这样比较好，我认为。

访谈人　熊某　女　60岁　大水坪村　副食杂货店老板

我们这边除了米饭之外就是土豆很好吃，每家每户都种也很爱吃，会把它煮好之后混到饭里，以前是因为粮食少，家里人多，这样可以吃饱饭。有一个比较特别的是坨坨肉，有点像腊肉，但是它是要放到坛子里密封发酵一下的，这样可以放得更久也更入味。还有一个豆腐果也很特别，我们用桐子树的果实烧成灰，用灰来腌制豆腐，腌制一晚上，第二天拿来洗干净，切成薄片，然后油炸，很脆很香很好吃，还有洋芋我们也会切片之后油炸，也好吃。

访谈人　高某　女　61岁　大水坪村　放牛偶遇的菜农

我们这边比较有特色的是吃庖汤宴，简称就是吃庖汤，就是过年或者过节杀猪，把猪的各个部分合在一起做成一道菜，以前好客的人会把一村的人都叫来吃，现在基本上都是自己亲戚，而且吃的次数也比以前少了。我们庖汤宴一般都不会放太多的猪肉，猪肉我们要拿来做烟熏肉，把杀好的猪肉洗干净用盐腌制好之后放在客厅的火炉上进行熏烤，基本上可以吃一年。要吃的时候就拿来把长的一点霉菌洗一下就可以做一道菜，可以和芹菜炒，也可以和竹笋、竹笋干煮汤喝。

在唐崖地区，油茶汤应该是绝大部分人都会做的一种饮食。油茶汤的历史非常悠久，土家族的油茶汤有着悠久的制作和饮用历史，最具民族地方特色。据传说明朝天启年间，唐崖镇第十二代土司覃鼎率兵征调四川，降服樊龙、樊虎。因当地多瘴气，士兵的健康得不到保障，土王便用茶叶、生姜、葱、蒜苗、胡椒粉等研成末，再加盐制成汤，供士兵饮用以防瘴气。后来百姓纷纷效仿，渐成习俗，遂演变成今天的"油茶汤"。同治《咸丰县志》记载："油茶：腐干切颗，细茗，阴米各用膏煎、水煮、燥湿得宜，人或以之享客，或以自奉，间有日不再食，则昏瞆者。"有的地方称之为擂茶："取吴萸、胡桃、生姜、胡麻共捣烂煮沸作茶，此惟黔咸接壤处有之。"

土家油茶汤是土家传统四道茶（白鹤茶、泡米茶、油茶汤、鸡蛋茶）中制作最考究、代表礼遇最高的一道。用该汤待客是数百年来土家人沿袭下来的最高待客礼遇。有民谚曰"不喝油茶汤，心里就发慌"，"一日三餐三大碗，做起活来硬邦邦"，"一天不喝油茶汤，满桌酒肉都不香"。

咸丰油茶汤制作具有丰富的文化内涵和独特的饮食习俗特性。油茶汤有香、脆、滑、鲜之特点，有提神、降压、解毒、解渴等多重功能，满足了土家族地区广大群众的饮食习俗需要，是土家族人民十分珍贵的文化遗产。2009 年，土家油茶汤被公布为第二批州级非遗保护名录；2010 年公布为湖北省第三批省级非遗保护名录。

访谈人　马某　油茶汤省级传承人（2014 年）　回族　男　47 岁　开油茶馆 21 年

我父亲去世得早，我母亲拉扯我和我哥长大，我也是从我母亲那里学的做油茶汤，在我家这是早中晚必吃的，我们家的油茶汤主要是用茶叶、油、玉米、豆腐果、姜、蒜、胡椒粉等做成的，这些食材都是现做现炸的，炸玉米粒的做法就是把新鲜玉米一颗一颗剥下来，把它煮开花，然后拿来晒或者拿火烤，干了之后用油炸开，我们在吃了油茶汤之后，可以提神，冬天可以驱寒，因为我们在山区劳作比较多，所以油茶上面会有一层厚油脂，一来是吃了扛饿，二来是保温效果好一些，凉了的油茶不好喝，很多外面的人来到我们这都不太会喝，所以有句俗语"油茶汤不出气，烫死傻女婿"，虽然是玩笑话，但是确实是这样。我们这边比较喜欢油炸，这样比较香比较好吃些，口感丰富。我从小到大，最喜欢吃的就是洋芋饭，我记得我小时候我妈给我做的洋芋饭要我带去学校吃的，早上带去的，中午就没了，很怀念母亲的味道，还有玉米饭，把精细一点的玉米拿来炸了以后拌在米饭里，味道也很不错。我们以前过年的时候会做大粑粑，大粑粑一做说明就要过年了，我们小时候欢喜得很，大粑粑就是把蒸熟的糯米放在舂里，把它舂碎然后拿来做大粑粑。

土家油茶汤制作的文化记忆如下：

备料：原料包括茶叶、盐、猪油、菜油、姜、葱、蒜苗、黄豆、阴玉米、阴米子、干土豆片、豆腐、芝麻、花生米、核桃仁、鸡蛋、油渣等。

制法：

（1）制作"泡货"。用旺火将铁锅加热，放入菜油，先把阴玉米、阴米子、干土豆片、豆腐、花生米等炸成金黄色后装盘。炸阴玉米、阴米子、干土豆片、豆腐干、花生米时要掌握火候，不能炸得太焦，尤其阴米子、阴玉米、豆腐干、土豆片以炸至爆花最适宜。

（2）制作汤体。汤体的制作是先用食用（植物）油来油炸适量茶叶至白（或蜡，因为一般植物油不及猪油香），待油温加热至六成时，把姜末放入茶叶并加入适量水（以没过茶叶为宜），水沸腾时用锅铲煸炒略压。再倒入事先炸好的茶叶爆开后加水挤压，这样不仅可以出茶汁，等汤沸腾至两分钟，再加入大量水烧开，放盐调至适合口味后，舀至碗中，再放入炸好的花生粒、豆腐干、核桃仁、蒜末等，这样不仅可以喝汤，还可以食用汤中花生粒、豆腐干、核桃仁，回味无穷。

油茶汤的制作关键是茶叶质量和炸茶叶的火候，佐料和"泡货"的选用可随客人口味需要进行选择。经考察，唐崖镇的不少人家还有专门装盛油茶汤的罐子，有陶的、铁的、铜的、瓷的。装油茶汤时就将罐放在火边煨着，在上山劳动时就装一大罐油茶汤以备午餐时用。那一带专用的油茶汤铁锅和罐子，是长年累月不洗的，因为油乎乎的不易生锈。

油茶汤喝起来也有讲究，喝茶叶汤也有学问。土家人有一句俗语："油茶汤不冒气，烫死傻女婿。"因为做油茶汤加有猪油，做好了之后猪油会浮在表面上，虽然温度极高，但它不像开水会冒白汽，看不出来烫。傻女婿们受丈母娘油茶汤款待，为表示亲切和高兴，一大口灌下去，轻者舌头烫掉层皮，重者烫得满嘴水泡。虽然人人都知道这句话，但每每上当的人还是不少，其原因都是因为其制作的油茶汤太香了。

谈到油茶汤，不得不提到油茶汤的制作原料茶叶，恩施地区的特产就有茶叶，特别是富硒茶，研究者走访了多个茶场的种植户和老板，发现大家对于茶文化的具体内容并不是特别清楚，对茶叶制作的手工艺相对记忆清晰。

访谈人　邓某（45岁　白茶种植户）

问：您这边正在种植的茶有什么特色？

答：具体是政府说我们这茶叶是含硒，但我们也没有做检测，因为我们这土壤含硒。再就是高山茶叶比平地茶叶本身就好一些，因为水土、自然环境、气候更好。

问：您现在这边是一个合作社的形式吗？

答：嗯，合作社，大水坪农业专业合作社。

问：那现在大概有多少户入股呢？

答：有230多户。

问：据说政府在茶叶种植这方面会有些补贴，是吗？

答：这个茶苗起初是我们自己采购的，我们采购回来之后，政府按以奖代补的方式补给我们。

问：现在合作社大概有多少面积？

答：有800多亩。两个年度，去年正月份买回茶苗，去年就种了600多亩，去年冬天政府又采购了100多亩地过来，总共有800多亩。

问：据说这个茶叶一年只有一季？

答：白茶要求比较严，起初好的只有一季，后面还是可以有的，因为我们现在还没投产，去年正月份才开始种。

问：茶叶苗是从什么地方引进的呢？

答：福建，安吉，安吉白茶。

问：最开始是怎么选择引进白茶的呢？是怎么考虑的？

答：当时也是个偶然的机会，我们几个联系人，在县里的一个新型农业职业农民培训，确实我们当时还没考虑要种白茶，我们在学习期间，又和领导沟通，后来他们说，你们几个年轻人有胆子搞，可以为家里搞一些事业，政府也可以扶持，就这样我们一想，决定成立一个合作社。

问：明年马上就有收成了，打算怎么卖？直接卖采摘的茶叶，还是加工之后的呢？

答：我们的想法是要建茶厂，做加工。

问：在品牌制作上这边是怎么打算？有什么诉求？

答：我们因为资金能力有限，我们主要想在外地找一个好一点的老板，再跟政府挂钩，一起把这个品牌打造出去。因为中唐这边茶叶（有好几种还挺出名），有清茶、白茶，这都是比较出名的，那边白茶鲜叶就是一百四五十元一斤。

问：目前品牌打造还没有开始，那在品牌特色上想主打什么？是其他茶叶没有的，可以和其他茶叶区别开来。

答：我们这个茶叶无公害、绿色，没有打有危害的农药，我们要从根本做起，主要是质量过硬，品牌才能好。

问：白茶在后期加工上和一般茶叶有区别吗？

答：有区别的。它这个机器、设备就不一样。它这个好像也是用炒的，我上次去那边参观，它就是流水线，从进去到茶叶出来。

问：大概有些什么步骤呢？

答：还是先炒，然后烘干。

问：大概是几月份摘茶叶？

答：清明前。

问：白茶的口感各方面和其他茶有什么差异呢？

答：还是有区别的。它这个喝起来甘甜一些，很香的。

问：在泡茶上有什么讲究呢？

答：茶这个东西水很讲究，水质好，茶泡出来就不一样，更好看。平时的自来水泡的茶就没有山泉水泡出来的好。

问：那这种情况在之后销售有改进方法吗，水质的影响上。

答：可以用净水器，好的净水器净出的水可以，那就没什么影响。

除了之前提到的内容之外，酿砸酒、饮砸酒也是一种独特的饮食文化，伴随着土家文化发展而流传至今。在咸丰，砸酒是诸土司的美食，民间多有土司饮砸酒的传说。关于其工艺和饮用方法，同治《咸丰县志·风俗》载："俗以曲蘖和杂粮于坛中，久之成酒。饮时,开坛沃以沸汤,置竹管于其中,曰咂箪。先以一人吸咂箪,曰开坛。然后彼此轮吸,初吸时味甚浓厚,频添沸汤,则味亦渐淡。盖蜀中酿法也。土司酷好之。"① 龙潭安抚司田某诗曰:"万颗明珠共一瓯,王侯到此也低头。五龙捧着擎天柱,吸尽长江水倒流。"②

甚至还有《赞酒》歌谣在民间流传,版本较多,以下内容是其中一个:"杜康造酒有药方,一杯酒走亲友,两杯酒点梁口。一杯酒点上天,恭贺上界众神仙;两杯酒点下地,地脉龙神造福气;二杯酒点梁头,主家发财出诸侯;两杯酒点梁腰,千年荣贵万年耀;三杯酒点梁尾,万事如意十全十美。弟子美酒敬了梁,饮个双凤来朝阳。"③

土家咂酒　杨华宁　摄

---

① 《中国地方志集成·湖北府县志辑》第五十七册,江苏省古籍出版社2013年版,第67页。

② 龙潭安抚司田氏作,咸丰县特色茶诗,咸丰县人民政府网专题专栏·咸丰茶叶,2023年12月14日,16:32,http://www.xianfeng.gov.cn/ztzl/xfcy/sctc/cwh/202312/t20231214_1528790.shtml。

③ 源自田野访谈。

在田野访谈过程中，还有部分村民提到了关于"神豆腐"的饮食文化记忆。在咸丰县民间，每到盛夏季节，土家人常用一种树叶来制作成"豆腐"食用。这种树叶做成的豆腐叫"神豆腐"或"观音豆腐"。能采叶制作神豆腐的小树是一种灌木，属马鞭草科植物，俗称"斑鸠柞"，杂生于沟边地旁的灌木荆棘丛中。土家农妇常在劳作回家途中，连枝带叶信手采回一束，摘下叶片洗净，放在盆中用手揉碎至糊浆状，倒入铺上几层干净棕片的筲箕中过滤，点入澄清了的适量草木灰水搅匀。片刻，便神奇般地出现了一盘颤摇摇、绿油油的"神豆腐"。食用时，将"神豆腐"横竖划成方块，倒进拌有盐、酱油、蒜泥、辣椒和其他佐料的蘸水中即可食用，夏季食用既爽口又消暑。

不同时期和地域有着不同的饮食文化，唐崖地区的饮食文化既是中华优秀传统文化的重要组成部分，也是传统文化这个系统中一个极具特色和个性的分支。我们在发展美食的同时，还需要重视传统饮食文化的精髓。

第三节　符号与文化记忆的关系

文学、历史学、社会学、人类学、传播学和人文地理等诸多学科对于记忆的关注和研究，推动了文化记忆理论的深入及其蓬勃发展。"文化记忆"理论由德国当代学者阿斯曼夫妇创立，扬·阿斯曼在《文化记忆》一书中的阐述，以哈布瓦赫的"集体记忆"为基础，强调了记忆的"文化"维度。文化记忆的再现和重塑，是关于记忆的重要性研究，其本质是符号化的建构过程，就是文化记忆与符号叙事的深层次问题。文化记忆往往关注的是过去的一些焦点，往往是经过加工的过去回忆，而不是全盘保留的过去。一般来说，文化记忆通常成了可供回忆的象征物。作为社会成员共同历史的见证、记忆的呈现和过去的表达，它以文化符号的形式储存着大量的历史素材①。

一 符号是记忆的象征

文化符号作为符号在文化层面的特定呈现方式之一，可以承载和储存记忆，使记忆可以超越时间和空间的界限，在特定的情境下获得重现。符号本身就是一种可以用来指称和代表其他人或物的象征性的事物，作为一种载体向对方呈现和传递信息，是非常具有意义和价值的。作为符号学的开拓者和奠基人，索绪尔将符号划分为"能指"和"所指"。符号既能够直接表现和明确描述一个具体人或物的具体日常生活和真实存在，也能够用来明确表达精神上的抽象主义概念。一方面它是人类思想和价值观的载体，是人类精神内化的表现；另一方面其还拥有一种能够被感受到的客观表象。在这些符号中，既有人们的感官和认识材料，又带有人们的精神价值，二者是统一又相互区别的。扬·阿斯曼认为"回忆是具体的。概念必须采取一种可想的形式才能进入记忆，因此我们才有概念和意象的牢不可破的融合"②。这与索绪尔的符号观在很大程度上是完全契合的，正如符号是能指和所指的有机统一。二者都在强调二元统一结构，且都是相互依存、不可分割的。

象征赋予文化记忆生机和活力，或者可以说，文化记忆是由象征组成的，而承载象征的物体则是承载记忆的外在表现形式。记忆的二次诞生就是关于符号的建构与叙事过程，记忆来源于事实，或者说记忆是对事实的客观描述，符号则往往与事实保持一定的距离，通过选择、推理、判断来获得真理。文化记忆不会随着时间的流逝而改变，文化记忆通过"文化形式（文本、仪式、纪念碑等），以及机构化的交流（背诵、实践、观察）而

---

① 赵爱霞、左路平：《论文化记忆及其意识形态功能》，《思想教育研究》2022 年第 2 期。
② [德]扬·阿斯曼：《文化记忆：早期高级文化中的文字、回忆和政治身份》，金寿福、黄晓晨译，北京大学出版社 2015 年版，第 30 页。

得到延续"①。

以唐崖地区的文化符号象征物为例,文化记忆以多种形式的文化形象得以展现,文字、仪式成为其主要载体。进入具体研究,巴东方言、家风家训、宗祠族谱等文字作品都是记忆的文字载体;跳丧哭嫁、传统节日、民族歌舞、民风民俗等则是记忆仪式载体的重要代表。除此之外,物质符号在物质文化层面也扮演着极其重要的角色。唐崖地区的物质文化记忆主要包括族群物化记忆及饮食文化记忆。通过具体可感知的实物体验传承文化记忆。

二 记忆是符号的内涵

记忆是符号的重要依托,蕴含着文化的精神内涵和内在本质。文化记忆的外在符号的载体就是文化记忆过程中的重要表现形式,被象征承载或指代的记忆形象就是符号对象。关于文化记忆符号化表述的概念界定,在日常话语的表述中一般分为两种。一种是将文化的生产物视为记忆,比如:"巴东方言是我们的文化记忆"或者"茶油汤、腊肉等是唐崖地区形成的独特的饮食文化记忆";另外一种则是将文化的生产物看作记忆的载体或者象征物,即一提到这种生产物就会勾起人们的联想和回忆,比如:"唐崖土司城拥有极其丰富的族群文化记忆"或者"照片和影像留下了丰富的文化记忆"。

在唐崖文化中,内化的记忆通过外化的符号展现出来,例如:巴东方言作为唐崖地区多元地域文化的重要传播者和承载者,已经成为当地人民群众的语言表达习惯并深深刻在人民群众的心中,随着人民群众世世代代的口耳相传最终变成了文化记忆。唐崖土司遗迹作为唐崖文化的显著物化表现形式,则成了文化记忆和传播的重要场景展示,其中所收入的一系列的象征表现形式,包括"唐崖"山名、"荆南雄镇、楚蜀屏翰"牌坊、学习汉文化的书院、集中分布

---

① [德]扬·阿斯曼:《集体记忆与文化身份》,陶东风译,载周宪、陶东风主编《文化研究(第11辑)》,社会科学文献出版社2011年版,第7页。

的墓葬群和保存至今的碑文等都体现着唐崖地区的文化记忆，地名则作为一种重要的符号，区别于其他地区，往往以非常直观的形式展现出来。文化符号背后的文化记忆具有很强的教化功能，个体意识的建立形成整体记忆，都承载着共同的记忆之场，承载着该地区的文化记忆传承。它们都是有意义的符号，每个符号都在传递着各自的意义。人们在接收甚至接受这些符号时，一般会展开理解，对其进行解码和记忆重构、理解加工以及口耳相传，由此意义完成了传递。但毫无疑问，意义的传递由于人们知识水平的差异、个人经历的不同、个人经验的差别等多种因素的影响，使最终的文化记忆可能存在或大或小的差异。

文化记忆研究是一个跨学科、全景式的研究领域，并不局限于某一具体领域，但其核心都绕不开文化记忆的符号化。文化记忆依赖于象征符号，主要指的是文化记忆承载于象征，即象征是文化记忆的外在携带物和提醒物，是实现文化记忆的客观符号。通过象征载体而实现的符号化是文化记忆行为与结果的核心特质，此外，承载于象征的文化记忆也必须依赖符号活动对记忆形象、概念和意象加以赋形整合[1]。从符号学领域进行文化记忆的研究，不仅有助于研究唐崖地区的文化特色和精神内涵，同时还有助于我们对符号学领域有更深的反思和思考。

---

[1] 余红兵：《文化记忆的符号机制初论》，《山东外语教学》2019年第5期。

第三章 媒介记忆与唐崖报道

记录的目的在于记忆，新闻记录正是形成并塑造着媒介记忆的重要方式。新闻媒体对周围环境进行观察和监测，从不断变动着的外部世界中找寻具有新闻价值的内容，并对这些内容进行新闻报道。媒体的工作是在速朽的时间浮沉中打捞永恒的价值记忆，这些价值记忆则因为得到了新闻媒体的报道而在历史长河中得到沉淀，这些沉淀下来的新闻文本在受众的认知里留下印象、激发共鸣、唤起认同，受众在经年累月的新闻阅读中产生了对报道对象的整体描摹。唐崖土司城遗址位于湖北省恩施州咸丰县唐崖镇，无论是大型的国家级新闻媒体，如《人民日报》《光明日报》，还是唐崖当地的县级新闻媒体，都报道过唐崖文化，并在自有网站中留下了相应的报道痕迹，这些报道痕迹共同形成了唐崖文化报道的"媒介记忆"。昨日之书写为明日留下了尚待追忆的文本点滴，新闻报道看似雁过无痕，实际上却留下了历久弥新的媒介记忆与深刻隽永的文化内涵。

第一节 新闻报道是勾连时空的媒介记忆

媒介记忆是指"媒介储存、保留和传递某些信息的能力和属性，人们通过媒介可以将过去的事件和信息一如既往地在现实中再现和还原，并以此影响个体记忆、集体记忆和社会记忆等记忆类型"[1]。在新闻传播学视域下，媒介记忆已经成为现代社会的重要记忆机制，它传承、传播和建构着集体共同共享的记忆，既能够回顾社会的历史，又可以重现媒介的兴衰及其与社会的互动过程。作为媒介记忆的重要类型，新闻报道是述说过去、反映当下、昭示未来的媒介记忆，它不仅是现代社会的忠实记录者，同时也是现实记忆的积极建构者，创造了保存人们记忆的独特空间，保证了人类记忆文本的完整度与可信度，拓宽了人类记忆传承的深度与广度。[2]

一 新闻报道是事实性的记忆载体

人类的各种记忆都来源于现实生活，不管是个体记忆、集体记忆，抑或是媒介记忆、文化记忆，只要是记忆就不能跳脱出现实社会的框架。同时，真实性是新闻报道的生命，新闻报道与社会历史、文化记忆一样都立足于过往史实或事实信念的基础之上。事实是第一性的，新闻是第二性的，事实在前，新闻报道在后。将新闻区别于"文学故事"的根本标准就是内容的真实性。必须是来源于现实生活中的客观事实、采访自现实生活中的真实人物、组织自现实生活中的真实材料，由这些客观事实、现实人物、真实材料搭建而成的文字内容才称得上实现了新闻的真实性。

随着时代的发展与社会的进步，新闻机构依托先进技术每天都会生产出大量报道。以新闻媒体对"唐崖文化"的报道为例，自2011年政府相关部门在唐崖土司城遗址开展考古挖掘，新闻媒体对唐崖文化的报道就"络绎不绝"。这些报道从整体来看，覆盖范围和承载体量是比较大的，如《湖北：开展唐崖土司城文化保护工作》中就唐崖土司城文化保护工作恩施土家族苗族自治州州委

---

[1] 邵培仁：《媒介理论前瞻》，浙江大学出版社2012年版，第4页。
[2] 邵鹏：《新闻报道：诉说过去反映当下昭示未来的媒介记忆》，《当代传播》2016年第3期。

书记王海涛提出了建议;《唐崖土司城遗址旁的千年味道》对"神豆腐"的制作原料、药用价值、食用方法与口感等进行了详细说明,展现了美食"神豆腐"的独特之处,凸显了民族饮食的神奇魅力……但从单个报道来看,新闻报道实际上还是一种零散破碎的社会事实呈现。

  研究者在深入分析新闻报道与媒介记忆之间的关系后表示,媒介记忆不等于媒体报道,但媒介记忆形塑社会记忆的过程与新闻媒体的报道实践十分相似。记忆的生成是一个将信息进行重复的过程,媒介记忆的生成也不外乎对社会记忆进行选择、强调、重复和传播,生活在社会中的人们随之拥有了相应的个体记忆和集体记忆。但是新闻报道是基于当前社会环境中发生的具有新闻价值的真实事件,放大事件中的重要性、显著性、接近性、趣味性等可变要素,达成舆论引导和社会动员等目的。两者都强调选择的过程,它们选择重要的历史事实,并将其建构进已有的文化诠释框架中,进而为现在赋予意义。梁桂军老师认为,大众媒介上再现的历史记忆不等同于历史,但媒介再现历史记忆的实践却可以促进社会历史意识的确立。换言之,当前新闻机构生产的各类报道在媒介记忆建构中充当着一个事实性记忆载体的角色。

二 新闻报道是选择性的文化传承

  媒介的基本属性就是能够储存和传递信息,在过往的实践中,人们也正是利用媒介的这一性质还原和再现留存的信息,使其对人类的记忆建构产生影响。[1] 在高度媒介化的社会,互联网高度普及,大众媒介中所传播的信息已能兼具时效性和完整性地触达每一位受众。信息的接收也实现了"天涯共此时"的效果,在这种媒介功能的强化之下,个体记忆就能与群体记忆、集体记忆形成共振,

---

[1] 邵鹏:《媒介作为人类记忆的研究——以媒介记忆理论为视角》,博士学位论文,浙江大学,2014年。

在时间长河的流动中缓慢发展成时代共有符号的文化记忆。但媒介记忆建构根据媒体偏好的不同会有一些选择和判断标准的差异，新闻媒体在进行报道时都有着各自的新闻框架，这种相互区别、特点鲜明的报道框架代表着行业内部对国家意识形态、商业利益诉求以及媒体专业精神的追求。新闻媒体将应知而未知的新近事件上传下达，并通过多种方式暗示人们哪些事件需要重点关注，而哪些事件无足轻重。

作为湖北省的历史文化遗址，唐崖土司城遗址率先被当地媒体发掘并呈现。无论是腾讯大楚网、恩施新闻网、荆楚网还是长江网，都对其进行过报道。2015年，唐崖土司城遗址与贵州遵义播州海龙屯土司城遗址、湖南永顺老司城遗址联合代表中国土司遗址成功入选世界文化遗产名录。随着唐崖土司城遗址从鄂西南偏远山村走向世界，人民网、光明网等国家级媒体开始关注这个"金字招牌"。作为新闻信息的生产者和传播者，媒体在记录和储存社会记忆的同时，也编织着人类记忆中的过去和当下。国家级媒体侧重于从宏观角度关注民族文化的保护与传承，地市级媒介则偏向于从微观角度带动地区的经济和文化发展。

兰斯·班尼特在《新闻：幻象的政治》一书中指出，从新闻中，公众看到的不是一个具有统一连贯性的世界，有着历史、经济和政治的清晰脉络，一个专断的神秘力掌控之下的混乱世界，而是一个被神秘力量驱入混沌之中的世界。[1] 新闻媒体这种碎片化的社会记录行为与媒介记忆的建构方式不谋而合。媒体通过多种多样的形式进行历史再现，但因为篇幅等原因本质上还是一种选择性强化和选择性报道。新闻媒体与媒介记忆都期望在现实社会里扮演一个"社会公共历史学家"的角色，通过描绘特定环境的文化记忆，建立起一种衡量现实的媒介标准。

---

[1] [美] 兰斯·班尼特：《新闻：幻象的政治》（第9版），杨晓红、王家全译，中国人民大学出版社2018年版，第287页。

第二节 研究对象与研究方法

一 研究对象

人类一切记忆都关涉媒介记忆[①]，而媒介记忆的形成靠的是新闻媒体对于新闻事件的文本书写和有序报道。关于唐崖文化的媒介记忆和新闻报道研究需要关注媒体重点报道了唐崖文化中的哪些内容、媒体倾向于以何种形式呈现唐崖文化以及媒体的新闻报道为唐崖文化建构起了什么样的历史价值和文化内涵等。因此，本章通过使用内容分析法，以咸丰县为最小的地域单元，选取从咸丰县的官方新闻媒体向上三级至恩施州、湖北省以及国家级的大型新闻媒体单位作为研究对象，来分析唐崖文化的媒介记忆建构过程。

（一）媒体选择

本书以咸丰县为最小地域单元，由县级媒体起考察四级媒体关于唐崖文化都有着什么样的报道特点和关注重点，故而选取人民网、荆楚网、恩施新闻网以及咸丰新闻网作为媒体样本。

（二）时间范围

2011年9月之前，唐崖土司城遗址虽作为国家级和省级文物保护单位，但并没有得到过大规模和高强度的新闻报道。如表3.1所示，在唐崖文化传承和传播的过程中，2011年可谓承前启后的关键之年，当年九月，湖北省考古研究所派考古工作队前往咸丰县唐崖镇，对唐崖土司城遗址进行考古发掘，唐崖土司城遗址在这一时期内得到了地级媒体的一些报道和关注。而2015年则是唐崖文化从无人问津到家喻户晓的重要转折时间点，是年七月，唐崖土司城遗址与贵州遵义播州海龙屯土司城遗址、湖南永顺老司城遗址一同申遗成功，这让唐崖文化从鄂西南偏远的山村中得到被世界知悉的机会，

[①] 邵鹏：《媒介记忆理论：人类一切记忆研究的核心与纽带》，浙江大学出版社2016年版，第4页。

媒体对唐崖文化的新闻报道也从此开始纷至沓来。因此，研究以2011年9月作为开端，尝试描述一个较长的媒介记忆时间段，即十年间关于唐崖文化的新闻报道情况，故而研究样本的时间范围为2011年9月至2021年9月。

表3.1　　　　　　　　唐崖文化申遗关键事件及时间点

时间	事件
2011年9月	湖北省考古研究所派考古工作队对唐崖土司城遗址进行考古发掘
2012年11月	列入《中国文化遗产预备名单》
2013年2月	国家文物局童明康副局长一行对唐崖土司城遗址进行考察
2013年3月	国家文物局正式将唐崖土司城遗址纳入2015年的申遗项目
2013年9月	三省三地委托的中国建筑设计研究院建筑历史研究所承担的"申遗文本"编制完成，并提交世界遗产委员会
2013年12月	申遗文本通过了初步审查
2014年9月	国际古迹遗址理事会派遣专家到唐崖土司城遗址进行现场考察评估
2015年7月5日	第39届世界遗产大会最终表决，申遗成功

（三）报道选取

报道样本是研究团队根据选定的时间范围，在既定的四个媒体网站上搜索得到的。研究团队分别在人民网、荆楚网、恩施新闻网、咸丰新闻网上以"唐崖""唐崖文化""唐崖土司城遗址"为关键词检索发布于2011年9月至2021年9月这十年里的新闻报道，共获得样本量1024个，剔除虽带有关键词但与唐崖文化关联性很低的新闻报道，最终在四个网站上共检索到500篇有效报道作为研究样本。其中人民网的研究样本仅有43篇，荆楚网的新闻报道有115篇，恩施新闻网关于唐崖文化的新闻报道数量最高，达到207篇，咸丰新闻网的新闻报道则有135篇。

二　研究方法

本书研究想要分析出唐崖文化2011年至2021年间的报道数量变化、报道主题分布以及报道中所凝结的历史意义和文化内涵，因此使用内容分析和叙事分析,以每篇关于唐崖文化的新闻报道为单位,对 500 篇研究样本进行一个整体的媒介记忆描摹。

(一) 内容分析

本书研究以篇为研究单位,对关于唐崖文化的 500 篇研究样本进行主题划分,总结出以下五个类别,分别是申遗保护、文化旅游、乡村振兴、信息公告和政策解读,具体分类和阐释如表 3.2 所示。在研究团队对所有研究样本进行具体研读以后发现,同一篇文章可能包含两个或两个以上的主题,因此在对研究样本进行主题编码时采用多种编码原则,即每个样本可包含不止一个主题。

表 3.2　　　　　　　　　　主题划分

主题	阐释
申遗保护	唐崖土司城遗址申遗及遗址保护相关的新闻
文化旅游	对唐崖土司城遗址的风景人文的介绍,鼓励游客前往唐崖当地旅游的新闻
乡村振兴	唐崖文化拉动当地经济发展与乡村振兴相关的新闻
信息公告	与唐崖文化相关的消息、通知、会议等新闻
政策解读	与唐崖文化相关的保护政策及管理政策的发布新闻与解读新闻

(二) 叙事分析

叙事分析作为一种最早在文学研究领域进行分析的实践方法,在发展成熟后逐渐被引入新闻研究领域。任何新闻报道的完成都需要进行叙事,新闻媒体的叙事逻辑中隐藏着新闻创作者的思想、态度和情感。媒体是社会环境的监测者和时代船头的瞭望者,新闻媒体的报道叙事同样反映出一定社会时代背景下的主流思潮和价值记忆。瑞斯曼将叙事分析的方法分为四类,分别是主题分析、结构分析、对话/表演分析和视觉分析。在这四类分析方法中,主题分析又是最重要、运用最为广泛的研究方法。主题分析的关键点在于把握文本材料的语言主题,而非呈现形式。唐崖文化是一种经过了历史筛选后沉淀和凝结下来的、具有地方特色的传统文化。本研究尝试分析并描述出关于唐崖文化新闻报道的媒介记忆,就需要对相应的研究文本进行主题叙事分析，从浮于表象的文字符号中挖掘出力透纸背的文化内涵、精神价值以及历史意义。

第三节　研究分析与研究结论

在本团队精读关于唐崖文化新闻报道的500篇研究样本后，将本研究的结论分成两个部分来展开，其一是关于从2011年9月至2021年9月这十年里，四级媒体网站对于唐崖文化新闻报道的内容分析，从整体上勾勒出唐崖文化这十年来的媒介记忆；其二是从叙事主题上拆解新闻报道的信息含量、重点内容和文化内涵，并以此呈现这十年来唐崖文化的媒介记忆建构过程。

一　唐崖新闻报道的内容分析

唐崖文化在2011年9月到2021年9月这十年里经历了由"酒香也怕巷子深"的无人问津阶段到申遗成功带来的"一举成名天下知"阶段，再到作为历史文化瑰宝被常态化报道的阶段。作为媒介记忆的唐崖文化新闻报道与作为现实记忆的唐崖文化可以说是同频共振，在这十几年中也呈现出一些规律性的变化。

（一）媒体报道数量呈现记忆唤醒与常态留存之势

唐崖文化虽然有着非常深厚的历史底蕴和文化内涵，但在2011年9月以前可谓"久在深闺无人识"，无论是学界还是业界都对唐崖文化不甚关注，关于唐崖文化的新闻报道非常之少，针对唐崖文化展开的研究也多停留在表面。唐崖文化真正走进公众视野源自湖北省考古队前往咸丰县唐崖镇对当地的唐崖土司城遗址进行考古挖掘和鉴定，唐崖文化的历史重要性也经由这次考古被正式确定了下来。

在对关于唐崖文化的新闻报道进行历史梳理（见图3.1）后可以发现，在2011年9月的考古活动以后，唐崖文化才逐渐为人所知，关于唐崖文化的新闻报道也开始缓慢增加了起来，但总体而言数量仍不算多。从 2011 年到 2015 年的五年间，四级新闻媒体网站对于唐崖文化的报道数量都很平均。2011 年、2012 年、2013 年和 2014 年这四年里，关于唐崖文化的新闻报道数量都在二十篇左右，并没有呈现出很明显的数量变化，这种报道情况和该时间段内唐崖文化的重要程度有很大关联。唐崖文化的重要性再次得到大幅度提升是在 2015 年，这一年可谓唐崖文化的命运逆转之年，四级新闻媒体对于唐崖文化的报道从前一年的二十几篇飙升了五六倍达到一百二十篇以上。在 2015 年的 7 月 5 日，唐崖土司城遗址申遗成功，唐崖文化不但走出了国门，还走向了世界。关于唐崖文化的媒介记忆在这一年里可谓从沉睡到唤醒，人们对唐崖文化的认识程度也在这一年里迅速攀升。重大新闻事件对于文化的推广宣传效果是非常强的，尤其是申遗成功这种世界级的重大新闻。唐崖文化在申遗成功以后就不仅仅是湖北省恩施州咸丰县地方的特色文化遗产，更是代表我们国家的文化象征物。

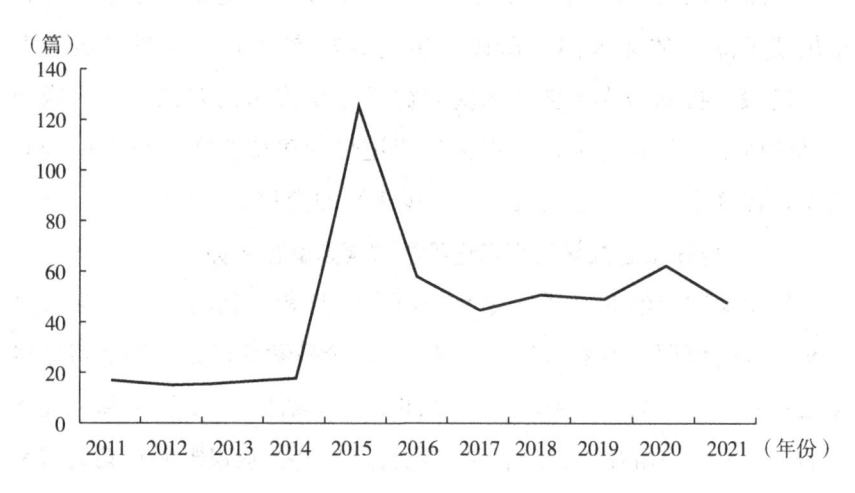

图 3.1　关于唐崖文化新闻报道的历年数量变化

在 2015 年唐崖土司城遗址申遗成功以后的几年里，关于唐崖文化的新闻报道情况虽然不似 2015 年的全方位大范围覆盖式报道，但唐崖文化的重要地位已经确定，每年关于唐崖文化也有一些固定规模的报道产出。在2016年以及其后的五年里,每年关于唐崖文化的新闻报道的数量维持在五十篇左右,唐崖文化的媒介记忆成为一种常态化的文本留存。

(二)报道内容以申遗保护和文化旅游为主

基于表3.2中对关于唐崖文化的新闻报道主题的划分,本研究对五百篇关于唐崖文化的新闻报道样本进行编码,得出的报道主题数量分布如图3.2所示。在这些研究样本中,主题为申遗保护的新闻报道数量最多,文化旅游次之,乡村振兴紧随其后,信息公告和政策解读的数量最少。

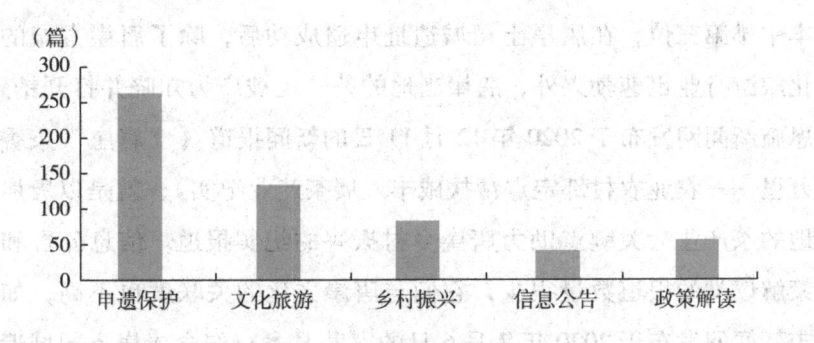

图3.2 报道主题分布

在关于唐崖文化的新闻报道中,主题为申遗保护的研究样本数量是最多的,达到所有研究样本的一半以上。这些主题为申遗保护的新闻报道,有些以知识科普的形式呈现,如人民网发布于2020年6月13日的文章《文化和自然遗产日来了 这些珍贵世界遗产你了解多少?》,有些结合文化旅游主题,以唐崖当地的风景人文介绍的形式呈现,如恩施新闻网发布于2019年6月7日的文章《咸丰"非遗+":从古老走向新生》,以及咸丰新闻网发布于2021年8月27日的新闻报道《惊艳!唐崖土司城遗址景区盛开彼岸花》。以申遗保护为主题的唐崖文化新闻报道在2015年以后的数量不算很多,这二百多篇新闻报道集中在2015年7月唐崖土司城遗址申遗成功期间。以文化旅游为主题的唐崖文化新闻报道则并不局限于2015年唐崖土司城遗址申遗成功期间，在申遗成功后文化旅游产业已成为唐崖当地的支柱性产业，恩施当地的新闻媒体为拉动当地文化旅游行业的发展不免会对唐崖相关的文化旅游新闻多作着墨。唐崖文化相关的文化旅游内容涵盖范围非常广泛，不仅包括物质性的人文风景（如唐崖土司城遗址），还包括恩施州当地的自然风景，以及非物质性的文艺演出，如咸丰南剧会演"土司夫人"。恩施新闻网发布于 2019 年 4 月 24 日的新闻报道《"土司夫人"进京，"峡谷之音"绕梁——咸丰南剧晋京展演开启文旅融合大幕》就以土司夫人为主题借民间故事传播唐崖文化。以乡村振兴为主题的唐崖文化新闻报道在所有研究样本中排第三位，在唐崖土司城遗址申遗成功后，除了唐崖古城的文化旅游行业迅速勃兴外，唐崖当地的茶叶也被广为知晓并打开销路。恩施新闻网发布于 2020 年 12 月 11 日的新闻报道《"唐崖"茶香飘万里——农业农村部定点帮扶咸丰发展茶产业纪实》，就是以唐崖当地的茶产业为关键点助力唐崖乡村振兴的纪实报道。信息公告和政策解读类的报道数量很少，它们与唐崖文化的关联度也不高，如咸丰新闻网发布于 2020 年 7 月 6 日的《我县举行纪念唐崖土司城遗址列入〈世界遗产名录〉五周年座谈会》。信息公告主题和政策解读主题下的新闻报道，所提供的信息都是相对而言较为具有即时价值的内容，所建构的媒介记忆也是浅层的，会随着时间的流逝在读者的记忆中渐渐消失。而申遗保护和文化旅游主题下的新闻报道则传达出唐崖文化的历史底蕴和人文价值，在经年累月的新闻发布中影响着受众对于唐崖文化的认知，并形塑出关于唐崖文化完整而具体的媒介记忆。

二 唐崖新闻报道的叙事分析

媒介记忆的建构是一个过程，分别从时间和空间两个维度上展开，这个建构过程需要围绕报道对象依托新闻文本进行有逻辑的叙事。因此想要研究唐崖文化新闻报道叙事如何影响媒介记忆的建构过程，也可以从新闻报道中的空间叙事维度和时间叙事维度来进行探讨。

（一）空间叙事：乡土·山川·灵韵

唐崖土司城遗址位于湖北省恩施州，在未被城市化的鄂西南一角，当地风景优美气候宜人，于青山绿水环绕中独显绰约风姿。在唐崖当地田园牧歌式的生活中，人与自然和谐共生，这种对于景象的空间叙事不仅会建立起唐崖当地居民的地缘性认同，也会勾连出其他新闻读者心中百转千回的乡愁，令人对唐崖文化心生向往。下面截取人民网转载自《光明日报》，发布于2019年11月17日的一则新闻报道《湖北恩施：发展密码自在山川》进行详细分析，报道内容如下文所示。

湖北恩施：发展密码自在山川

鄂西有名城，遗世而独立。

青山入眼，玉带绕城，恩施州咸丰县唐崖古镇人流如织。

唐崖土司城的核心区，墙基裸露，石阶层叠延展。保存最为完整的石牌坊建于明天启年间，镌刻的大字"荆南雄镇""楚蜀屏翰"，默默讲述着土司城昔日的威严与繁华。

"它是我国格局最清晰、保存最完整的土司城址之一。"唐崖土司城遗址管理处主任白斌介绍，唐崖土司城建于元至正十五年（1355年），是中国古代"齐政修教，因俗而治"的多民族管理智慧的见证。漫长日子里，土司城矗立在鄂西，除了风雨，再没有外力侵蚀，遗世而独立。

……

唐崖河奔流不息，穿过岁月的幽谷，一路欢歌。新中国成立，文化遗产的守护者——老百姓成为唐崖土司城的主人；党的十八大以来，这里开启了新时期各民族团结共处、守望相助的时代。2015年7月，"唐崖土司城址"成功列入世界文化遗产名录。一批批游客慕名而来，领略这灵山秀水孕育的文明。

那份本真与执着在今天体现出远见卓识。土司城 3 街 18 巷 36 院的基本格局仍在，墙垣清晰可辨，土王墓葬、夫妻杉等数十处遗迹得以留存。曾经的文化"孤岛"成为文化胜地。

活态传承如次第盛开的山花（人民网，2019.11.17）

这篇报道的主题属于申遗保护，申遗保护主题下的新闻报道在所有五类主题报道中，与唐崖文化的关联程度最高，其新闻报道中所包含的文化内涵也最为丰富。这类新闻报道对于构建唐崖文化的深层核心媒介记忆具有不可或缺的重要作用。该报道的叙事视角由远及近，首先确定唐崖古城的大致方位"鄂西南"，然后以"青山入眼，玉带绕城"描写唐崖古城周边及整体的环境特点。无论是"青山"还是"玉带"，都隐含着绿色，绿色代表着自然深处的勃勃生机。唐崖古城周边环境以绿色为色彩基调的确立，传达出唐崖文化如今依然历久弥新、焕发光彩。在对唐崖古城进行地理定位后，新闻叙事将视角切换至古城的核心区，也就是唐崖土司城遗址保存最为完整的石牌坊的所在。多伦多学派代表学者英尼斯提出了媒介的时空偏向论，在时空偏向论的理论视角下，石质建筑是一种时间上的媒介，即使世事变化如白云苍狗，它依然能穿越历史的光影，将千百年前所记载下的信息，精确无误地传递到现在的时空。这寥寥数语所建构出的唐崖文化媒介形象就是一种既贴近又遥远的精妙内容，在新闻报道的阅读过程中，读者能感觉到它仿佛近在眼前，跟随新闻叙事的笔触移动就能身临其境，但又好像远在时间长河的对岸，我们在唐崖土司城遗址的石牌坊经风霜侵蚀数百年后的当下，只能遥遥地窥见一眼，凭想象勾勒出唐崖土司城遗址曾经的华丽与辉煌。

（二）时间叙事：历时性传承与共时性纪念

唐崖文化的发展历程中有两个重要节点，其一是 2011 年湖北省考古队前往恩施对唐崖土司城遗址进行现场发掘，其二是 2015

年唐崖土司城遗址申遗成功。围绕这两个事件，尤其是2015年申遗成功，新闻媒体制作出的报道不胜枚举，甚至在申遗成功以后的数年里，媒体依然会针对唐崖土司城遗址的申遗成功展开历时性的回忆报道。下面节选恩施新闻网发布于2018年9月7日的新闻报道《唐崖土司城的后申遗时代》进行详细分析，报道内容如下文所示。

唐崖土司城的后申遗时代

唐崖河畔，三年前入选世界文化遗产名录的唐崖土司城址，头顶"皇冠上最耀眼的宝石"，向世人讲述着"荆南雄镇""楚蜀屏翰"的过往与辉煌。

石人石马石牌坊，石碑石墓石街巷。始建于公元1346年的唐崖土司城，历经600多年的风雨浸蚀，把历史演化成各种形体的石头，让世人触摸和敬仰。

唐崖土司城址，俨然土司文化的历史冰箱，而移居土司城外的原住民，则见证着后申遗时代的发展印记。

……

今年29岁的陈飞是唐崖土司城的原住民，她的爷爷陈照南是土司城最早的"讲解员"，2017年1月入选"中国好人榜"。遗憾的是，陈照南老人未能亲身见证唐崖土司城址成功列入世界文化遗产名录，在申遗成功前去世了。

据陈照南老人生前回忆，明朝时，他的先祖被土司王招为女婿，从此世代居住在这里。唐崖土司城遗址曾经不同程度地受到破坏，1980年迎来大规模修缮，凭着对土司城原貌的了解与熟悉，陈照南参加了维修工作。修缮工作完成后，文物管理部门就安排他看护土司城遗址，给予他极其微薄的报酬。1987年陈照南与当地文管部门签订合同，承担起文物管理、卫生清洁、遗址讲解等众多工作。这一份合同成了他坚守一生的承诺，

30年守望，不计得失，无怨无悔，接待游客近10万人（次），堪称唐崖土司城址的一本"活字典"。

2014年3月26日，85岁的陈照南最后一次打扫完土司城，突发脑溢血去世，走完了自己守望的一生。弥留之际，陈照南嘱咐陈飞：不要出门打工了，留在村里做一个解说员，把皇城的故事讲给每一位来参观的人，让他们知道唐崖，了解土司文化。

"爷爷没有文化，也不会讲普通话，却是唐崖土司城最早的导游和最好的导游。"忆及爷爷，陈飞的眼里噙着泪水。（恩施新闻网，2018.9.7）

这篇新闻报道将陈飞对爷爷的回忆融入唐崖土司城遗址的建设与发展过程中，虽然新闻报道的主题依然是申遗保护和文化旅游，但是在叙事过程中，唐崖文化守护者的人生故事与唐崖文化的申遗保护巧妙结合。唐崖文化已经历了数百年的历史沉淀，在这数百年来一代代人走了又来，但是总有正年轻的人为唐崖文化的发展奉献青春。文化是一定时间段内人们将知识经验诉诸符号表达后的高度凝练，无论何时何地，它都闪耀着智慧的光芒，都是精致的，但是唯有将感情注入其中的时候，文化才是饱满的、动人的、有生命力的。

"始建于公元1346年的唐崖土司城，历经600多年的风雨侵蚀，把历史演化成各种形体的石头，让世人触摸和敬仰。"唐崖文化以石牌坊为媒介，这种英尼斯所谓时间偏向的媒介作为唐崖文化的信息载体，它使得唐崖文化经历了数百年的风吹雨打也依然得以保留。但是人生总是只有短短几十年，从陈照南老人1980年参与最早的唐崖土司城维修，到他在维修后一直以微薄的工资肩负着看护唐崖土司城的工作，再到1987年老人签订合同正式承担起对唐崖土司城的文物管理和遗址讲解工作。新闻报道的叙事时间线就急转至三十年后，陈照南老人突发脑溢血去世，他在弥留之际交代后人要接下传承唐崖文化的责任。新闻报道以两代唐崖土司城管理员一生的故事，写出了如愚公移山一般代代薪火相传的唐崖文化保护精神。这种历时性的新闻报道叙事手段令每个读者感同身受，随着时间的推移，唐崖文化保护者们会拥有更多与唐崖文化息息相关的人生故事，其所建构出的唐崖文化媒介记忆也会伴随着人生故事的更新一同向前发展。

除了以唐崖土司城管理员的人生故事为线索进行的历时性叙事外，关于唐崖文化重大申遗时间的共时性纪念叙事报道也具有很强的文化传播价值，下面节选荆楚网发布于2015年7月5日的新闻报道《"中国土司遗址"申遗成功　咸丰唐崖土司城位列其中》进行详细分析，报道内容如下文所示。

"中国土司遗址"申遗成功　咸丰唐崖土司城位列其中

昨日下午，在德国波恩召开的第39届世界遗产大会上，我国申报的"土司遗址"获准列入《世界遗产名录》，湖北咸丰唐崖土司城遗址作为项目之一，成为我省继武当山道教建筑群、明显陵之后的第3处世界文化遗产。至此，中国世界遗产总数已达48项，继续稳居世界第二位。

……

世界遗产委员会专家组认为，中国土司建筑群"能为现存或已消逝的文明或文化传统提供独特的或至少是特殊的见证"，"是一种建筑整体、技术整体及景观的杰出范例，展示人类历史上一个或几个重要阶段"。"中国土司遗产"成为世界文化遗产，是中国文化对世界文明的又一大贡献。

大会通过时刻，现场的湖北代表团成员喜极而泣、拥抱欢呼。消息传回我省，恩施当地百姓敲锣打鼓、舞狮舞龙，欢庆这一历史时刻。

省文物局局长黎朝斌介绍，我省有了第三处世界文化遗产，意味着湖北真正进入了我国世界文化遗产拥有省份的第一方阵。

> 这是我省少数民族地区的一张世界级文化名片，对鄂西生态文化旅游圈、武陵山少数民族经济社会发展试验区建设，将产生巨大的支持作用。（咸丰新闻网，2015.07.07）

关于唐崖文化最重要的纪念时间就是2015年土司遗址申遗成功的时刻，该篇报道同样以申遗保护为主题，记录下了申遗成功的瞬间，申遗现场的湖北代表团喜极而泣、拥抱欢呼的场景，以及申遗消息传回湖北以后，恩施当地居民敲锣打鼓庆祝申遗成功的场景。这两个同时发生在不同场合里的画面，人们为之欢呼、庆祝、流泪的却是同一件事，这种共时性纪念叙事颇有"海上生明月，天涯共此时"的意味。

唐崖文化时间维度的叙事分别以历时性的文化传承故事和共时性的文化光辉纪念来展开，以横纵交织之势塑造出了唐崖文化的媒介记忆。

第四章 文化记忆修补与媒介记忆策略

文化在传播的过程中可能会遭遇外来文化的冲击，外来观念以及新技术的冲击也会挤压本地区文化传统的发展空间。文化记忆修补与媒介记忆重构对于文化的保护、传承、弘扬及发展发挥了积极正向的作用。文化记忆修补可以唤醒人们对逐渐消逝的文化的记忆，对弘扬传统文化、提升民族自信心具有十分重要的意义。媒介记忆作为现代社会的重要记忆机制，它们建构并传承着共同和共享的记忆，不仅可以书写社会的历史，又能再现媒介的历史以及其与社会互动的过程。

第一节 文化修补与记忆的两个问题

皮埃尔·诺拉曾说："之所以有那么多人谈论记忆，因为记忆已经不存在了"[1]。经过之前的论述，我们可以发现，唐崖文化记忆虽没有到不存在的地步，但是它已经到了需要"刻不容缓"挽救的时刻。大众传播媒介的迅速发展和普及给唐崖地区的"文化修补"带来了新的可能。唐崖文化记忆内容丰富多彩，但其所代表的文化记忆应该符合以下的一些要素和条件：地方唯一性（个性）、外显性和

---

[1] [法] 皮埃尔·诺拉主编：《记忆之场——法国国民意识的文化社会史》，黄艳红等译，南京大学出版社2015年版，第3页。(Zwischen Geschichte und Gedachtnis, Berlin 1990)，第11页。

保存性等。唐崖文化记忆必然与其他文化记忆不同，一定会呈现出富有唐崖地区特色的文化个性，反映当地民众生产生活的方方面面。文化的核心是人，唐崖土司文化也是如此，可以在深入的观察中发现唐崖文化的独特魅力所在，如饮食文化、节庆文化等，甚至巴东方言也是唐崖文化的迷人之处。保存性强调的是，这些唐崖文化记忆应该被较好的保护和保存，换而言之，这些文化不是糟粕而是应该传承发扬的内容，应结合当今时代的要求，与之相适应，同发展共繁荣。

一　文化修补与记忆重塑的关系

唐崖土司城遗址作为中国第四十八处、湖北第三处、恩施唯一一处世界文化遗产，是中华文明的瑰宝。但因为遗址距今年代久远、地理位置的受限、当地群众知识水平有限等因素，唐崖地区的文化在现代化进程中发生了重大的变迁，虽然当地政府部门加大了保护力度，但仍存在文化资源发掘不足、文化传承断层、综合性研究不够等问题。种种不利因素的影响，使受众在重构唐崖文化时，往往会根据其所认为的合理方式来填补记忆碎片之间的空白，而不是根据真实发生的事实情况进行回忆，此时可能就会产生较为负面的记忆重塑现象。

在帮助唐崖地区"抵抗"现代化的冲击过程中，作为传播工具的大众传播媒介发挥了重要的"文化修补"功能。所谓"文化修补"，是指大众媒介对因社会变迁而断裂、缺失的传统文化的弥补，这也是传统社会的受众通过大众媒介空间对断裂的传统文化进行再发现的过程[①]。以网络、电视、广播、报纸等为代表的大众媒介的普及和发展，使唐崖地区逐渐消逝的文化得以重现和再发掘，从而促使受众获得记忆重塑。大众传播媒介对唐崖地区的文化进行积极的

[①] 张瑞倩：《电视对少数民族传统文化的"修补"——以青海"长江源村"藏族生态移民为例》，《新闻与传播研究》2009年第1期。

记录和再现，使唐崖地区的民族文化和传统文化得以弥合和修补。因此，深入挖掘遗址背后的民族文化，做好媒介记忆的积极重塑，是讲好唐崖故事、传递唐崖声音的重要依据。

二 文化记忆的方向与价值

如何将"唐崖文化"作为核心并据此提炼土家文化的侧重点，研究认为，最为重要的是以土家族人们当代文化生活现状为基础，同时根据唐崖历史，提炼相关资源，或者将资源集中至唐崖并作为核心品牌进行推广。思索如何在原子化、文化断层等现象下，把"唐崖土司城遗址"作为主要传播内容从而传承集体记忆、增强文化认同是文化记忆的方向与价值关键所在。以下将从文化记忆与认同、文化记忆与寻根以及文化记忆的核心价值三个方面展开阐述。

（一）文化记忆与认同

文化认同，就是指个人与个人、个人与群体、群体与群体之间共同文化的心灵默认。文化认同内化于心外化于行的关键在于人际间共通的"交流符号"，譬如思想观念、文化涵养和行动指南等。[1] 文化认同包括两方面，一方面是对本地区民族文化的认同，另一方面是对文化间性的认同。作为文化融合的产物，土司文化的文化认同价值兼备两个方面，土司文化在自身文化和文化间性上都促使着多元文化、多元价值的兼收并蓄。这种基于多民族文化的文化认同正是土司文化认同价值的精髓所在，也是多民族文化共生、政治序化、生活安宁的"硬核"。[2] 人类区别于其他的物种，其最大的本质就是人类中有文化的存在，"对人类的真正研究将被证明不是关于人的研究，而是关于文化的研究"。[3] 认同（Identity）一词，是从西方

---

[1] 崔新建：《文化认同及其根源》，《北京师范大学学报》（社会科学版）2004年第4期。
[2] 陈世联：《文化认同、文化和谐与社会和谐》，《西南民族大学学报》（人文社会科学版）2006年第3期。
[3] 傅铿：《文化：人类的镜子》，上海人民出版社1990年版，第145页。

人类学传来的舶来品。弗洛伊德认为，认同是在长期的社会交往和互动中，人们基于一定的标准和价值取向而获得的一种彼此默许的心路历程。[①] 那么，文化认同（Cultural Identity）则是在一定的时空中，在社会交往和互动中人们对所存所知的文化涵蕴、文化属性、文化价值等，经过观察、甄选、习得、践行，从而使自身和周遭的环境达成最大公约数的心理认知。国外学者对于认同阐释是基于"民族国家疆域之中"的社会背景，在一定程度上，这与唐崖土司的文化认同生成的社会背景不谋而合。

历经数百年风霜洗涤，唐崖土司遗址代表着土司文化兴衰之历史，亟待后人们探索、挖掘，其中蕴含的智慧对生产生活都起着指导作用。土司文化作为我国西南地区、武陵山区的特色文化景观，诞生于土家文化与中原文化的交融、碰撞，其发展历程从侧面见证着两种文化的共生、共存、共融。早在明清时期的西南少数民族聚集区域就已经广泛存在的土司制度，对当地人的生活习惯、思想观念都产生了深远影响。抛开当下社会背景和时代特征，以客观视角看待这一段历史。"荆南雄镇"石牌坊上镌刻的"槐荫送子"和"渔樵耕读"等图案，都体现了对中原文化和儒家文化的仿象。唐崖土司城的建制格局更将我国古代的"四象"体现得淋漓尽致，"堪舆"思想深嵌其中。文化认同的社会价值至少有两个方面：一是，为所处社会环境的人们提供情感共振的文化土壤，使人们在某些观点和理念上心照不宣地趋于统一，形成情感共鸣，协调社会发展；二是，为人们的行为规范提供参照，在个人和群体之间的言行互动提供认知基模和行动框架。作为当地最核心的文化基因，唐崖土司文化在长期的生产生活中一直发挥着这样的价值，而这正是文化认同在人们的情感、思想、行动中发挥的作用。唐崖土司在历史长河中留下的制度文化、家规家训、家国情怀等都是文化认同的源头，传播唐

---

① 车文博主编：《弗洛伊德主义原著选辑》，辽宁人民出版社1988年版，第3页。

崖土司文化的这些内容对当地人们的文化认同样意义重大。

覃氏土司在唐崖地区近400年的"治理"实践，是鄂西南少数民族地区的重要历史文化载体。如何对世界文化遗产"原真性、完整性、唯一性"的文化内涵进一步深挖形成"民间"广泛的文化认同迫在眉睫。文化认同是人的社会属性的表现形式。[①] 对于唐崖文化的文化认同应包括两个视角：首先是历史的视角，即在元明清时期唐崖土司对中原文化、大一统文化的趋同性。把研究对象放在历史的维度去观照和剖析才能更接近文化的本真及其派生出来的文化价值，通过追根溯源找到文化的根脉和泉眼方能更好地窥见历史的图景和土司文化在文化生成背后的逻辑。[②] 其次是当下的视角，即当地百姓对唐崖土司制度及其背后的政治、军事、社会等方面的文化认同。倚重土司文化认同的现实视角的意蕴就在于土司文化在协调人们尤其是当地百姓在个人、群体、社会之间的关系和认同上的无限可能。

（二）文化记忆与寻根

"之所以有那么多人谈论记忆，因为记忆已经不存在了。"这是皮埃尔·诺拉（Pierre Nora）在《在历史和记忆之间》一书中的一句话。"真的是这样吗？真的没有记忆了吗？如果真是如此，又是什么样的记忆不存在了呢？"[③] 唐崖土司作为中小土司，而且是武职土司，相关的文献史料严重匮乏，在土司学研究中处于弱势地位。研究者需要借助物态的遗址和历史传说来推演相关的历史形态和面貌。从14世纪初到18世纪中叶，唐崖土司见证并参与了土家族历史沿革和制度更迭（农奴制到封建帝制），土司文化对中原文化、传统文

[①] 韩震：《论国家认同、民族认同及文化认同——一种基于历史哲学的分析与思考》，《北京师范大学学报》（社会科学版）2010年第1期。

[②] 李梅田：《观念认同与文化同化——唐崖土司城结构与性质分析》，《三峡论坛》（三峡文学·理论版）2014年第4期。

[③] ［德］阿莱达·阿斯曼：《回忆空间——文化记忆的形式和变迁》，潘璐译，北京大学出版社2016年版，第1页。

化、少数民族文化都起到了起承转合的作用，在悠长的春秋岁月中遗存了物态的躯壳并传承了文化的内核。传承的力量和意义在于我们能从中窥见先人们的技艺、禀赋和智慧，并能预见我们未来的文明。由于缺乏来自官方的正史文献，人们对唐崖文化的理解和记忆主要来自对遗址的观瞻、家族内部的人际传播和坊间的传说故事，而这些碎片化、非正式的记忆往往使土司文化的解读流于浅尝辄止的知晓或者是基于一定历史偏见的文化误读。这些都会对唐崖文化的挖掘和发展产生负面影响。因此无论是学界还是文化部门、组织都应该充分利用唐崖文化的历史价值，进行深入的研究，让人们更清晰、全面、深刻地理解、传承唐崖的悠远历史，重构文化的集体记忆。

（三）文化记忆的核心价值

记忆话语建构的核心在于调动公众的社会情感和文化认同，需要凝聚起更多的社会共识，加强对话与理解，减少不同记忆的分化与割裂。[①] 唐崖土司城遗址作为唐崖文化的重要象征物和具体外化形式之一，积极深入挖掘并传播遗址背后的唐崖文化，以及重塑媒介记忆是"后申遗时代"讲好唐崖故事的重要方式。静态的遗址只是文化的表征和历史遗存，媒介联结了世间万物，"万物互联"作为推动社会发展的重要力量，媒介的演进对社会产生了巨大的反作用，在文化的传播过程中，媒介向来扮演着十分重要的角色，随着传媒技术的更迭，新媒介正全方位渗透进人们的生活、学习、工作。新媒介的介入，使唐崖文化不再是停留在纸面上的文化遗产，而是"活起来""动起来"的文化生命，对于建构集体记忆，增强社会认同感和归属感具有极其重要的作用。作为鄂西南土苗少数民族的聚集地，恩施咸丰县深度挖掘遗址背后的文化精髓对于民族治理、文化认同和集体记忆都具有重要的现实价值和学术意义。"记忆的建构和重

---

① 王润：《个人奋斗与时代变革：恢复高考40周年的文化记忆与阐释社群建构》，《新闻与传播研究》2018年第11期。

塑可能会因为时代的整体精神、主导的文化意识形态、家国民族的现实诉求、集体的政治认同等任何一个环节的变化而发生改变。"[1] 根据对四级新闻综合网站的细致分析，从媒介的浅层瞬时记忆、深层选择记忆和底层核心记忆的三个维度去研究唐崖土司文化报道和记忆现状，以及当地民众对唐崖文化的感知和认识，总体来说，大部分是停留在浅层瞬时记忆和深层选择记忆，底层核心记忆非常少，在很大程度上造成了唐崖文化媒介记忆的断裂。这种断裂主要表现在供给侧和需求侧，如何弥合断裂，让唐崖文化的媒介记忆继续有效深入地储存和提取是学界和业界共同着力的支点。

第二节　记忆重塑的媒介报道策略

对于大众并不熟知的唐崖文化来说，记忆重构并非一日之功所能企及。任何主体的媒介记忆都来之不易，需要深耕和维护。文化的本质在于传播流动，在流动中完成文化的使命。[2] 因此，文化的媒介记忆基于文化传播，弥补唐崖土司文化媒介记忆空缺应当基于对唐崖土司文化的相关报道之渠道、形式等方面的改进，并融合民间力量参与，共同塑造唐崖土司文化的媒介记忆，彰显唐崖土司文化的核心精髓。

一　丰富媒介内容呈现

随着媒介形式创新发展，曾经有关唐崖文化的文字性、图文结合等报道形式，已经难以适应媒介形式层出不穷的时代，在对唐崖文化的报道中，原本的报道形式已经赶不上现代人阅读方式的发展。随着"信息爆炸"媒体时代的到来，传统的文化类型媒体报道内容已经失去了大众原有的"青睐"，其需要丰富过去媒体报道较为单一

---

[1] 赵静蓉：《文化记忆与身份认同》，生活·读书·新知三联书店2015年版，第71页。
[2] 江华：《文化哲学与文化建设》，国家行政学院出版社2015年版，第69页。

的呈现形式,从内容形式上贴合当下受众的阅读习惯。在报道过程中,媒介除了在文本内容和形式上需要继续创新,还需要对报道对象的形式进行换新,换句话说就是,增加唐崖土司文化的呈现多样性。对于一般的有关唐崖文化的报道来说,由于地方媒体资源有限,加上外部媒体很难获取有关唐崖文化的一手资料,存在报道主体形式较为固化的问题,常出现"巧妇难为无米之炊"的窘境,然而,作为媒体部门适应新的媒介环境也尚需时间。因此,仍需要各部门进行资源整合。首先,以文化、旅游、宣传部门等作为支撑,丰富唐崖土司文化内涵,并联合媒体帮助唐崖文化的文本内容呈现更加符合当代的传播规律。

其次,要善于利用"两微一抖一端"等新媒体的优势,制作并传播符合新媒体要求的内容文本。随着传播技术的逐步演进,大众的媒介选择越发丰富,人们会依据自身需求来选择媒体进行信息的接收与自制内容的传播。例如,可以在微信公众号中定期发布唐崖文化的内容,以图文并茂的形式为主,再加上小视频与交互 H5 页面的设计以增强受众的阅读黏性,让人对唐崖文化认识更为深刻。

最后,随着有些媒体对文化报道内容的压缩,在其有关唐崖的报道中,应该更关注于创新话语表达和找回文化报道的核心价值,这才是媒介记忆形塑的关键所在。近年来,新闻报道有着故事化的趋势,尤其是在报道"慢新闻"和"深新闻"时,要想凸显所报道内容的原始性就要从故事化表达入手,这是报道中的一个突破口。例如,恩施新闻网中的报道《覃氏土司的 400 年风华》和《一座城池,叫唐崖》,这两篇报道通过故事化手法的运用,将内容文本的可读性最大化,极大程度上激发了受众的阅读兴趣。这也表明文化报道内容不仅要文以明道,用文字传播知识与道理,也要"春雨润物细无声",改变刻意的教条话语方式,让文化传播真正地走出书本、走出报道,真正地活跃在人们的生活中。尤其是有关文化报道的内容文本,非常不适宜运用太过于复杂烦琐的话语体系,在报道中过分运用"口号式"的文本会很难适应当下的传播规律。因此，在不改变整体的文化报道内容形式的前提下，应该让文本的报道风格更加与时俱进，更加通俗易懂。

二 打造多元传播渠道

虽然只是对选取的几家网站与报纸上的唐崖文化有关报道进行对比，但这并不是意味着要摒弃其他形式的传播渠道。我们要知道，几家媒体或仅仅依靠媒体是没有办法进行完整的文化传播和记忆建构的，这需要丰富传播的渠道，需要将触角延展到社会的更多层级。前期在收集关于唐崖土司文化的报道或信息时，可以发现有关的信息鲜少出现在微博、微信上，与唐崖文化相关的账户主体也凤毛麟角。随着媒介形式的不断发展，很多受众的关注点逐渐从报纸杂志、网页转移到了移动终端，因此，在传播渠道的变化上应该更多关注"移动传播"。在转变的过程中，应该从传统媒体的PGC专业化生产出发，转向社交媒体时代UGC多元化、开放化的生产，同时需要媒体拓展传播渠道，将"科学"二字作为运作数字化社会媒介的长期记忆与核心记忆，尽量减少媒介记忆遗失的损失。

社交媒体平台正在光速发展，文化传播的重要载体是互联网产品，但又不是普通的互联网产品，它需要提供人际互动、价值共创、知识分享的互联网功能，例如，抖音App将丰富的文化元素通过娱乐的形式向受众传达，并且运用了多元的表达方式来丰富体验感，以这样平易近人的方式让传统文化和小众文化进入受众的认知、走入受众的生活。当下，许多民族地区的民众选择通过短视频的方式在平台媒体记录自己的日常生活与充满民族特色的风俗习惯。诸如抖音短视频平台博主"欧可爱"，拥有84.3万粉丝，其账号拍摄内容主要为苗族与布依族的民族服饰穿戴等，据统计，在抖音话题"山歌变身挑战"中，有关民族服饰的短视频总点击量破7亿。"网络红人"在新媒体时代切实参与到传播民族文化的任务中来,可以使新时代的文化传播更具有影响力,更具有新鲜感,强化了民族元素在更广阔的天地中的传播、传承、发扬。多元传播载体的使用,有利于扩大信息的传播量,增强传播效果。因此,在传播唐崖文化时,可以同时注册微信、微博、抖音、快手的账号,把同一文化主题的传播内容,做出适合这四种不同平台的传播方式,通过这四个渠道,同时进行唐崖文化的传播,增加了群众可见率,不管是熟人还是陌生人,涉及的人群变得更广阔,增加了群众接触到唐崖的可能性,进一步扩大了传播范围。

三 核心的文化印记

党的十九次全国代表大会上,习近平总书记指出:"文化是一个国家、一个民族的灵魂。文化兴国运兴,文化强民族强。没有高度的文化自信,没有文化的繁荣兴盛,就没有中华民族伟大复兴。"[①]实际上,民族文化兴盛与否也可以通过媒介记忆来反映和展现。

依据四级网站的话语分析,唐崖文化的记忆存在几个明显缺陷。首先是内容上存在断裂现象与分层的现象,其次是唐崖文化的媒介浅层记忆仍然停留在几个比较浮浅的层面,比如"土司""遗址"和"文化"这三个层面。此外,当前唐崖文化的传播存在着一定的阻碍,主要展现为缺少深层次的文化印记。因此,民族文化新闻报道如果想要更加生动、更加有活力,就一定要和文化符号找到有效契合点。

从四级网站的报道议题来看,唐崖文化的议题也存在着明显缺陷。一是其议题普遍存在不聚焦的问题,这也导致唐崖文化在报道的时候信息不聚集、特点不鲜明,受众在阅读时很难把握到其文化

[①] 《习近平:决胜全面建成小康社会 夺取新时代中国特色社会主义伟大胜利——在中国共产党第十九次全国代表大会上的报告》,新华网,www.xinhuanet.com/politics/19cpcnc/2017-10/27/c_1121867529.htm,2017年10月27日,19:27:55。

的精髓与内涵，不集中的报道会导致唐崖文化失去其灵魂。二是唐崖文化的高频词也存在着一定问题，归纳后可以发现，"申遗""文物""旅游""历史""民族"是重复率较高的词，但是这些词语的概括性很强，无法更加具体地展现出唐崖文化的精髓与亮点，导致唐崖文化在报道中没有辨识度，这是很致命的缺陷，因为文化的"辨识度"是其传播的要义，其"辨识度"的高低是展现文化是否深入人心的重要标准。因此，在报道唐崖文化时，不仅需要丰富议题，还需要聚焦议题，打造出唐崖文化的灵魂与招牌。

四 动员民间广泛参与

由于有关唐崖文化的报道信源仅局限于报社记者和相关部门人员，并没有充分发挥相关专家学者、乡贤能人等社会力量，导致有关唐崖的文化信息形成了信息缺失。从另一角度上来说，文化传播的传承、繁荣都离不开民间的参与和民间力量的有效参与。

媒介一直以来是一个较为宽泛的概念，在媒介记忆中它表现为传递信息的中介与载体。它不仅包含传统媒介，还囊括了大众媒介与日新月异的新媒体。新媒体作为渠道，让民间力量汇聚到一起。众所周知，新媒体时代人人手中都有一个"麦克风"，人人都可以通过各种渠道传播各种信息，而且往往民间的"高手"都是最不能小瞧与忽视的。

不仅有个人还有民间组织团体，如：民间非物质文化传承人、民间艺人、文化团体等，都是推动文化传承与繁荣的重要力量。董天策教授曾说，除了传统的文化传播手段以外，要借助新媒体短视频的力量，让民间力量与民间文化参与到唐崖文化实质性的宣传中去。正如董天策教授所言，这可以促使唐崖的民族文化不再高高在上，而是向更为亲民的方向转变，更为丰富多元。随着民间力量的加入，媒介记忆的沉淀对于唐崖文化来说便不再是难事，唐崖文化的媒介记忆形态也将变得更加接近真实世界而非媒介镜像——"拟态环境"。

唐崖土司城遗址2015年被列入《世界遗产名录》，具有深厚的唐崖土司文化底蕴，如今成为恩施州著名的旅游景点，吸引众多游客前往参观旅游，了解唐崖文化。而在这优越的地理位置中，可与当地旅游监管部门建立合作，借助旅游经济的发展，带动唐崖文化的传播。游客进入唐崖土司城遗址中参观时，导游可对漆艺进行解说，群众参与体验，文化感受相对深刻，利于唐崖文化的输出，在实际人群中建立传播关系网。另外就是自我体验的传播方式，景点旅游中对唐崖文化的参与式体验区别于大众主流媒介对少数民族文化形象的建构，而是采用"以人为本"的传播方式，有助于建立唐崖的文化品牌形象，扩大唐崖文化传播的规模。

第三节 记忆重塑的时空框架

随着"万物皆媒"时代的到来，媒体的影响逐渐渗透进人们生活的方方面面。作为传播信息与客观事物塑造的重要渠道，媒体在形塑受众的认知与记忆方面起到关键作用。以往研究发现，我国民族文化的媒介记忆形象呈现经历了从"贫穷落后的文化"至"褒贬不一，繁华的文化产业"，再到"利用新兴媒体保护文化原动力"三个时期的变化，其中来自政府官方的政策扶持、社会经济利益的内驱力与文化传承者的祛魅与正名是推动民族文化媒介记忆形象转变的重要力量。当前，党中央在"四个自信"中提出"文化自信"，民族文化作为中华文明的瑰宝，重振民族文化也成为应有之义。那么，在"文化强国"等背景下的新传播生态环境中，唐崖文化作为民族文化的重要组成部分，其新闻报道的框架是否发生变化？媒介形象呈现又具有什么特征？

基于此，本节试图将唐崖文化的媒介记忆形象放置于时间与空间两个维度观照，思考如何使媒介记忆变得更加具象化、清晰化与符号化，以此为重塑唐崖文化在当代的媒介形象、找准唐崖文化新闻传播的定位，从学理层面为业界媒体报道实践提供指导建议。

一 唐崖文化记忆的时间框架

毋庸置疑，每一种文化都是经历了漫长岁月才流传下来的精神财富。唐崖土司设立于元朝末年，经过380余年的岁月沉淀在鄂西南这片土地上留下了其独特的文化印记。如果从时间脉络上来梳理的话，想要强化唐崖文化的媒介记忆形象有两种方式，一个是需要在媒体报道中建构出唐崖文化的节点性框架，另一种方式需回顾媒介报道如何历时性的建构唐崖文化。

（一）历时性的框架

历时性的框架在于媒体新闻报道需要去主动梳理唐崖文化的重要历史事件，以时间的线性规律构建宏观的唐崖文化时间线。当代的受众对文化的认知不再仅仅满足于浅层的了解，如只是听说过唐崖文化的概念等，因此，作为传播者的大众媒体，在媒介记忆的建构中不能再局限于传统的惯性认知，需要利用历时性框架对唐崖文化进行更为立体化的传播，梳理其"什么时候出发，走了哪些路，走到了哪里"等有关时间的概念。媒体报道对唐崖文化进行了一系列历时性梳理，分别从时间与事件的角度出发，归纳了唐崖土司文化的起源、发展、鼎盛与衰落、改土归流等时间节点，让读者对唐崖的前世今生有了更为深刻的理解，使唐崖文化更具历史的厚度与底蕴。通过连续性的报道能够帮助唐崖文化的受众形成更为深层的文化记忆。

文化的厚度要如何来检验和体现呢？肯定是要依靠时间。在媒体的报道中需将唐崖文化的历史、故事、意义放置于其具体的时间线与特定的社会历史背景中进行考察，以此避免受众对历史文化现象产生认知偏差。最后还需注意的是，媒体对唐崖文化报道建构历时性报道框架的过程中，不能够只将时间与事件进行简单的堆积，这会使报道变为无意义的文字堆砌。

（二）节点性的框架

节点性的框架体现在媒体报道中要抓住唐崖文化的几个重要历

史性节点，在报道中对其进行深入的挖掘。在文章写作的过程中，"起承转合"是重要的结构章法，其"转"的过程能够增强文章的可读性。同理可得，为了凸显报道的新意和辨识度，在报道过程中，应该强调报道对象的重要节点。每个文化的发展都有许许多多有重大意义的历史节点，唐崖文化也不例外，譬如唐崖覃氏土司世袭，而在天启七年（1627）十二世土司覃鼎之后是由田氏夫人接位并"执政"4年，是在十七代世袭覃氏土司中的唯一例外；又如2015年，唐崖土司的成功申遗，其在四级网站中都有丰富的报道。

据此，在记忆重塑中通过媒体建构唐崖文化的节点性框架，在唐崖文化发展的线上标出重要的时间点，在此过程中可以挖掘唐崖文化的内涵与历史背景、政治寓意甚至是社会影响，这有助于唐崖文化在当代的媒体传播中塑造出一个更具历史底蕴而又"鲜活"的媒介形象。

二 空间框架

从文化的物质载体来看，唐崖文化依附在唐崖土司城遗址之上。2015年唐崖的成功申遗，极大地放大了土司城遗址的文化价值。经过对四级网站有关唐崖文化报道的梳理，可以发现当前对唐崖土司城址的媒介空间框架建构并未成气候，受众很难从媒介记忆中寻觅到遗址的具体地理位置。当前，将关于西安的兵马俑遗址、甘肃的敦煌莫高窟等文化遗址的媒介报道作为样本，从中借鉴有关空间框架经验。以下将媒介记忆的空间框架建构分为遗址具身空间的定位与遗址内部空间的深描两个步骤实现。

（一）遗址具身空间的定位

作为唐崖土司文化记忆核心组成部分，唐崖土司城遗址的空间定位尚不明晰。从媒体报道上来看，当前还没有深刻触及唐崖土司城遗址的地理位置建构，如何塑造以唐崖土司城为核心的土家族地理空间，这是媒体报道重塑唐崖文化媒介记忆的重要方向。仅仅建构媒介记忆还不足以解决问题，同时也应该让当地政府与相关部门做出行动，将土司城遗址的具身空间因素嵌入顶层设计与文旅宣传等方面。在媒体报道中添加"空间叙事"，能够推动唐崖文化的土司城遗址动态化转向，打造具有想象张力的文化空间与地理空间。以往的案例为唐崖土司城在媒介记忆的空间定位带来启发，如何刺激游客受众将该地作为行程规划的一部分或吸引游客参观游玩是遗址或旅游景点宣传与推广的最终目标，将唐崖土司城遗址在媒体报道中进行详细的地理空间定位具有重要意义。

（二）遗址内部空间的深描

深描遗址内部空间也极为重要，在内部空间中不仅仅要确定唐崖土司城整体的空间定位——这只是一个整体框架，还需要将唐崖土司城遗址内部的文物、遗迹等都规划进去，这是塑造遗址空间维度的重要步骤。在媒体报道中对遗址内部空间的深描能够让受众在阅读中产生"临场感"，想要达到深描的效果有很多种方式，比如可以利用图文搭配、有趣的漫画、虚拟导游图等多种方式来呈现唐崖土司城遗址的内部空间。在这种方式的展现下，我们可以看到其内部空间的重要组成部分，像石牌坊、石人、石马、土司皇坟、夫妻杉、唐崖河等，从四级网站报道来看，关于石牌坊的记忆较为深刻，但其他部分还都停留在媒介的浅层记忆中。因此，要想让唐崖土司文化和唐崖土司城遗址变得"活灵活现""有血有肉"的话，就必须要做出一些改变与整理，需要深描其内部空间，将其构件具体化，描绘出其物质文化的起源、历史与发展，并着力展开其文化背后的价值与意义，让受众在其中感受历史的厚重和文化的熏陶。

第五章　唐崖文化实践与传播创新

文化的本质在于传播流动，在流动中完成文化的使命。在新的时代背景下由于文化传播多渠道、形式多样、内容丰富的现状，使唐崖文化亟须在激荡的时代洪流中找到属于自身的生存空间。如何在"群像"传播中找到其文化独特性是实现土家文化走进公众视野的前提条件，从而在获得更为广泛的关注、实现优秀传统文化良好传承的同时提升各民族对土家文化的认知，从而增进各民族间的了解。

第一节　唐崖家风主题文化记忆路径：调研及结论

本节基于定量与定性相结合的研究方法，如田野调查、问卷调查等方式，对唐崖文化中家风家训文化记忆的传播现状与记忆路径进行资料与数据的可视化呈现，并通过对现状的分析找出当前传播与文化记忆路径的问题与局限，为后续提出创新实践奠定现实基础。

一　研究概况
（一）研究方法
本部分主要使用实地调查法、问卷调查法、深度访谈法等研究方法。

实地调查法研究的环境是人类和事件的自然情境，通过实地察看与考察，收集并获取相关的研究资料。本次研究开展通过走访严家祠堂、文化保护部门以及相关研究所与研究人员等，通过对唐崖家风家训文化现有的传播媒介平台、传播效果、预期效果以及传播渠道等相关研究内容进行梳理，搜集并整理了关于唐崖家风家训文化传播的相关文献。

调查问卷法是常用的科学研究方法之一。本研究通过发放问卷的形式，在咸丰县内针对当地居民展开纸质问卷调查。同时，在网络平台上对湖北省内不同年龄、职业、文化程度等的人群进行问卷调查与收集。剔除信息不准确、回答不完整的无效问卷，对回收的有效问卷，借助SPSS工具进行数据分析，对目前传播途径达到的传播力度和传播效果，进行论证和评估，以此寻找现有的家风文化传播路径所存在的问题，创设新的传播载体和具有可行性的传播新途径。最后，通过定量分析来验证传播新路径的可行性。

深度访谈法是基于整理和借鉴著作书籍、期刊文章以及网络电子资源等文献资料，在调研期间对咸丰县政府办公室、县委宣传部、咸丰县文物科、咸丰县纪检委宣传部、唐崖镇政府、咸丰县传媒中心、咸丰龙洞严氏文化研究会、唐崖市遗办等政府部门的工作人员，以及非遗传承人等民间组织和手艺人进行深度访谈。分析访谈所获得的一手资料，有助于了解当前政府部门对于唐崖家风家训文化的战略定位、发展规划以及当前主要的传播路径与传播效果。

（二）调研对象

基于研究对象的地域特征，主要以咸丰县城、唐崖镇与大水坪村为主要的调研展开区域。在调研对象的选择上，根据前期调研的基础，拟定深度访谈对象（包含相关政府职能部门的研究员与负责人）。主要的职能部门有：唐崖世遗办公室、咸丰县旅游局、咸丰县纪检委宣传部、咸丰县传媒中心、咸丰县政府办公室、县委宣传部和文物科、唐崖镇政府等。深度访谈对象则如表5.1所示。

表 5.1　　　　　　　　　深度访谈对象情况

序号	部门	职务	访谈对象
1	咸丰县	副县长	贺×
2	唐崖土司城遗址管理处办公室	副主任	吴××
3	咸丰县传媒中心	主任	李××
4	咸丰龙洞严氏文化研究会	前会长、秘书长	严×、严××
5	咸丰县委宣传部		罗××
6	唐崖土司城遗址管理处、咸丰县旅游局	主任、局长	白×
7	咸丰龙洞严氏文化研究会前会长及非遗传承人	会长	严××
8	文物科	文物科副科长	杨××
9	油茶汤、石雕非遗传承人	非遗传承人	马××、谢××
10	咸丰龙洞严氏文化研究会	现任会长	严××

（三）抽样原则和问卷构成

1. 抽样原则的说明

本项研究采用目的抽样的方法，以滚雪球的抽样方式，选取抽样对象。基于研究需要，对抽样对象库进行收集与整理，筛选出符合研究需求的抽样对象，并进行编号。经过过滤的抽样对象库中的每一个抽样对象均符合抽样标准，因此从中抽取的样本均具有代表性，且避免随机抽样的偶然性与随意性，从而更能抽取出具有研究价值与研究意义的研究样本。通过对唐崖家风家训文化的目标受众人群进行抽查，了解以严家祠堂为代表的唐崖家风家训的传播现状，并以此制定更科学的传播策略。

问卷发放时间截止后，对收集的数据进行初步的整理与选择，将问卷不完整、不符合抽样要求的结果删除，将符合抽样要求的结果录入抽样库中，最后，通过 SPSS 进行数据分析，并制作相关图表。

2. 问卷的设计发放及回收

《"唐崖家风家训文化"传播模式调查问卷》是根据前期调研的一手资料和相关文献，通过归纳总结恩施州及咸丰县各类网站、报纸杂志、电视、广播等传播媒介上关于严家祠堂的报道宣传，以及

第五章　唐崖文化实践与传播创新

对当地严家祠堂管理人员、附近居民、非物质文化遗产传承人等相关人员的深度访谈，借鉴其他地区对家风家训文化的传播策略，并与相关专家沟通后修改而成。问卷分成三部分：一是关于受访人的基本信息，包括性别、年龄、学历、职业、所在地；二是调查受访者对家风家训文化的了解渠道和感兴趣的接触方式以及对现有的家风家训活动的参与度和满意度；三要是调研受访者对严家祠堂及周边感兴趣的内容，以探索可以引导受访者了解严家祠堂的拓展点。

本次问卷发布区域覆盖整个湖北省，力求湖北省的12个市和恩施自治州都有受众参与（见图5.1），以武汉和恩施州的常住居民为主，问卷发放总数570份，回收539份，回收率为94.6%。通过筛选和逻辑校对，排除无效问卷8份，最终得到有效问卷数为531份，有效率为98.5%，符合问卷调查的一般规律和标准，可以进行数据分析。调查数据最终结果可反映出唐崖家风家训文化在现阶段所产生的传播效果和影响范围，从而为探索符合时代背景的传播方式提供建议。

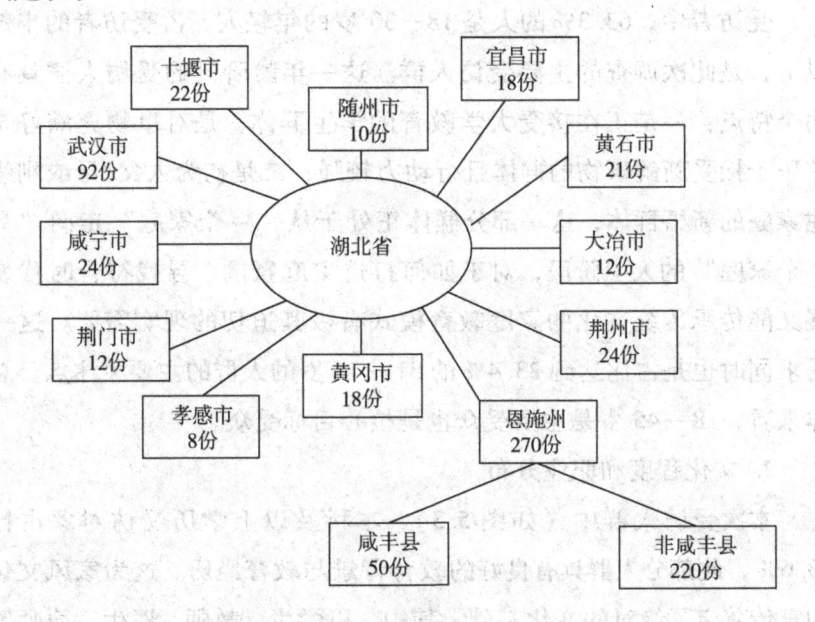

图5.1　湖北省各市回收的有效问卷数量

(四) 受访者基本情况

1. 性别比例及受访者年龄构成

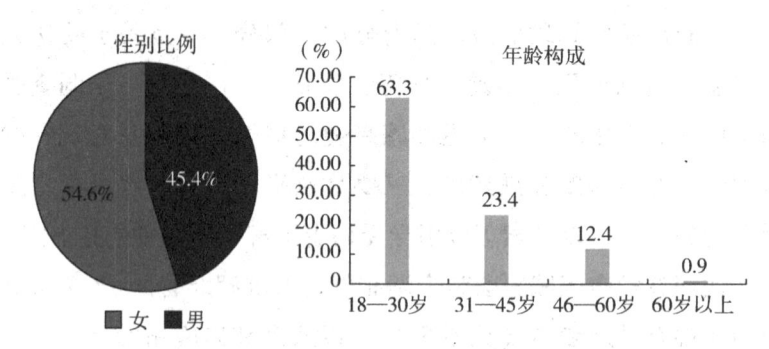

图 5.2　性别比例和年龄构成

对受访者的基本情况调查是问卷调查的基本项目，不仅是对受访者基本情况的掌握与了解，也是对本研究关注对象基本特征的初步摸底。在本次调研中，男性受访对象调查占比约为 45.4%，相比之下，女性受访对象占比约为 54.6%，比男性高出 9.2%。

受访者中，63.3% 的人是 18—30 岁的年轻人，占受访者的半数以上，是此次调查的主要受访人群。这一年龄阶段的受访人群具有两个特点：一是正在接受大学教育的学生群体，是对事物充满好奇并乐于接受新鲜事物的群体且行动力较强；二是初为人父/母或刚组建家庭的新婚群体，这一部分群体正处于从"一个家庭"走向"另一个家庭"的人生阶段，对于如何打造家庭氛围、寻找符合时代发展又能传承传统文化的家庭教育模式有极其迫切的现实需要。这一需求同时也是占比达到 23.4% 的 31—45 岁的人群的主要关注点。总体来看，18—45 岁是主要受众也是核心目标受众。

2. 文化程度和职业分布

本次受访人群中（如图 5.3），本科及以上学历受访对象占比 73.6%，此部分人群具有良好的教育背景与教育经历。这为家风文化的宣传奠定了绝对的文化基础。其中，以学生、教师、医生、律师等具有一定社会地位的专业人员和国家政府的公务员为主，分别占比

48.8%、13.9%、8.1%（如图5.4）。另外还有私营企业员工，占比8.3%。具有较高文化教育背景的这部分人群，他们对于家风文化的接受需求与接受能力都高于一般群体，同时也是传承与宣传家风家训文化的主力军，其媒介的使用习惯与应用能力较强，对家风家训的兴趣触发点也更为接近，所以重点关注这群受众，分析整理此部分人群对唐崖家风家训文化的认知程度和认知渠道，对探索唐崖家风家训文化传播策略与拓宽传播渠道具有可参考意义。

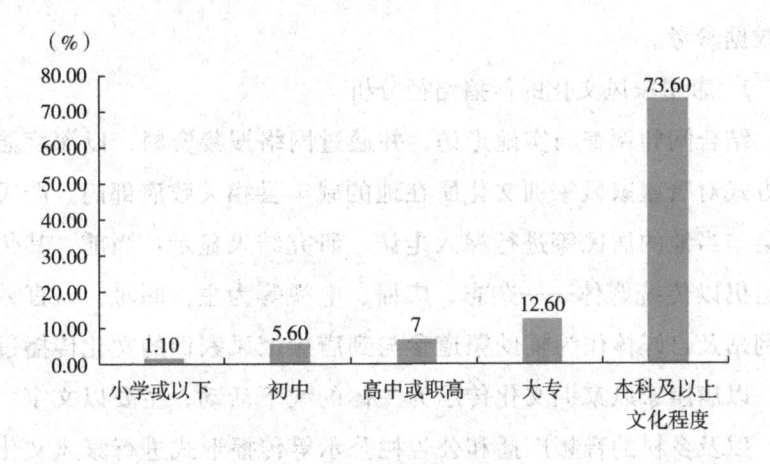

图5.3 受访者的文化程度

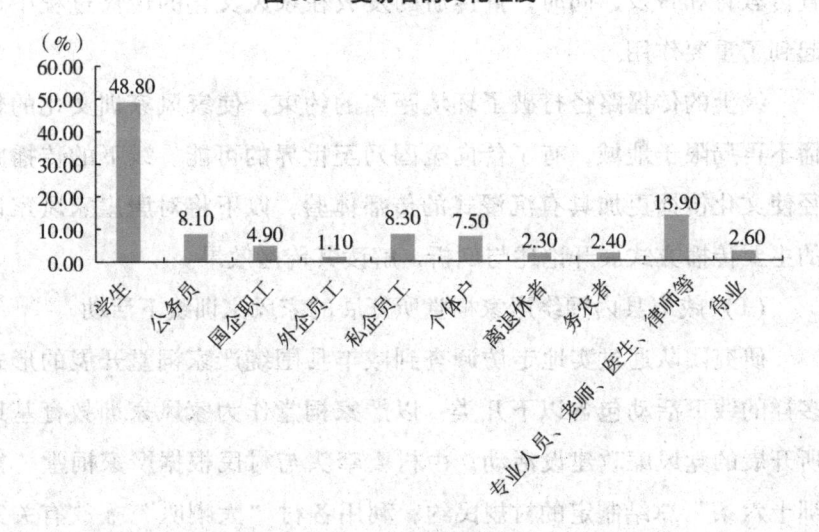

图5.4 受访者的职业

二 结果及传播路径分析

（一）结果分析

利用 SPSS 和 Excel 工具并经过数据的整合分析，对唐崖家风文化的传播形式、路径，同时对受访者媒介行为、获取相关信息的渠道及接收信息后的行为、评价等进行总结，以此作为唐崖家风家训文化拓展传播渠道、深化传播内容、创新传播形式、深化传播效果的数据参考。

1. 唐崖家风文化的传播路径分析

结合问卷调查与实地走访，并通过网络搜集资料，以深度访谈的方式对唐崖家风家训文化所在地的咸丰县相关政府部门、严氏理事会与当地的居民等进行深入走访。研究结果显示：当前，其传播渠道仍以传统媒体——杂志、广播、电视等为主，同时，以官方门户网站及自媒体作为辅助渠道参与到唐崖家风家训的文化传播过程中。以唐崖家风家训文化传承为主体的线下活动，主要以文字、图片，以及乡村的音频广播和公告栏公示等传播形式进行家风文化的宣传教育和普及，同时，宣传册的发放在家风文化的传播过程中也起到了重要作用。

线上的传播路径打破了环境距离的约束，使家风家训文化的传播不再局限于地域，有了传向全国乃至世界的可能。线下的传播路径使文化传播更加具有沉浸式的传播体验，以下将对唐崖家风家训的主要传播方式展开论述与剖析，解读其传播效果。

（1）咸丰县内围绕严家祠堂所开展的家风家训线下活动

研究团队通过实地走访调查到咸丰县围绕严家祠堂开展的形式多样的线下活动包含以下几类：以严家祠堂作为家风家训教育基地所开展的党风廉政建设活动；由村委牵头与村民根据严家祠堂"家训十六条"总结制定的村规民约；利用各村"大喇叭"播放有关家风家训的内容；邀请严氏文化研究会的严氏族人，定期与学校教育活动相结合，开展道德讲堂和朝读经典；规划以严家祠堂为核心建立家风家训文化产业园。

（2）咸丰县所开展的其他家风家训线下活动

咸丰县传媒中心通过"咸丰电视台"微信公众号对"最美乡村""最美家庭""最美咸丰"等有关家风家训的评选活动直播；当地电视台和广播转播相关家风家训的公益广告；与"鄂旅投"旅游公司合作，打造家风家训文化旅游景点；以及借助政府各部门官方网站对家风家训文化内容进行宣传。

（3）以严家祠堂为主体传播内容的传播渠道

《唐崖》杂志"严家祠堂"特别版，以及其他介绍严家祠堂的杂志；在电视台以及公交移动电视上流动播放严家祠堂的纪录片；开设广播专栏对严家祠堂进行介绍；恩施市各个政府部门官方网站对严家祠堂进行宣传介绍；清风荆南、咸丰电视台、世遗唐崖、咸丰新闻网、咸丰县文体新广局、咸丰政法之声等咸丰县政府部门微信公众号，对严家祠堂建筑及其家训文化的介绍，和咸丰在线、龙洞严氏文化研究会等自媒体公众号对严家祠堂的宣传介绍；全国严氏族人共赴咸丰县参与在严家祠堂举办的祭祀活动，活动包括穿插民俗表演的祭祀游行和祭祀典礼。

2. 唐崖家风家训文化传播路径数据分析

（1）恩施州内咸丰县和咸丰县外的地区对严家祠堂的认知情况（见图5.5）

通过数据统计可得出以下结论：咸丰县有92%的受访者对严家祠堂具有一定的认知，而州内非咸丰县的受访者却有近35%的人仅听说过严家祠堂，并不了解。因此可判断，严家祠堂作为唐崖家风家训文化典型代表，其知名度仅仅在咸丰县内具有较高辨识度，具有相当的局限性。故而，对优秀的唐崖家风家训文化的远距离传播，同时打破地域壁垒将家风家训文化传出咸丰具有一定迫切性。

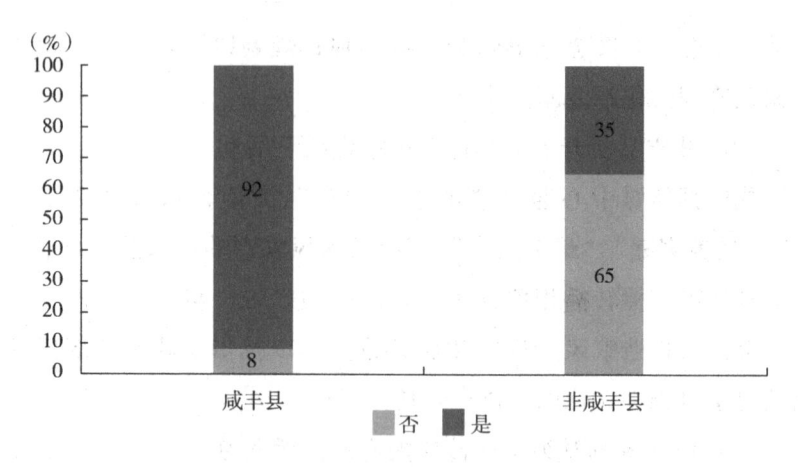

图 5.5 恩施州内严家祠堂的了解情况

（2）湖北省各市对严家祠堂的认知情况（见图 5.6）

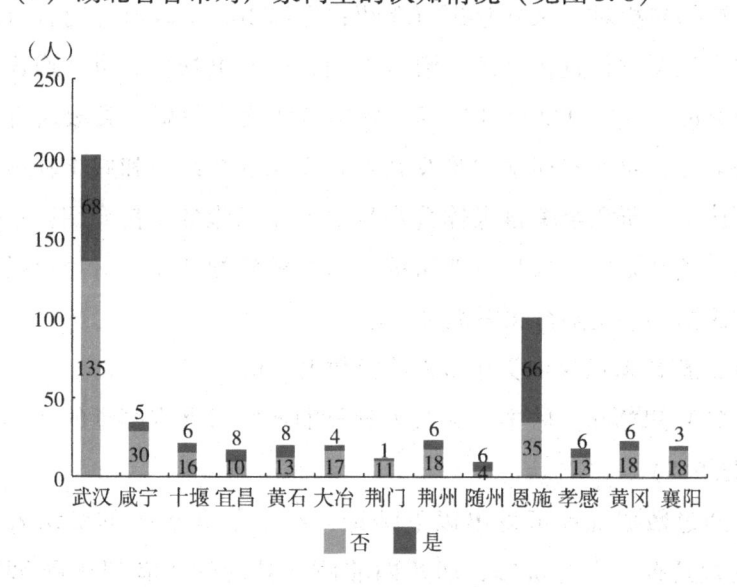

图 5.6 湖北省各市严家祠堂认知情况

在湖北省的各市展开调研发现，就湖北省而言，除恩施州作为严家祠堂的所在地，有超过一半的受访者听说过严家祠堂，其余地区对严家祠堂的认知极少，大多数人甚至从未听闻。有关严家祠堂的信息内容亟须拓宽传播范围。

第五章 唐崖文化实践与传播创新

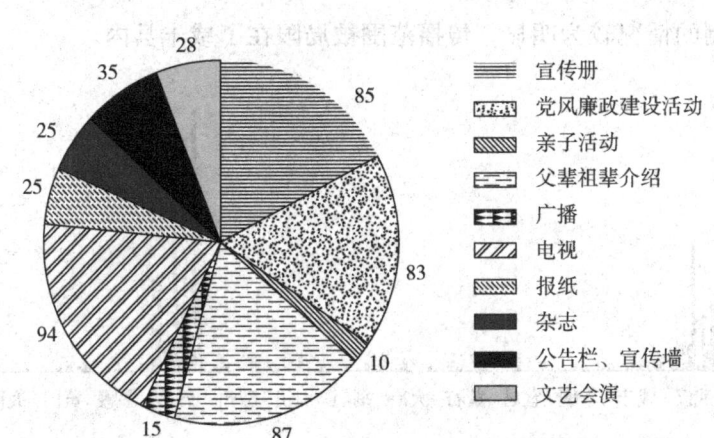

（3）受访者认知严家祠堂主要渠道调查（见图5.7）

图5.7 受访者认知严家祠堂的渠道

数据标注：宣传册 85、党风廉政建设活动 83、亲子活动 10、父辈祖辈介绍 87、广播 15、电视 94、报纸 25、杂志 25、公告栏宣传墙 35、文艺会演 28

根据调查问卷可知，以电视媒介为渠道了解严家祠堂的有94位受访者，通过家族故事或祖辈言传身教的方式认知的受访者共计87人，而以党风廉政教育建设活动和宣传手册为渠道的受访者分别为83人和85人。故而，大众媒介仍然是目前家风家训文化传播的最佳路径。电视传播的效果远优于其他传播路径。相比之下，受制于传播距离的人际传播虽然传播范围有限，但是其可信度与传播效果依旧不可忽视。根据调研结果显示，咸丰县内92%的受众都已经对唐崖家风家训文化具有一定程度上的基本认知，地域覆盖率趋于饱和，增长后劲不足。为实现唐崖家风家训文化扩大影响力和受众范围，亟须拓展传播渠道，实现对外传播的目的。

（4）湖北省各个市认知严家祠堂的渠道分析（见图5.8）

根据调查问卷和走访调研所获取的相关数据表明，咸丰县在利用传统媒体，如宣传册、广播、杂志、电视等方式在区域范围内对严家祠堂的宣传获得了良好的传播成绩，在严家祠堂举办党风廉政教育活动这一形式在咸丰县境内的传播效果甚佳，渐有形成品牌文化之势。但唐崖家风家训文化对于新媒体平台的应用与管理，却相

— 151 —

对欠缺。如官方微信公众号和新闻网站的传播效果不明显，而受地域限制的情况较为明显，传播范围被局限在了咸丰县内。

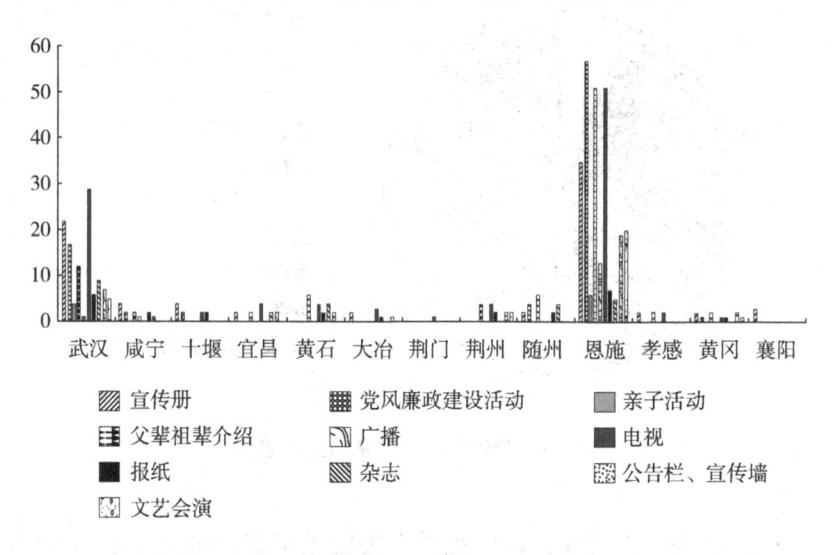

图5.8 湖北省内各市通过各种渠道认知严家祠堂的人数分布

（二）传播路径分析

当前，咸丰县内对唐崖家风家训文化及严家祠堂的相关宣传教育工作主要聚焦于精简介绍的表面。经过实地考察，唐崖地区的家风家训文化具有较高的教育意义，同时，关于严家祠堂的民俗活动、饮食风格等都可以作为传播唐崖家风家训文化的载体，拓宽传播渠道。

1. 吸引受访者参观严家祠堂的各选项的人数比例（见图5.9）

调查数据显示，对严家祠堂的建筑特征具有深刻印象的受访者达到72.1%，装饰典雅、独具特色的吊脚楼建筑成为代表性的记忆特征。同时，以增长见识为目的的受访者在参观严家祠堂时会更具有定向的文化需求导向。52.5%的受访者将严家祠堂的"鱼龙图""三堂会审""鹿乳奉亲"等浮雕以及亭台前雕刻精美的石木浮雕艺术品作为参观意向。合渣、油茶汤等独特小吃也吸引了过半数的受访者。而对于石碑上的家训内容产生兴趣的受访者达四成,并希望以家风家训内容为切口,更加深入地了解唐崖家风家训文化。

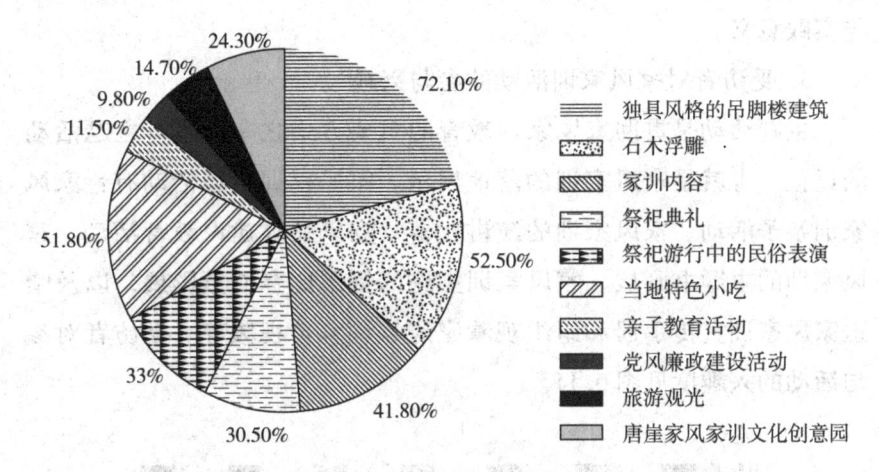

图5.9 吸引受访者参观严家祠堂的各选项的人数比例

2. 严家祠堂的家风家训文化周边(见图5.10)

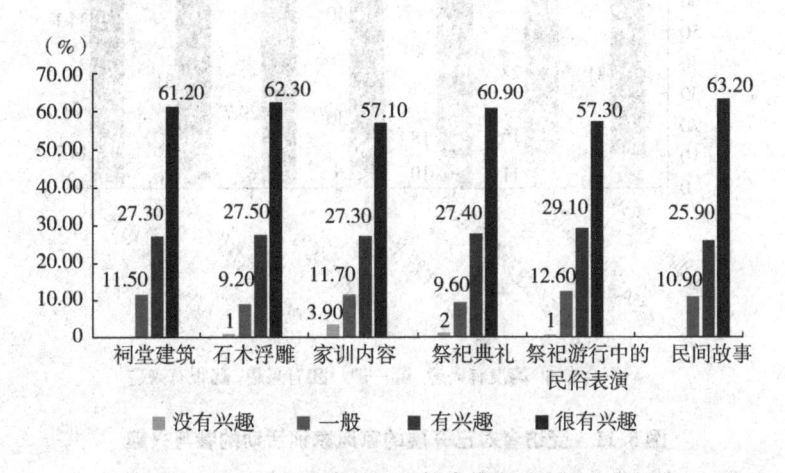

图5.10 吸引受访者参加严家祠堂的家风家训文化周边

超过六成的受访者惊叹于一百四十年前的手工雕刻技术。61.2%的受访者认为祠堂建筑本身的外观就具有较高的观赏价值:直观大气、独具一格。大多数当地人都对严氏家族在严家祠堂中举办的典礼印象深刻:祭祀场面恢宏。在观赏过程中,还有游行中的各种民俗表演，典礼上有对优秀学生的表彰，也有对贫困学生的资助，还有对古稀老人的赠养等一系列帮扶举措的颁布，都具有较高的指向与实践意义。

3. 受访者对家风家训活动的参与兴趣

主题活动是贯彻家风家训教育的重要方式之一，践行主题活动的过程，也就是家风家训的落地展示。家风家训主题活动有：家风家训亲子活动、家风家训的演讲比赛、党风廉政建设教育活动、家风家训的主题书画展、家风家训主题的摄影比赛或摄影展，以及赠送家风家训宣传手册和组织观看家风家训宣传视频等。受访者对参与活动的兴趣度见图5.11。

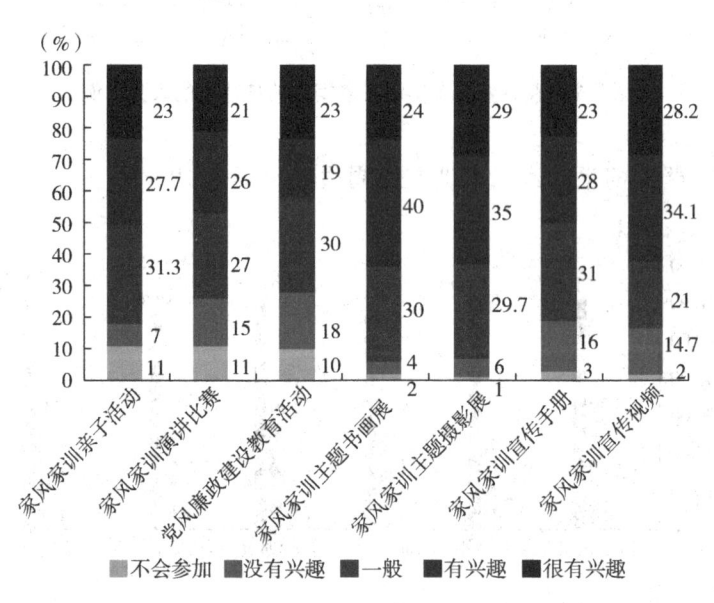

活动	不会参加	没有兴趣	一般	有兴趣	很有兴趣
家风家训亲子活动	11	7	31.3	27.7	23
家风家训演讲比赛	11	15	27	26	21
党风廉政建设教育活动	10	18	30	19	23
家风家训主题书画展	2	4	30	40	24
家风家训主题摄影展	1	6	29.7	35	29
家风家训宣传手册	3	16	31	28	23
家风家训宣传视频	2	14.7	21	34.1	28.2

图5.11　受访者对已开展的家风家训活动的参与兴趣

摄影比赛成为众多以"家风家训"为主题的活动中受访者最感兴趣的活动，根据兴趣程度划分为"很感兴趣"（29%）、"感兴趣"（35%）。其次是对介绍家风家训文化的宣传视频的受访者，根据程度划分为"很感兴趣"（28.2%）、"感兴趣"（34.1%）。再次，针对观看家风家训主题的书画展和家风家训党风廉政活动的受访者，"很感兴趣"占比为24%、23%。最后,对家风家训亲子活动及宣传手册很感兴趣的受众人群占比均为23%。

4. 受访者对家风家训文化的参与度(见图5.12)

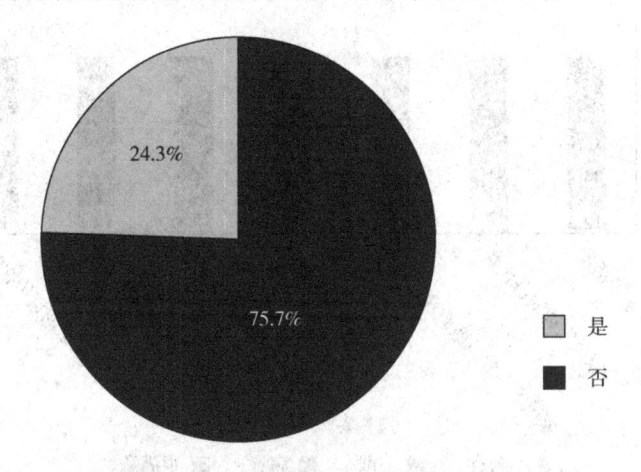

图5.12 参加过家风家训活动的受访者比例

在"是否参加过家风家训类活动"的调查问题中,大部分受访者表示以往没有参加过家风家训活动,参加过以家风家训为主题活动的人群仅占24.3%。这一现状反映出线下主题活动加大力度的必要性。民众有兴趣,而作为相关从业人员要考虑的是如何扩大家风家训主题类活动信息的传播范围,从而扩大参与度,满足广大范围内人们参加相关活动的需求。

5. 参与过家风家训活动的受访者对活动的满意度(见图5.13)

61.2%的有过家风家训活动经历的受访者对以严家祠堂作为举办地的党风廉政建设活动表示认可,对家风家训书画展表示认可的受访人群占比为55.1%。54.2%的受访者认为观看家风家训宣传视频的活动具有较高的教育意义,对活动持很满意的态度。53%的受访者认为家风家训亲子活动效果较好。严家祠堂作为咸丰县首家党风廉政教育基地,具备天然的教育环境基础,是教育活动举办场地的最佳选择。同时利用周边文化广场等基础设施,提升教育活动的多样性，以此增加家风家训文化活动的举办频率，满足全民参与家风文化活动的精神需求，拓宽大众参与唐崖家风家训文化的传播路径。

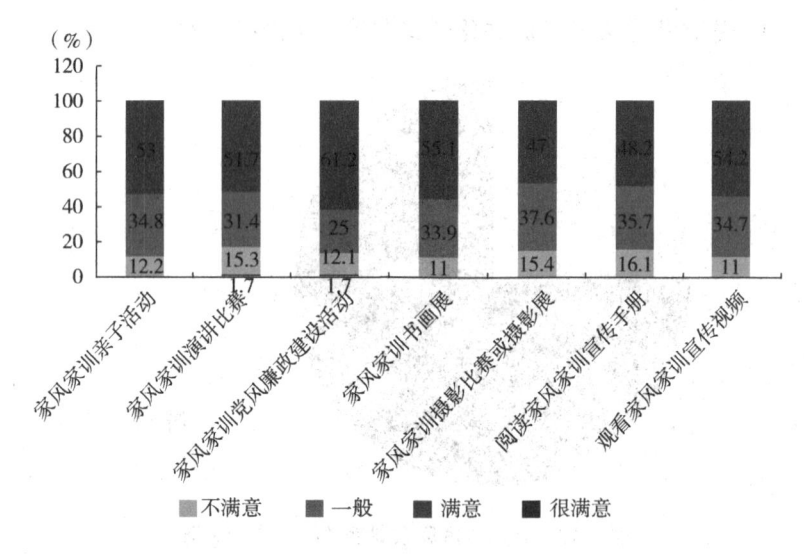

图5.13 对参加过的家风家训活动的满意度

据研究结果可以得出，唐崖家风家训文化的传播路径有两个亟须解决的问题。

第一，传播影响范围较小，范围面有待扩充。当前，唐崖家风家训文化主要依赖主流传统媒体，与新媒体平台结合率有待提升。主管部门线上传播缺乏对唐崖家风家训的专业化介绍，没有尝试通过在线音频、短视频等方式来提升传播效力，因此使得传播力度不足、传播的范围小、幅面窄、传播缺乏延展性。

第二，传播路径单一，方式简单。严家祠堂的建筑特征和家训家风的内容是唐崖家风家训文化宣传的核心内容。反观前期由于申遗速度快，同时也产生了对家风故事、家训内容、考古发掘不深的问题，而对于"景区周边产品"，如特色小吃、传统体育项目和民间舞蹈等极具地域特色的项目没有有效利用，没有与唐崖家风家训文化有效融合。二者之间，可以形成组合传播的互补趋势，但在实际的传播实践中，均未受重视。

综上所述，要改变传播现状的破题思路是提升对新媒体平台的多维利用，并提升其应用频率，加强与自媒体的合作，鼓励文化旅游博主进行实地考察，带动家风家训文化的网络传播，以当地风土人情作为家风家训文化新的传播载体，使唐崖家风家训文化定向传播到达目标受众，以此提高其知名度与普及度。

三 唐崖家风家训文化的传播学分析

唐崖家风家训文化在传播学视域下具有良好的政治、经济、社会传播环境与技术基础，这为家风家训文化园的设想提供了实践落地的可能。文化目标受众的定向分析，则分别从内部与外部两个层面为唐崖家风家训文化的传播提供了有力支撑。本部分对唐崖家风家训文化传播的政策、经济需求、技术等层面进行分析，力图尽可能全面地阐释有关唐崖家风家训文化的传播环境，并结合当地受众以及更为广泛的受众特征进行归纳，总结提炼出唐崖家风家训文化进行媒介整合传播的必要性。

（一）唐崖家风家训文化传播环境分析

1. 政策层面

2014年3月27日，习近平总书记在联合国教科文组织总部演讲谈到中国梦与中华文明的关系时提出："中国人民在实现中国梦的进程中，将按照时代的新进步，推动中华文明创造性转化和创新性发展，激活其生命力，把跨越时空、超越国度、富有永恒魅力、具有当代价值的文化精神弘扬起来，让收藏在博物馆里的文物、陈列在广阔大地上的遗产、书写在古籍里的文字都活起来，让中华文明同世界各国人民创造的丰富多彩的文明一道，为人类提供正确的精神指引和强大的精神动力。"[①] 民族文化是一个民族的根，是一个民族的魂，党中央历来高度重视民族文化的传承与弘扬以及非遗文化的

---

① 2014年3月27日，习近平总书记在联合国教科文组织总部的演讲。

保护与发扬。唐崖土司城址2015年7月4日申遗成功,成为中国第48处世界遗产、第34项世界文化遗产、湖北省第三处世界遗产。申遗成功只用了短短两年多的时间,被业内誉为"唐崖速度"。而自唐崖土司城址申遗成功以来,咸丰县坚持"保护为主、抢救第一、合理利用、加强管理"的方针,坚持文物本体保护与周边环境保护并重,统筹协调世界文化遗产保护与区域社会经济发展的关系,大力推动文化遗产保护工程的建设。

习近平总书记曾指出:"家风家教是一个家庭最宝贵的财富,是留给子孙后代最好的遗产。要推动全社会注重家庭家教家风建设,激励子孙后代增强家国情怀,努力成长为对国家、对社会有用之才。党员、干部特别是领导干部要清白做人、勤俭齐家、干净做事、廉洁从政,管好自己和家人,涵养新时代共产党人的良好家风。"[1] 著名歌曲《国家》中有一句歌词:"国是千万家,有国才有家;家是最小国,国是千万家。"家风小到影响家庭和睦,大到影响国家兴旺。结合总书记的相关发言以及民间对于国与家的认知,可以看出良好的家风传承不仅仅是中华优秀传统文化的传承,也对国家兴旺发达产生着重要影响。作为唐崖土司文化中不可忽视的严家祠堂家风家训的家风文化在历经百年沉淀后,在当代社会背景下仍具有不可忽视的意义。网络媒体的"一封家书"特别栏目,一经播出更是引起了广泛的社会共鸣,对于"家"的挂念与憧憬,在每一个观众心间念念不忘。《人民日报》微信公众号,也会在特殊的节日,介绍习近平总书记的家书与家风,在人民百姓之间树立榜样,对于家风家训的倡导与宣传,起到了正面积极的作用。唐崖家风家训文化园以家风建设为主题,文化内涵传播的同时也是对中华优秀传统文化的传承。从中央到地方、从官方到民间都对家风家训高度重视。因此,唐崖家风家训文化的传播是符合时代发展潮流且响应着国家大

---

[1] 摘自《习近平在四川考察时强调 深入贯彻新发展理念主动融入新发展格局 在新的征程上奋力谱写四川发展新篇章》(2022年6月10日《人民日报》刊发)。

政方针。

2. 经济层面

2020年12月29日至30日，全国扶贫开发工作会议在北京召开，标志着现行标准下9899万农村贫困人口全部脱贫，832个贫困县全部摘帽，12.8万个贫困村全部出列。"全面脱贫"只是阶段性的胜利。2021年4月29日，十三届全国人大常委会第二十八次会议表决通过《中华人民共和国乡村振兴促进法》，以立法的形式将农村发展工作确立。而要实现乡村振兴，各地要因地制宜、充分利用本地的资源为实现乡村振兴工作作出战略支撑。

咸丰县隶属于湖北省恩施土家族苗族自治州，是湖北省的西大门。然而，根据恩施州人民政府信息公开网发布的《2020年恩施州统计年鉴》（表5.2）可以看出咸丰县2020年GDP位居恩施州8个县市第5位。根据《年鉴》中"县、市生产总值发展指数"（表5.3）可以看出，咸丰县第三产业发展较快，坐拥中国第48处世界遗产、第34项世界文化遗产、湖北省第三处世界遗产的咸丰县旅游业的发展潜力较大。

表5.2　　　　　　　　恩施州县、市生产总值

（按当年价格计算）

单位：万元

县、市	地区生产总值	第一产业	第二产业	工业	建筑业	第三产业	交通运输、仓储及邮政	批发、零售、住宿和餐饮
恩施市	3569879	344304	1284602	1159059	127794	1940973	97930	252938
利川市	1991469	412597	305856	182167	125465	1273016	70524	203671
建始县	1164284	262978	181692	128371	58965	719614	36471	117629
巴东县	1252834	252774	315071	221688	96067	684989	47255	111004
宣恩县	797253	211624	105144	74062	31082	480485	19874	96440
咸丰县	931370	217635	105403	66373	39119	608332	19195	93408

续表

县、市	地区生产总值	第一产业	第二产业	工业	建筑业	第三产业	交通运输、仓储及邮政	批发、零售、住宿和餐饮
来凤县	820833	170417	118529	99940	19115	531887	23956	87709
鹤峰县	649062	151562	106546	88916	17840	390954	14283	89463

表5.3　　　　　　恩施州县、市生产总值发展指数

（按不变价格计算）

单位：万元

县、市	地区生产总值	第一产业	第二产业	工业	建筑业	第三产业	交通运输、仓储及邮政	批发、零售、住宿和餐饮
恩施市	95.9	100.6	92.7	95.3	67.5	98.0	88.2	76.6
利川市	95.1	100.5	94.4	90.5	103.6	93.5	80.8	79.9
建始县	95.0	100.8	83.1	88.6	74.8	97.4	78.2	78.4
巴东县	96.9	100.6	107.3	116.3	81.4	91.0	75.0	82.0
宣恩县	98.0	100.6	95.7	100.6	83.5	97.6	62.6	81.1
咸丰县	95.0	100.5	69.3	77.0	56.1	100.6	61.8	81.8
来凤县	95.2	100.3	84.4	86.5	73.2	97.1	72.7	79.9
鹤峰县	95.4	100.5	89.5	104.0	47.1	95.8	58.3	81.5

"小康不小康，关键在老乡。"咸丰县作为发展相对落后的民族地区县城，在实现脱贫后，完善脱贫后帮扶机制，逐步消除精神贫困，持续改善欠发达地区和其他地区相对贫困人口的发展条件，增强了脱贫人口"造血"功能。而当地居民收入渠道相对单一，为提升居民收入水平，除了提升相关行业的平均收入以外，拓展居民收入渠道也是不可忽视的方式。咸丰县先天性拥有良好的旅游资源，应引导和鼓励农民利用闲置农房发展乡村旅游，做好实施"草根创业""精准扶贫就业创业项目"，推动农民就业创业多元化，落实湖北省"山川协作工程"。

大力发展乡村休闲旅游也是一个惠民工程、富民工程。因此，为更好地发挥文化旅游在增进民生福祉、推动县域经济中的作用，亟须加快建设经济强、百姓富、环境美、社会文明程度高的新咸丰。咸丰县在《咸丰县"十四五"文化旅游发展规划（2021—2025）》中总结到：各类文旅有利政策叠加。2018年，文化部、国家旅游局合并为文化和旅游部，推动文化事业、文化产业和旅游业融合发展成为当前党和国家的重要建设方针和时代趋势。2020年，《国务院办公厅关于加强全民健身场地设施建设发展群众体育的意见》《中共中央、国务院关于抓好"三农"领域重点工作确保如期实现全面小康的意见》出台，破解文化旅游产业发展用地难题。人力资源社会保障部、国家发展改革委等十五部门出台《关于做好当前农民工就业创业工作的意见》。通过坚持创新、协调、绿色、开放、共享的发展理念，以转型升级、提质增效为主题，以推动全域旅游发展为主线，以文旅深度融合为路径，推进文化旅游事业繁荣兴盛，健全现代化文化产业体系，将文化旅游产业培育成全县经济转型升级重要推动力、生态文明建设重要引领产业、展示县域综合实力的重要载体、实施乡村振兴的重要生力军。实施"全域旅游·5A咸丰"战略，主打世遗咸丰、山水咸丰、红色咸丰三张牌，成功创建国家全域旅游示范县、国家级文化生态保护区、国家中医药健康旅游示范基地，成为全国知名的运动康体、休闲养生、民俗体验、旅游度假目的地。

3. 文化层面

"'求木之长者，必固其根本；欲流之远者，必浚其泉源。'中华优秀传统文化是中华民族的精神命脉，是涵养社会主义核心价值观的重要源泉，也是我们在世界文化激荡中站稳脚跟的坚实根基。增强文化自觉和文化自信，是坚定道路自信、理论自信、制度自信的题中应有之义。"[①] 以下诗歌是对北宋初年著名的军事家族杨家保

---

① 2014年10月15日，习近平总书记在文艺工作座谈会上的讲话。

家卫国的事迹进行的赞颂。在悠久历史文化的熏陶下，中国人重视家风家训文化的基因始终存在。

> 源远流长根又深，清白传家素有名。
> 山西发籍太原府，奉命平番作忠臣。
> 文武公卿光是议，黔蜀威名震玉金。
> 识得杨家诗八句，才是杨家后留人。

2022年6月，研究团队在湖北恩施地区开展调研。此次调研主要以当地居民以及相关单位为走访对象同时发放调查问卷，并与受访对象进行深度访谈了解其对唐崖家风家训文化的记忆。与当地的政府相关部门进行沟通，从而获取线上各平台如微信公众号、短视频账号等后台数据，总结分析后对后期媒介选择提出参考意见。调研过程中，设计了关于"唐崖家风家训文化"的调查问卷，本次问卷发布区域主要针对咸丰县城（见图5.14），其中以咸丰县城、唐崖镇以及大水坪村常住居民为主，问卷发放共计300份，回收273份，回收率为91%。通过筛选和校对，排除无效问卷21份，得到有效问卷数为252份，有效率为92.3%，可进行数据分析。调查结果在一定程度上能反映以严家祠堂为代表的唐崖家风家训文化当前的传播路径现状，也能够为传播新路径的合理性提供依据。

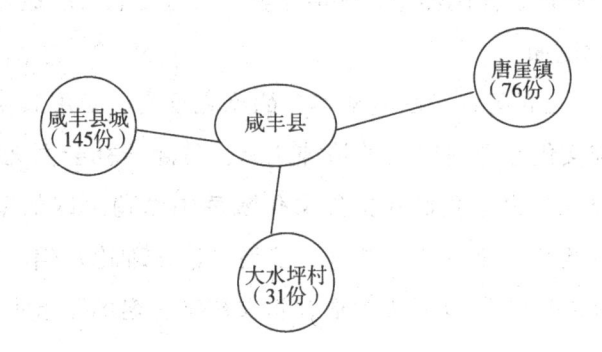

图5.14 "是否听说过家风家训文化"问卷回收情况

传统文化被后世代代传承时，也随着时代的发展增添着新的注解。如：咸丰县下面的乡镇都会有村规民约，是以传承当地家风家训等文化精神、结合自身村落特色为基础并紧密贴近现实发展需求，由当地政府与村民讨论、投票共同制定，并以石刻的形式展现出来，投放在乡镇的活动中心等标志性地点，从某种程度上说石刻所在地也成为标志性地点（表5.4）。

表5.4　　　　　　　　《严氏宗规十六条》内容

乡约当遵	姻里当厚
祠墓当展	职业当勤
族类当辨	赋役当供
名分当正	争讼当止
宗族当睦	节俭当崇
谱牒当重	守望当严
闺门当肃	邪巫当禁
蒙养当豫	四礼当行

《严氏宗规十六条》大清光绪三年岁丁丑阳月朔日宝轩书立。

4. 技术层面

技术环境在营销学中是影响营销过程及其效率的外部因素之一。20世纪80年代以来，新技术在全球范围内的创新与扩散，改变了人们的生活方式、消费需求并在更深层次塑造了21世纪人们的生活习惯，网络技术催生了新的媒介技术并与传统的媒介技术相结合，逐渐改变媒介环境，出现了真正意义上的大众传播媒介。这种改变也会导致受众的生活习惯和思维方式产生变化，从而对传播内容有了更高的要求。根据CNNIC发布的第49次《中国互联网络发展状况统计报告》显示，截至2021年12月，我国网民规模已达10.32亿，较2020年12月增长4296万，互联网普及率达73.0%。2021年我国网民规模稳步增长，农村及老年群体加速融入网络社会。据统计，我国现有行政村已全面实现"村村通宽带"，农村地区通信难等问题得到历史性解决。我国农村网民规模已达2.84亿，农村地区互联网

图 5.15 "村规民约"石碑

普及率为 57.6%[①]。然而，回到家风家训文化的传播形式层面，通过阅读文献和资料查询，我国家风家训文化多以以下方式传播。

口耳相传。以文字记载的形式传播传承的家风家训文化并不常见，而是通过家族长辈言传身教的方式来影响后代从而将家风家训文化世代传承。这样的传播方式天然存在以下几点不足。首先，传播范围极为有限，小到只影响某一个家族。举一个例子，人们日常在生活中常常谈论的"严家家训"，也从侧面体现出在媒介技术不发达的年代，"严家"的家风家训文化也只是在这一个家族之中得以传承，至多也只是在某一个范围有限的地区内传播。其次，在传播的过程中会受到"噪声"和受传者认知水平、理解程度的影响，对于同一信息也会产生不同程度的误解、曲解。最后，传播效果难以即

---

① CNNIC 发布的第 49 次《中国互联网络发展状况统计报告》。

第五章 唐崖文化实践与传播创新

时检验、难以量化，家风家训的影响效果属于精神层面，通常需要长时间潜移默化地影响每一个受传者。

纸质书籍。除了传播较为广泛的《颜氏家训》《傅雷家书》等，关于家风家训文化的纸质书籍数量并不多。同时在新媒介技术对纸质媒介的冲击下，受众阅读纸质媒介的总量相对稳定但逐年递减，增长乏力。当然，这并不意味着文字传播方式被淘汰，而是由于移动互联网络的便捷性和即时性，使更多的受众选择在网上阅读文字，而非手持纸质内容阅读。因此，家书的网络化势在必行。

电视广播。电视广播相较其他类型的媒体，它的影响力是最为深远的，无论是在传播效果还是传播范围方面，电视媒体在传播家风家训文化内容方面依旧是中坚力量。

聚焦到咸丰县关于唐崖家风家训的调研中，研究团队在2022年6月对受访者媒介接触状况（图5.16）以及移动互联网使用种类进行了调查（图5.17）。

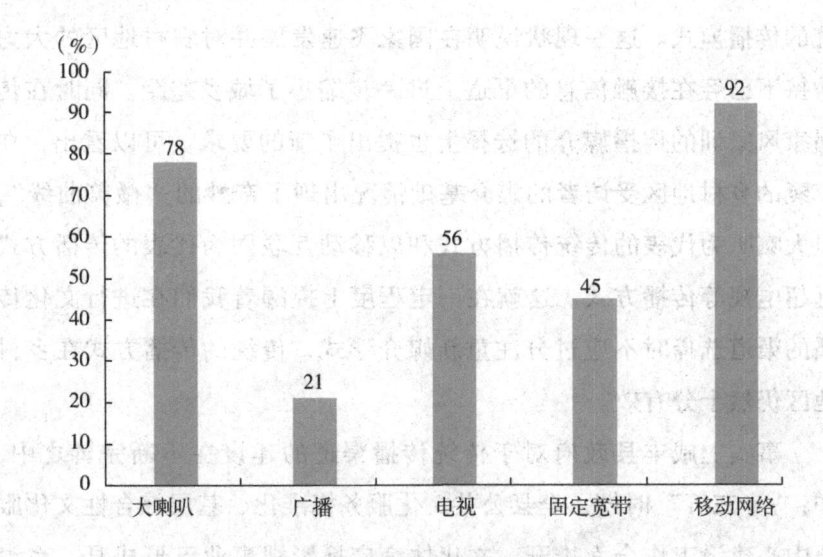

图5.16 受访者媒介接触状况

本次调研发现，在广袤的县乡除了传统大喇叭作为居民获取信息的渠道以外，移动互联网络已经成为居民获取信息使用率最高、

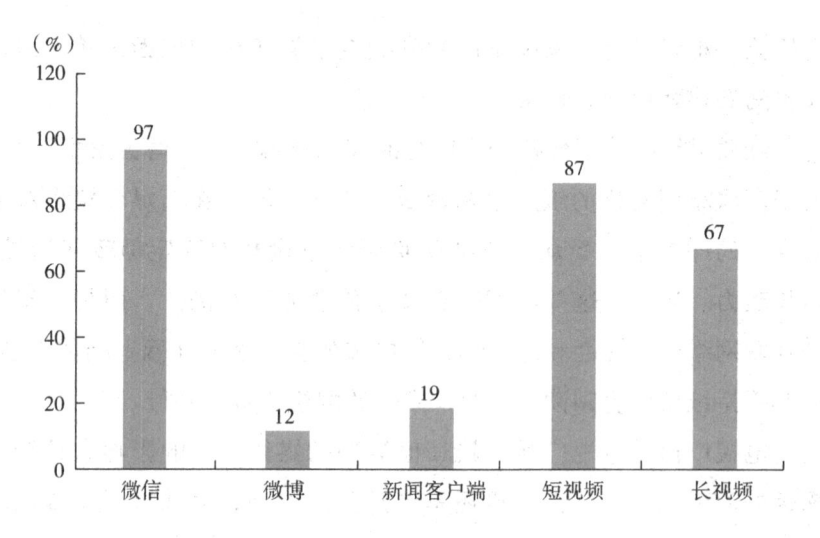

图5.17 移动互联网使用状况

使用范围最广、年龄跨度最大的渠道。其中，特别是抖音、快手以及腾讯微视等短视频平台在县乡地区的使用率和覆盖范围超越了传统的传播模式。这一现状说明在国家飞速发展并对农村地区的大力扶持下已经在接触信息的渠道上进一步缩小了城乡差距。同时在传播家风家训的传播媒介的选择上也提出了新的要求。可以看出，在广袤的乡村地区受访者的媒介基础情况出现了奇妙的"微笑曲线"，以大喇叭为代表的传统传播方式和以移动互联网为代表的传播方式远超电视等传播方式。这就在一定程度上提醒着我们在进行文化传播的渠道选择时不应过分注重新媒介形式，传统的传播方式在乡村地区仍然十分有效。

事实上咸丰县政府对于传统传播渠道的建设在不断完善之中，如："十三五"时期，全县公共文化服务标准化、基层综合性文化服务中心建设工作全面推开，文化体育广播影视事业已形成县、乡镇（区）、村（社区）三级网络。县级建成图书馆、文化馆、民族博物馆、全民健身中心、数字影院并投入使用。全县11个乡镇（区）、277个村（社区）建成综合文化服务中心。农家书屋、文体广场实现行政村全覆盖。农村智能广播网"村村响"工程行政村全覆盖，州、县、乡镇（区）、村四级平台贯通。地面数字广播电视覆盖体系建成、有线电视网行政村全覆盖、51977套直播卫星电视"户户通"安装完成，全县广播电视人口综合覆盖率达到100%。还包括乡村村规、开展线下活动等线下渠道。建立有相对稳定并经常开展文化活动的群众文艺团队160余支、体育运动协会（含俱乐部）19家、专业文艺团体1个、文学艺术协会8个。依托三级文化馆站和专业文化体育团队，广泛开展文化体育赛事和活动，组织实施"文化惠民"工程。每年举办花灯展演、舞龙舞狮、猜灯谜、社会文艺团队展演、"文化力量·民间精彩"广场舞展演、全民阅读、职工体育赛事等群众文化体育活动，每年举办非物质文化遗产保护成果展演活动。图书馆、文化馆、博物馆、全民健身中心及综合文化服务中心全免费、常态化开放。农村公益电影每月每村1场，年均放映3156场，"百日百场"广场公益电影年放映100场；年开展"送戏下乡"活动150场次以上；年开展图书进企业、进农村、进机关、进校园、进社区、进军营"六进"活动12次以上。

在对传统媒介渠道不断完善的同时，咸丰县政府和唐崖土司遗址管理处也尝试通过新媒体渠道拓宽相关信息传播渠道。如公众号"唐崖土司遗址景区"截至2020年11月25日，累计发布推文105篇，被咸丰文旅、恩施文旅号、湖北文旅之声、鄂西信息网等多家微信公众号转发40余次，"长江云"转发57次，"云上恩施"转发34次，"学习强国"转发11次，《湖北日报》转发1次。视频《唐崖听雨》《唐崖秋色》在"湖北文旅之声"播出。多篇文章得到了咸丰县作家协会、唐崖土司城遗址管理处、咸丰县融媒体中心的高度肯定。

（1）微信公众号——咸丰发布

"咸丰发布"微信公众号主要由咸丰县传媒中心的新媒体技术人员负责，是中共咸丰县委、咸丰县人民政府的权威信息发布平台。

咸丰县的重点项目建设、新闻事迹以及通告等信息都会在"咸丰发布"上发布。如图5.18，截至2021年9月，"咸丰发布"的活跃粉丝数达213566人。根据后台数据显示，每篇文章的传达人数与累计关注人数差距不大，保证了公众号发布消息的高传达度；根据内容的不同，部分文章的阅读量可达1万多，精选留言平均每篇有20条以上。

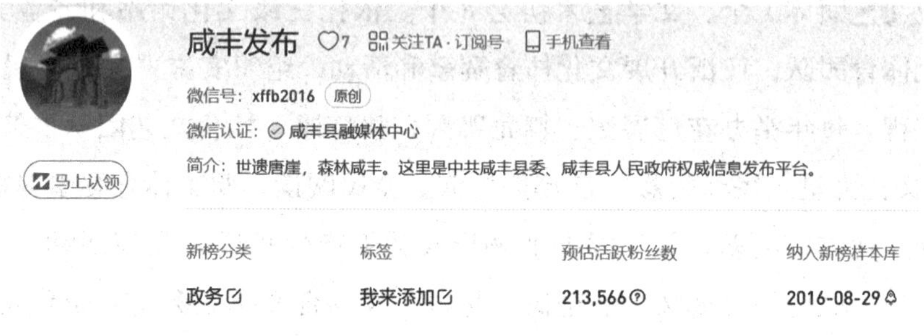

图5.18　"咸丰发布"公众号后台文章阅读数据

"咸丰发布"公众号分为以下三个板块：视听咸丰、咸丰招商、防控措施，点击"视听咸丰"会出现"荆南视点""广播电台""电视直播""微信直播"四个部分，其中"电视直播"又将咸丰当地电视台的不同节目呈现其中，用户可以自行选择。"咸丰发布"公众号的电视直播部分还设有聊天室，用户可以发送评论参与互动共同讨论。（图5.19）

（2）App——云上咸丰

"云上咸丰"是咸丰县委、县政府指定的移动政务客户端，具有权威性，"云上咸丰"不仅仅服务咸丰当地的用户，它还整合了湖北省内、恩施州内以及到市级、县级的新闻、政务、服务，打造本地权威入口。"云上咸丰"主要分了三个板块，分别是新闻、政务、服务。如（图5.20）所示，截至2021年9月，"云上咸丰"App的总安装数为11999。"云上咸丰"App功能中的服务板块为咸丰居民提供了生活便利服务，也为该软件带来了固定的流量与使用率。

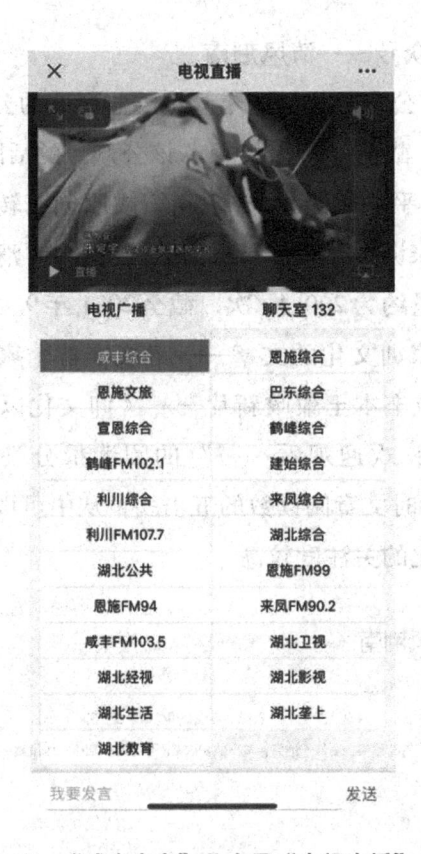

图 5.19 "咸丰发布"公众号"电视直播"板块

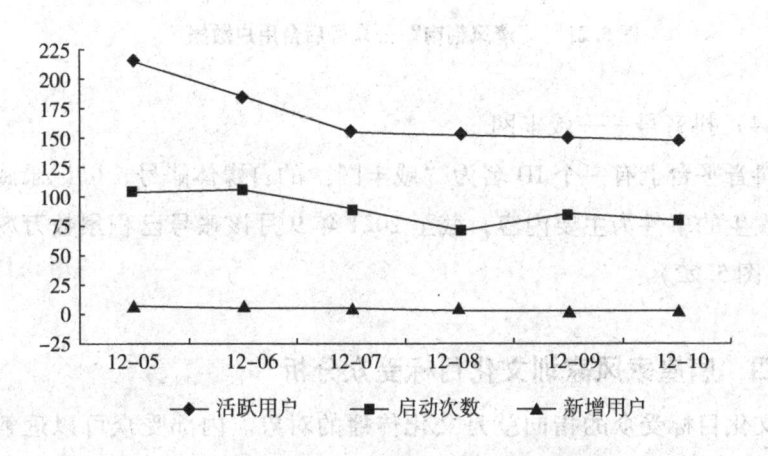

图 5.20 "云上咸丰"App 后台数据

(3) 微信公众号——清风荆南

"清风荆南"公众号作为咸丰县纪委监察部的公共宣传账号,如(图5.21)所示,截至2021年9月,该公众号的活跃粉丝数为32615人。"清风荆南"平均每天发布3—4篇或原创或转载的文章,同时也会对唐崖家风家训进行宣传。根据数据统计,"清风荆南"每天发布文章的总阅读量约为200人/次,截至2021年9月,该公众号中两篇关于唐崖家风家训文化的文章——"咸丰首个家风家训教育基地在这里……""咸丰本土廉政新片——《仰文化以立族 守规矩以传家》正式上线!欢迎观看……"的阅读量分别为2002人/次和1049人/次,是平时文章阅读数的五倍多,从中可以看出当地人民对唐崖家风家训文化的关注度较高。

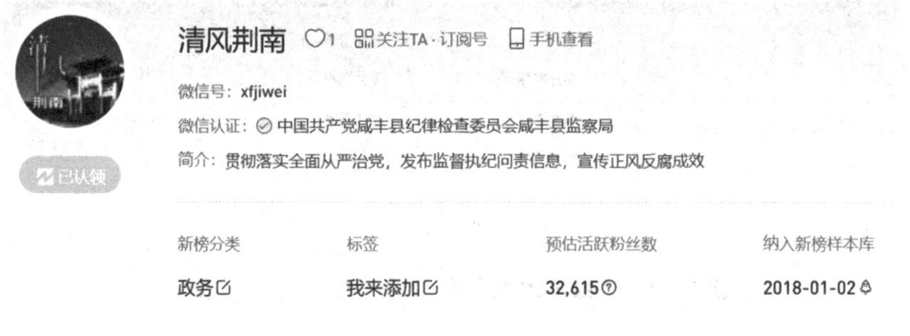

图5.21 "清风荆南"公众号后台用户数据

(4) 抖音号——咸丰网

抖音平台上有一个ID名为"咸丰网"的自媒体账号,以记录咸丰县发生的事件为主要内容,截至2021年9月该账号已积累数万粉丝。(图5.22)

四 唐崖家风家训文化目标受众分析

文化目标受众的指向就是文化传播的对象。内部受众可以理解为文化环境中的人群构成,而外部受众则是文化传播的对外指向。唐崖家风家训文化的目标受众不仅是以咸丰县当地居民为主的内部

第五章 唐崖文化实践与传播创新

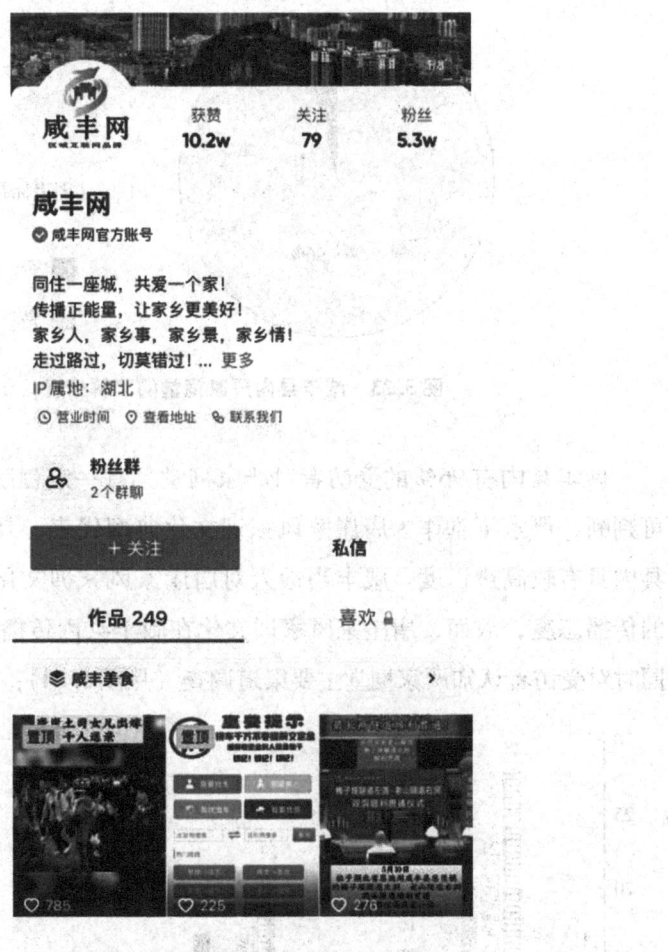

图 5.22 抖音自媒体"咸丰网"首页

受众，也包括湖北省除咸丰县以外其他地区的外部受众，广而言之，乃至全国甚至世界范围内的人群，都可以视作家风家训文化的外部受众。唐崖家风家训文化能否取得较好的反馈取决于它要面对的内外部受众对于这种文化形式的接受程度。

（一）内部受众分析

内部受众在本次研究中是指咸丰县内的当地人。根据问卷调查，结合线上 IP 显示为恩施以及线下在咸丰地区发放的问卷综合情况分析，恩施州咸丰县对严家祠堂的认知情况见图 5.23。

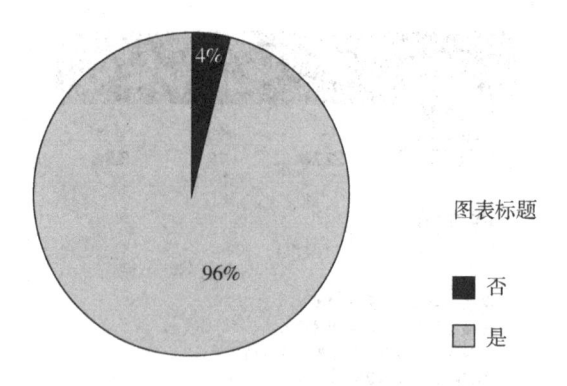

图 5.23 咸丰县内严家祠堂的了解情况

咸丰县内有 96% 的受访者对严家祠堂具有一定程度的认知，因此可判断，严家祠堂作为唐崖家风家训文化典型代表，其知名度在咸丰县内具有较高辨识度。咸丰当地人对唐崖家风家训文化抱着非常积极的传播态度，故而，唐崖家风家训文化在咸丰县内传播状况较为乐观。同时对受访者认知严家祠堂主要渠道调查（见图 5.24）：

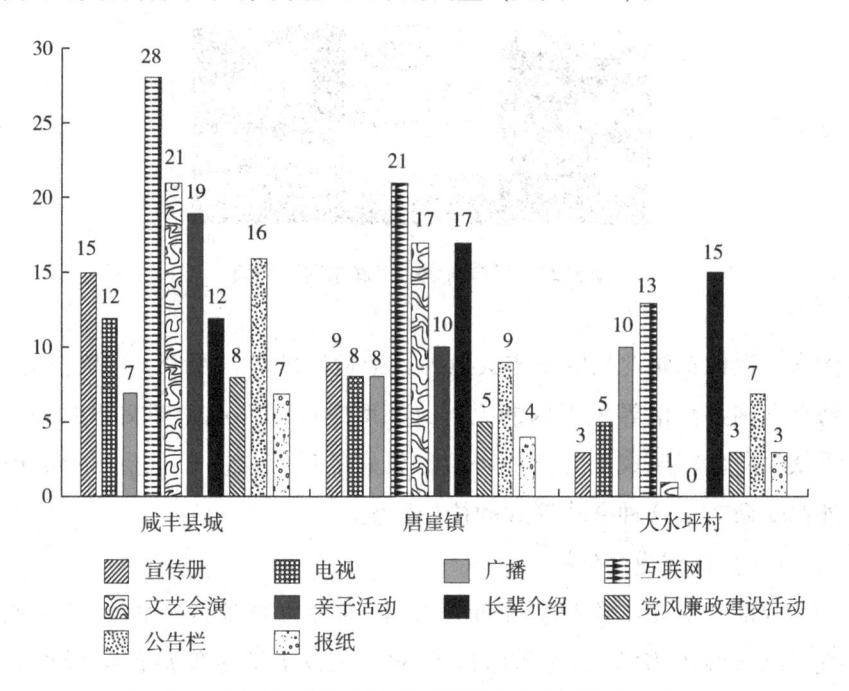

图 5.24 咸丰县各地通过各种渠道认知严家祠堂的人数分布

— 172 —

在当前针对严家祠堂普及度的认知调查中,通过互联网认识严家祠堂的有62位受访者,以长辈介绍的方式认知的受访者有44人。其次是通过传统媒体和文艺会演活动得知,分别是64人和39人。故而,大众媒介依旧是当前家风家训文化传播的最佳路径。而随着移动互联网的普及和基础设施的完善,互联网和会演活动也成为公众了解严家祠堂的重要渠道。相比之下,受制于传播距离的人际传播虽然传播范围有限,但是其可信度与传播的效果依旧不可忽视。根据调研结果显示,咸丰县内96%的受众都已经对唐崖家风家训文化具有一定程度的基本认知,地域覆盖率趋于饱和。因此拓展传播路径,使唐崖家风家训文化向外传播、向远传播,具有较强的必要性。

结合实地调研与调查问卷的分析,相关传播路径的研究数据表明,咸丰县利用电视、宣传册、广播等在区域范围内传播的传统媒体,对严家祠堂进行宣传,取得了良好的传播效果。唐崖家风家训文化对于新媒体平台的应用与管理,相较于上一次调研结果在传播形式上有显著的进步。但各部门的官方微信公众号与官方网站等,仍然难以突破区域限制,传播范围依旧主要局限在咸丰县境内。

(二)外部受众分析

据问卷调查可知,外部受众(特指湖北省内咸丰县外恩施州常住人口)对于"通过哪些了解唐崖家风家训文化"的问题中,微信公众号、短视频、微博这三种渠道为占比最高的选择,占比分别达到58.63%、56.59%、40.7%。在与内部受众该项数据比对后发现,在获知唐崖家风家训文化的渠道中微信为两类受众共有渠道。由此可见,唐崖家风家训文化的网络化已经初入正轨,后期如何蓄力、长效发展也是不可忽视的问题。

如图5.25,将"是否听说过家风家训文化"和"是否会愿意关注唐崖家风家训文化宣传的公众号"这两个问题进行分析可总结出以下规律:受众对于家风家训有一定认知了解的情况下,更乐于对其进行深层次的了解，也就是说双方呈正相关。因此，扩大宣传力度不仅会加大影响力，更可提升受众"黏性"。

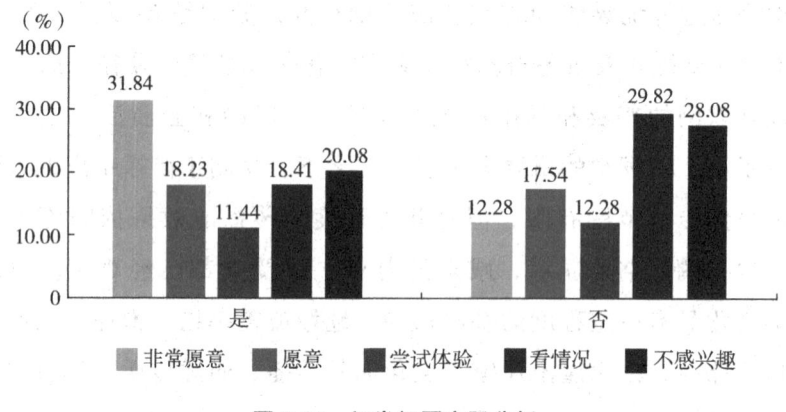

图 5.25 问卷问题交叉分析

本方案的传播范围为湖北省内，通过分析内部受众达到文化传承的目的，分析外部受众达到文化传播的目的；在分析过程中内外部受众对于唐崖家风家训文化都呈现出积极接受的态度，接下来就需要结合受众喜好合理制定媒介整合传播策略。

第二节 唐崖家风主题文化园实践设想

一 唐崖家风主题文化园前期市场分析

唐崖家风主题文化园的构想是基于国家宏观战略和当地社会发展双重考量下的文化实践设想，如果能真正实现目标，还需要依托由政治、经济、社会、技术等方面构成的国内外市场宏观环境所提供的土壤与平台。主题文化园是为了满足旅游者和当地人民群众多样化休闲娱乐需求而建造的具有创意性活动方式的现代旅游场所。

（一）乡村振兴背景下的文化旅游产业分析

实施乡村振兴战略，是党的十九大作出的重大决策部署，是新时代做好"三农"工作的总抓手。通过文化建设推动文化与农业、旅游等产业的融合发展。随着农业农村现代化逐步实现,"产业兴旺、生态宜居、乡风文明、治理有效、生活富裕"的乡村将会在农村地区不断涌现。实施民族地区的乡村振兴战略就必须立足于本民族的生态环境、文化底蕴、风俗习惯以及社会结构等。

推动民族地区的乡村振兴,首要就是推动区域治理。民族农村地区落后的经济现状和区域的整体环境有很深关联,自然资源匮乏、地区地势险要、技术和人才流失、交通不便等因素都会造成该地区的发展滞后。认识该地区的现状,要深刻把握该区域发展滞后的深层原因,因地制宜,因地施策,扬长避短,对症下药。其根本就是必须要制定科学的发展战略和现实的解决方案。

首先,民族地区要积极利用本地的自然优势和历史底蕴,积极进行交通运输和基础设施建设,将各方力量和信息要素进行合理整合和利用,推动民族地区区域的可持续发展。其次,坚持民族农村地区优先发展策略,改变传统模式下个人单独劳作的模式,发展多渠道全方位协作模式,加快改造传统农业,积极引进产业,注重产业先行,积极解决农民的收入问题。最后,推动城乡一体化建设,以工促农,以城带乡,补齐教育、医疗、文化、住房等短板。此外我们同样需要重视互联网的作用,积极发展"互联网+"模式,通过网络带货、旅游场景直播、短视频等手段呈现,将本民族地区的旅游资源、文创产品、食品特产等展示出去,吸引投资和建厂,从而带来就业机会。

在较成熟的宏观市场环境与旺盛的社会需求下,唐崖家风文化园的规划与市场分析可以顺应乡村振兴。文化旅游产业以饱含文化内蕴的旅游景区作为载体,区别于传统旅游产业以放松游乐为目的,其园区意境的营造需要园区内的所有设施、建筑和景观都要围绕同一文化主题来设置,都要为展现文化主题内涵而服务,而且在设计过程中还要力求历史文化和载体间的有机结合,使历史文化的展现合理而自然，不突兀、不勉强。因此，唐崖家风文化园的所有建筑物、附属设施、景观、导引标识系统，以及表演、活动、服饰、商品等元素，都要与所要传达的唐崖家风文化有关，才能更好体现浓厚的唐崖家风文化气息，营造唐崖家风文化意境，从而为旅游者增添更多体验和游乐性。

党的十七届六中全会提出，要"推动文化产业与旅游、体育、信息、物流、建筑等产业融合发展，增加相关产业文化含量，延伸文化产业链，提高附加值"[1]。我国对文化旅游产业的发展越发关切，持续加大政策支持力度和投资力度为文旅产业提供良好的政治经济环境基础。

随着我国人均可支配收入的提高，居民的精神文化消费需求不断升温，休闲娱乐、文化旅游等娱乐活动已成为居民消费新宠，现代旅游设施建设和公共文化服务平台建设等的快速发展，推动文化旅游业朝着更加广阔、更加多样、更有品质的方向发展。

作为乡村振兴的题中之义，文化振兴就是通过乡村文化润物无声的作用，让当地村民的腰包鼓起来，精神面貌"提"起来，全面激发迈向现代化的内生动力。唐崖作为世界物质遗产，其文化元素是乡村文化的瑰宝，新思路体现在提升文化旅游的发展水平上，重在突出其社会效益，强调文化的熏陶教化功能。家风文化的内核还能对当地民众产生大范围的社会效应，形成特色鲜明的以"家风家训文化"为主题的文化旅游产业，提升咸丰县乃至恩施州的文化地位，从而为文旅产业的发展开辟新的路径。这就要求文化建设者从前景着眼，冷静判断分辨信息，保留优秀的文化精粹，祛除落后的文化糟粕和陈旧保守观念，从而促进乡村文化产业的繁荣兴盛，只有这样才能让唐崖在这个时代绽放属于自己的活力和光彩。唐崖地区景观建筑的情景化、动感化设计是通过营造一种文化环境和时代

---

[1]《文旅融合为传统体育文化注入新动能》，中国社会科学网，https://baijiahao.baidu.com/s?id=1716733497657115096&wfr=spide&for=pc，2021年11月18日，11：04。

氛围，再现当时的民俗风情和社会风貌。通过营造氛围、制造环境、设计场景等，使主体、客体或载体之间在各种游乐中实现互动，情因景生，景因情美，最终达到情景交融的境界，形成旅游体验的氛围、场景和情境空间。每个功能区及旅游十要素"吃、住、行、游、娱、购、体、疗、学、悟"的每个环节，都需要围绕主题定位展开，形成"情境"氛围，以达到游客在情境之中获得体验和感悟的效果。

二 唐崖家风主题文化园可行性分析

唐崖家风主题文化园的可行性分析可分为 PESTEL 分析和 SWOT 分析两部分进行，由此得出一个关于唐崖家风主题文化园的宏观发展环境和微观发展机遇的整体印象。

（一）唐崖家风主题文化园 PESTEL 分析

PESTEL 分析是大环境的分析，它是媒介市场重要的分析工具。P、E、S、T、E、L 分别指的是 Politics、Economy、Society、Technology、Environmental、Legal 分析，即政治因素分析、经济因素分析、社会因素分析、技术因素分析、环境因素分析以及法律因素分析。在分析一个产业所处的大环境的时候，通常是通过这六个因素来分析产业所面临的宏观状况。

1. 政治因素分析（Politics）

从国际看，当今世界正处于百年未有之大变局，人类命运共同体理念深入人心，同时国际环境日趋复杂，不稳定性、不确定性明显增加。文化和旅游既要在展示国家形象、促进对外交往、增进合作共赢等方面发挥作用，也要注意防范逆全球化影响以及新冠疫情带来的风险。[①] 从国内看，"十四五"时期是我国全面建成小康社会、实现第一个百年奋斗目标之后，乘势而上开启全面建设社会主义现代化国家新征程、向第二个百年奋斗目标进军的第一个五年，也是社

---

① 《"十四五"文化和旅游发展规划》。

主义文化强国建设的关键时期。① 国家在《"十四五"文化和旅游发展规划》的文件中也提到，需要加快转变文化和旅游发展方式，更好实现文化赋能、旅游带动，构建新发展格局，从而促进提档升级、拉动内需、繁荣市场、扩大就业，文化旅游业的发展是畅通国内大循环的重要内容，也是促进国内国际双循环的重要桥梁和纽带，需要用好国内国际两个市场、两种资源。

以习近平新时代中国特色社会主义思想为指导，全面贯彻党的十九大和十九届二中、三中、四中、五中全会精神，深入贯彻习近平总书记系列重要讲话精神，落实党中央、国务院决策部署，坚持创新、协调、绿色、开放、共享的发展理念，以转型升级、提质增效为主题，以推动全域旅游发展为主线，以文旅深度融合为路径，推进文化旅游事业繁荣兴盛，健全现代化文化产业体系，将文化旅游产业培育成该地区经济转型升级的重要推动力、生态文明建设的重要引领产业、展示地域综合实力的重要载体、实施乡村振兴的重要生力军。

湖北省十一次党代会提出要"建强文化产业发展支撑平台"②，强调文化需要物质载体平台做奠基。恩施州第十七次党代表大会也确定了"放大唐崖土司城文化品牌价值，精心打造一批具有土苗风情特色的文化地标和文化景观"的总体发展战略。依据咸丰县的"十四五规划"，为更好地发挥文化旅游在改善人民群众的生活、增进民生福祉、推动县域经济中的作用，加快建设经济强、百姓富、环境美、社会文明程度高的新咸丰，建设特色的"文化符号"显得尤为重要。

2. 经济因素分析（Economy）

2019年，全国居民人均可支配收入实际增长6.5%，随着我国

---

① 《"十四五"文化和旅游发展规划》。
② 2017年6月30日，蒋超良《高举旗帜牢记嘱托全面建成小康社会开启湖北"建成支点，走在前列"新征程——在中国共产党湖北省第十一次代表大会上的报告》。

人均可支配收入的提高，居民的精神文化消费需求不断升温，休闲娱乐、文化旅游等娱乐活动已经成为居民消费新宠，现代旅游设施建设和公共文化服务平台建设等的快速发展，推动文化旅游业朝着更加广阔、更加多样、更有品质的方向发展。

湖北省人民政府2021年工作报告显示，2021年地区生产总值增长12.9%左右，高于全国平均水平，也高于自身预期评估，全年接待游客5.45亿人次，旅游综合收入5750亿元。2021年，恩施州全年累计接待游客6681.68万人次，同比增长91.0%，实现旅游综合收入422.61亿元，同比增长109.1%。全州完成地区生产总值1302.36亿元，同比增长11.7%。生态文化旅游业持续高涨，旅游开发环境指数和游客满意度居全省首位。2021年仅国庆期间咸丰县的旅游接待人数就达到了322261人次，实现旅游收入5262万元。从以上数据判断，2022年旅游业发展同样会运行稳定、形势良好，在总体呈稳定向上的发展势态。

唐崖遗址所在的咸丰县主要以旅游业、农业、畜牧业、手工特产为主要经济来源。咸丰县旅游经济规划以"旅游兴县、旅游活县、旅游强县、绿色发展"为理念方向，结合"互联网+"和"旅游+"的发展思维，实现咸丰全域旅游的发展，希望利用当地文旅资源将旅游产业打造成为咸丰县的头部产业，使其转型成全国绿色生态旅游知名城市和中国特色文化旅游代表城市。随着唐崖土司城申遗成功，咸丰县委、县政府也在着力建设一批重大旅游配套设施，倾力打造唐崖旅游品牌。以"严家家训"作为主要策划对象并整合其他主要家风文化共同打造成的"唐崖家风主题文化园区"作为唐崖旅游品牌的子品牌，在打造独立IP的同时也能够与其他各项目形成联动效应，推动咸丰县文化产业和旅游产业的同步发展，促进咸丰县整体经济格局向旅游产业倾斜。

3. 社会因素分析（Society）

中华民族历来强调家庭的重要性。俗话说"天下之本在家"，家不仅仅只是人们身体居住的场所，更是人们心灵的归宿。家风体现的是整个家庭文化的风格内涵，其作为中国优秀传统文化在思想方面的重要构成元素，具体表现就是家训，也就是说，家训是家风的重要载体，家风家训的培养在和谐社会整体氛围的构建上承担着关键作用。

咸丰县唐崖镇大水坪村传承百年的严氏宗规家训对优秀家风家训的继承和发扬符合当下建设新时代中国特色社会主义文化的理念，其"乡约当遵""宗族当睦""职业当勤""争讼当止""节俭当崇"等内容可以说是与当代社会主义核心价值观一脉相承。唐崖严家家风家训以忠孝节义、礼义廉耻、修己治人为中心，涵盖了"首士戒规六条"、"增美奖章六条"、"释回惩章十二条"及"宗规十六条"等规章训诫，与现今国家所强调的"把权力关进制度的笼子""把纪律和规矩挺在前面"等党风廉政教育观念十分契合，如今的严家祠堂也已成为当地的"家风家训教育基地"。

继承和发扬优秀家风家训文化，充分发挥家风家训文化对人的教化功能，对于今天的党风廉政建设、社会风气培养、家风家训文化传承等方面具有特别重要的引导作用。中国家风家训文化园作为中华优秀传统文化的再造空间，有利于培养优秀的国民品质以及建立社会主义和谐社会。

4. 技术因素分析（Technology）

我国文化和旅游产业目前仍然处于重要的战略机遇期，但是机遇和挑战存在新的发展变化，如何满足人民日益增长的美好生活需要是"十四五"时期重要的课题。这就要求无论是管理者还是研究者都需要顺应数字化、网络化、智能化发展的趋势，提供更多优秀文艺作品、优秀文化产品和优质的旅游产品，强化核心价值观引领，从而提高民生福祉。

首先，完善广电基础设施。一体推动有线电视网络整合与广电5G发展，加快建设集智慧广电、移动通信、万物互联于一体的新型国家信息化基础网络，促进公共服务数字化、高清化、网络化、智能化、移动化，推动由户户通向人人通、移动通、终端通转变。

其次，加强广电平台建设。建成全县应急广播平台，组建应急广播调度控制中心，并与国家、省、州、县、乡、村各级互联互通；以现有广播电视信号覆盖网络为基础，对接县融媒体中心和楚天视讯网络，通过调频广播、地面数字电视网络、有线数字电视网络、新融媒体等多种类型的节目传送站点、传输干线、发射台站等，同时充分利用已建设的"村村响"系统，形成全面综合信号覆盖网络；通过国家"百县万村"工程，完善"村村响"终端建设，力争使每个村民小组都能听到"村村响"广播。

最后，保持广电网络覆盖。全县形成有线数字广播电视、地面无线数字广播电视、直播卫星广播电视、广电5G网络、"村村响"广播的立体广播电视覆盖体系，继续保持广播电视100%覆盖率。

5. 环境因素分析（Environmental）

2019年，县政府与恩施旅游集团有限公司正式达成合作协议，签订了《咸丰唐崖民族文化旅游区开发合同书》，组建了恩旅集团控股70%的咸丰县唐崖土司城址旅游发展有限公司，授予新城址公司唐崖土司城遗址公园经营权五十年，并对唐崖土司城遗址公园进行托管，恩旅集团成为遗址公园的开放使用方、经营主体，计划投资15亿元综合开发唐崖土司文化旅游区。其中，先期建设总投资1.38亿元的唐崖土司城址景区配套服务设施项目，包括道路及停车场、游客中心综合楼及配套设施、南河景观闸坝及旅游码头、夫妻杉步游道改扩建等。2021年，公司完成了游客中心停车场一期工程，启动了夫妻杉游步道改扩建工程，下半年继续向国家文物局申报唐崖土司城址世界文化旅游区基础设施建设项目和南河景观闸坝项目。

2016年以来，咸丰县投资5000万元的唐崖镇杨家营至五龙坪公路以及投资3500万元的"463"省道大河边至唐崖段均已建成，投资1亿元的"463"省道唐崖至大路坝段、投资2.2亿元的唐崖至朝阳旅游公路及利咸高速公路加快推进；实施集镇改造，投资4685万元实施唐崖古镇和大河边至唐崖集镇旅游线民族化改造工程，集镇整体外观呈现出浓郁的土家风格，旅游吸引力明显提升。

恩黔高速恩施至咸丰段通车，恩施和黔江均纳入咸丰1小时旅游圈，并与两大机场连接；黔张常铁路通车，联通成渝城市群和长株潭城市群，对外交通瓶颈基本解决。对内，坪坝营、唐崖旅游公路建成。立体化的交通网络，将咸丰纳入了全国高速和高铁网络，形成了新的旅游发展格局。

根据"十四五"规划以及咸丰县交通格局的变化，在高铁站、高速路口、汽车站等游客流量大的重要交通节点，以及旅游片区重要交通节点、重要景点分别规划一、二、三级旅游集散中心，强化与周边地区旅游集散中心的衔接，逐步完善功能。加强旅游咨询服务设施建设，构建旅游咨询服务体系，推动旅游咨询服务标准化。

表5.5　　　　　　　　咸丰旅游集散中心三级体系

一级集散中心	二级集散中心	三级集散中心
咸丰县旅游综合服务中心（包括老县城旅游服务区、曲江旅游服务区和近郊游憩带）	1. 唐崖镇旅游综合服务中心 2. 小村乡旅游综合服务中心 3. 黄金洞乡旅游综合服务中心 4. 朝阳寺镇旅游综合服务中心 5. 坪坝营镇旅游综合服务中心	1. 各大旅游景区游客服务中心 2. 游船码头服务点

6. 法律因素分析（Legal）

关于家风主题文化园的法律尚不健全，总体出台的法律规章制度还不够多。因此，要严格按照世界遗产标准，持续做好依法保护、科学保护工作，以遗址核心区文物保护项目为支撑，不断提升保护管理科学化水平，确保遗址的完整性、真实性、延续性。实施完成唐崖土司城址排水系统保护修缮项目、石质文物保护前期勘察项目。精心谋划后续文保项目，积极向国家文物局申报安防监控系统升级工程、唐崖土司城址文物本体监测系统升级工程、唐崖土司城址保护与环境整治四期、遗址公园智慧导览系统、遗址核心区围栏及缓冲区界碑界桩升级改造等五个遗产保护项目，推动唐崖土司城址保护管理工作迈上新台阶。

世界文化遗产是公认的人类罕见的、无法替代的宝藏和财富，是对全世界人类具有杰出普遍性价值的文化处所，是人类文化保护与传承的最高等级。唐崖土司城址作为世界文化遗产家族中的一员，是堪与故宫、长城相媲美，可跟埃及金字塔、秘鲁马丘比丘等比肩的人类共有的重要历史遗存。坚定信心，保护优先、合理利用，文旅融合、高位推进，这块独具魅力的世界文化遗产金字招牌一定可以大放异彩。

（二）唐崖家风主题文化园SWOT分析

唐崖家风主题文化园的建设可行性，还可从SWOT分析着手，分析其存在的优劣势。SWOT分析是基于内外部竞争环境和竞争条件的态势分析，S、W、O、T分别代表Strength、Weakness、Opportunity、Threat，即优势、劣势、机会和威胁。

1. 优势（Strength）

唐崖家风主题文化园的优势具体表现为以下几点。

地理优势。唐崖土司城遗址是我国西南地区单体规模最大，地面遗存类型最丰富、数量最多，城市形态和功能格局保存最完整的一处土司治所遗址，对研究土家族政治、经济、文化、军事等各个领域具有重要意义，可谓一座"土家族露天博物馆"。唐崖土司城始建于元代末期，明代末期扩建，辟3街18巷36院，包括衙署区、宗庙区、军事区，以及书院、花园、养马场、狩猎场等，占地100多公顷。中国古代神秘的"阴阳"、"吉凶"观念及"天圆地方"的思想也影响着土司城的空间布局。唐崖家风主题文化园区作为唐崖新的旅游景点，也能够完善咸丰县当地旅游产业布局，带动咸丰县其他旅游景区游客的增加。

文化内核优势。家风是家族的精神内核和文化共识，"仁义礼智信、温良恭俭让、忠孝勇恭廉"的优秀传统家风文化与"富强民主文明和谐、自由平等公正法治、爱国敬业诚信友爱"的现代社会主义核心价值观高度契合，唐崖家风家训文化园区的构建不但传承了历史文化，也符合当下的时代发展方向。

完整的家训体系优势。"严家祠堂"作为省级重点文物保护单位，建于光绪元年（公元 1875 年），拥有工艺水平较高、保存完整的石刻，具有极高的文物保护价值。严家祠堂至今仍保留着窗雕牌匾、壁嵌石碑和石木图雕等精美的物质形态文化遗存。其中，祠堂内共有碑刻 20 余处，内容均为严氏宗规家训，如"创建宗祠序""宗祠规序""首士戒规六条""祀典严规十五条""增美奖章六条""释回惩章十二条""宗规十六条"等，其家训体系成文相对详细完整，文化内涵丰富，教育意义深刻，是唐崖独具特色的天然文化资源。

2. 劣势（Weakness）

唐崖家风主题文化园的劣势具体表现为以下几点。

发展红线的瓶颈。受生态红线制约与保护核心区、缓冲区和唐崖风景名胜区等限制，唐崖土司文化产业园相关项目报批程序复杂、报批流程缓慢，对项目实施制约较大。

市场主体的瓶颈。市场主体对世界文化遗产的利用认识度不高、站位不高，也缺乏经验，在鄂旅投的运营层级不高，开发思维还不够长远，开发信心不足、格局不大。

考古发掘的瓶颈。唐崖土司城址申遗时间短，创造了中国申遗史上被誉为奇迹的"唐崖速度"，但也导致考古发掘不够深入和全面，对于充分挖掘唐崖土司历史文化内涵，收集、整理、考证相关历史资料，带来一定程度的制约。

品牌不响的瓶颈。唐崖土司城址是湖北省第三处、恩施州唯一的世界文化遗产，具有世界级的资源优势，但宣传营销手段不多、质量不高、效果不佳，还不具备品牌吸引力，知名度与世界文化遗产的金字招牌不相称，尚未具备区域龙头旅游产品的核心吸引力，没有成为湖北省、恩施州文化旅游的主推产品。

3. 机会（Opportunity）

唐崖家风主题文化园的竞争机会具体表现为以下几点。

国内无先例。目前全国还没有一个真正意义上关于家风家训文化的园区。我国家风家训传承历史悠久，家风家训相关著作有：颜之推《颜氏家训》、司马谈《命子迁》、诸葛亮《诫子书》、陆游《放翁家训》等著名人物的家风家训文本以及许多无名未记录的家训之言。唐崖家风主题文化园在内容和形式上都开创了家风家训新园区的新态势。

市场机遇。近年来，随着人民生活水平与文化水平的普遍提高，人们的休假时间也变得更长，我国第三产业市场继续保持发展态势，唐崖家风主题文化园拥有巨大的发展机遇。

政策机遇。唐崖土司城申遗成功之后省市级政府对文化遗产的保护力度普遍提高，对当地的文化产业发展均有一定的扶持倾斜。咸丰县近年也着手进行了旅游产业的建设发展，投入力度更高，基础设施建设也得到了完善。咸丰县《加快旅游业发展奖励扶持政策（征求意见稿）》，提出要奖励旅游企业创牌升级、着重营销宣传、加大旅游商品研发力度和支持引进培育人才，以此大大提高旅游的产业发展竞争力。

4. 威胁（Threat）

唐崖家风主题文化园的竞争威胁具体表现为以下几点。

已有产品的威胁。宣扬民俗文化与树立民族形象的旅游市场趋向饱和，竞争压力较大，如山东曲阜孔子故里、深圳中国民俗文化村、昆明七彩云南景区等。且原有的当地其他旅游景点如恩施土苗寨，经过长期积累，也拥有较高知名度，游客更容易倾向于选择知名度高的地方作为旅行目的地。

通过前期市场的整体分析，唐崖家风家训文化园的构建可以说是大势所趋。无论政治、文化还是从产业角度，都适宜一个立足家风家训文化的主题园区诞生，且唐崖已具备先天的文化优势，唐崖家风主题文化园区的建设完全具有可行性。

本策划案将从文化园区的总体规划理念、项目策划方面对唐崖家风家训文化园进行整体概念创意策划，明确项目自身定位、目标受众定位，明确战略布局和功能定位以及文化传承传播路径，并从功能上为唐崖家风主题文化园的布局进行区域划分，界定各区域之间的差异和系统联系。针对不同的定位人群需求，设置多样的活动策划，给用户带去家训文化的浓厚氛围和新鲜的定制化体验，力求为当地有关部门提供一套唐崖家风家训文化园区构建的核心方案。

第三节 唐崖家风主题文化园记忆定位

在传承和传播中国优秀家风文化这一主题的指导下，唐崖地区以"严家家风家训"为核心重点，融合了中国其他地区代表性的家风家训文化，通过建设唐崖家风主题文化园，力图将其打造成为汇集全国各地优秀家风家训文化的实践基地。同时，尝试将唐崖家风主题文化园打造成为一个集国家文化记忆工程、民族教育示范基地、文化产业互动创新区、文旅保护传承培育区、产学研文化拓展区等为一体的文化旅游中心，通过丰富多彩的外在形式和意蕴深邃的内在价值，把唐崖家风家训的风貌和文化引入现代生活，让其成为唐崖文旅品牌中最具特色的部分。

一 唐崖家风主题文化园项目定位

（一）园区定位

唐崖家风主题文化园项目的整体定位是"一中心三地标"，"一中心"即唐崖地区力求将唐崖家风主题文化园建设成为一个集唐崖形象与历史记忆、地域特色与民族记忆、文旅开发与文化记忆等为一体的文旅集散中心，"三地标"即打造文化产业互动创新地标、非遗传承保护培育地标及产学研文化拓展地标。

1. "一中心"

推进文体旅深度融合。实施文化强县战略，大力发展文化事业和文化产业，推进基本公共文化服务标准化、均等化，繁荣发展社会主义文艺，推进武陵山区（鄂西南）土家族苗族文化生态保护实验区咸丰片区建设。实施体育强县战略，大力推动体育与旅游、教育、健康深度融合，完善公共体育服务体系，持续提高全民健身水平，提升竞技体育综合实力，高质量发展体育产业。继续实施"全域旅游·5A咸丰"战略，主打"世遗咸丰""山水咸丰""红色咸丰"三张牌，成功创建全国知名文旅度假目的地。

首先，在唐崖形象与历史记忆方面，园区以充分发掘唐崖历史文化形象为主要目的，将唐崖家风家训文化作为记忆基础，发挥以唐崖严家家风家训等为代表的中华优秀家风家训文化资源的突出优势，通过艺术表现和创意设计将其中意蕴丰富的历史资源转化成具有竞争力强的文化资本，多方共创富有唐崖历史印记的文创产业。

其次，在地域特色与民族记忆方面，园区在宣扬唐崖家风家训文化的同时积极注入地方特色，发挥唐崖民族文化记忆的时代伟力，通过汇集展示、宣传全国各地的家风家训文化，尝试将其打造成为新时代唐崖地区的民族文化名片。另外，园区将积极与民族文化机构、民族类院校合作，不定期举办或承接相关的学术会议和交流论坛，将文化园塑造成为民族文化交流的高峰平台。

再次，在文旅开发与文化记忆方面，园区在加强自身基础设施建设的同时，将深入挖掘唐崖地区乃至湖北省恩施州的特色文化旅游资源，并通过恰当的方式将之引入园中，充分发挥文化的聚集和聚合效果，实现唐崖地区及周边经济建设和文化发展的共赢。之后将加大整体性保护力度，继续推进武陵山区（鄂西南）土家族苗族文化生态保护实验区咸丰片区建设，建立咸丰县文化生态保护实验区建设管理协调机制和社会组织参与机制。开展文化生态保护实验区的宣传与教育，以传统文化进乡村、进社区、进学校、进机关的"四进"活动，加大非遗普及、宣传、传播和传承的力度，将非遗作为全县中小学素质教育的重要内容纳入教学计划。

最后，积极推动体旅融合，创建体旅融合示范基地。依托县城、坪坝营景区和唐崖河景区，建成龙家界户外运动营地、朝阳画廊水上运动基地、坪坝营体育旅游康养基地、坪坝营研学户外拓展基地、曲江水上运动基地，打造体旅融合大型品牌赛事，将"恩施州坪坝营国家森林公园520—1314 山地自行车极限爬坡挑战赛"、坪坝营森林马拉松打造为"一县一品"赛事，并逐步升级为省级、国家级赛事。

2."三地标"

其一，打造文创产业互动创新地标。园区创新性地将营利性的经济产业与普惠性的文化事业融通结合，通过开发文旅资源、塑造文化品牌，力图实现园区内部文化创意产业的互动创新，进而助力当地的经济建设。文化园积极承担社会主体责任，大力开展公益性的文化事业，推动地方公共文化事业发展。两者相互扶持、共同进步，经济产业为文化事业提供物质支持，文化事业提升市场中经济产业的知名度，使地区经济与文化共同繁荣。

其二，打造非遗文化传承培育地标。湖北省恩施土家族苗族自治州少数民族众多，坐拥丰富的非物质文化遗产资源。园区力求整合唐崖乃至整个恩施地区多种多样的非遗文化资源，例如已成功列入国家级非物质文化遗产名录的恩施傩戏、土家族摆手舞、南剧、江河号子、利川灯歌、恩施扬琴、土家族撒叶儿嗬、坝漆制作技艺、鹤峰围鼓等，进而成为地方上最完备的非遗展示平台，让国内外游客不用游遍湖北就能一览其中的非遗文化。另外，园区将通过产学研等多种方式对这些文化遗产进行合理保护和科学开发，促进非遗文化活态传承与生态培育，园区届时将会开启文化教育与培训活动，大力培养非遗文化继承者。

其三，打造产学研文化实践地标。一方面，园区期望营造以家风家训文化为基础的中小学文化研习氛围，即通过与地方政府、各中小学的联学、联动、联做，将全国优秀的家风家训文化引进中小学日常的课堂教学或课外活动中。另一方面，园区希望能够与民族文化研究机构、民族类高校等达成合作协议，建立建成唐崖产学研文化实践中心，透过积极开放的对外交流和文化沟通，真正让唐崖文化走向世界。园区和政府应加大财政投入，为非物质文化遗产项目代表性传承人的传承、传播活动提供必要的传承经费及补贴。完善非物质文化遗产代表性项目及传承人保护措施，对价值高、存续状况不乐观的非物质文化遗产项目和传承人进行抢救性保护工作，开展传承人队伍建设和非遗传承人群研修研习培训计划，建设一批非物质文化遗产展示馆、传承基地、传习所、工作室，与高校合作加快研发非遗特色文化衍生产品。

（二）受众定位

根据唐崖家风主题文化园项目的整体定位，我们可以将目标受众大体分为地方群众、外地游客、文化学者和社会群体四类。

1. 地方群众

唐崖文化流传至今已有数百年的历史，但其间由于受到改土分流的影响，所以呈现出十分明显的记忆断裂和文化缺失现象。因此，当地群众反而成为文化园区的核心受众，只有重新唤起他们关于唐崖的文化记忆，才能为唐崖文化的传承和传播打下坚实的基础。以唐崖家风家训文化为例，唐崖地区中老年人是鲜活的文化承载主体，他们如何在日常的工作生活中践行家风家训为这种文化提供了生动的实践模板，我们需要深入挖掘其中的文化精魂，并源源不断地向下一代输送精神养分。

2. 外地游客

唐崖家风主题文化园兼顾文化效益和经济效益，它的目标是打造一个以家风家训为主题的文化旅游品牌，因此外地游客同样是园区的目标受众之一。作为唐崖文旅产业中的子品牌，园区的前期运转需要依托于唐崖土司城的金字招牌，在实际上充当唐崖土司城遗址的游客分流中心，让外地游客在这个过程中充分体验和感受园区的丰富活动，从而实现口碑传播和圈层传播，逐步打响文化园的知名度。

3. 文化学者

随着时代的发展进步，业界的变迁会给学界带来全新的研究思路。园区力求实现产、学、研三者的有效结合，除了要发挥民族文化产业的独特优势，还要在保护、传承和传播上下功夫。非遗产业势头强劲、文创旅游粗具雏形的文化园势必能够吸引国内外大批文化学者前来调研，带动园区逐渐由一个中心向四方辐射，让其获得持续的动力保障。另外，通过与学者合作开展相关课题研究，可以弥补自身的缺憾和不足，真正挖掘出唐崖文化的时代精华。

4. 社会群体

唐崖家风家训文化以"严家家风家训"为核心重点，并融合中国其他地区代表性的家风家训文化——此类文化在过去一般是小范围的群体传播，所以园区的目标受众之一是规模或大或小的社会群体。例如以家庭为单位的家庭群体、以学校为单位的师生群体、以政府为单位的公务员群体和以企业为单位的企业群体等。以家庭群体为例，每个家庭在长期的时间积淀下都会形成"家风家训"，长辈的谆谆教诲会为后辈成长成才带来巨大影响，代际传承使家风家训文化经久不衰。然而，城市发展日新月异，原本规模较大的家庭群体逐渐被分化成家庭个体，祖辈传下的家风文化因此被不断弱化。园区以家风家训文化为基础，通过开展多种多样的文化教育和创意体验，力求强化家庭内部成员的归属感和凝聚力。

二 唐崖家风主题文化园战略布局和功能定位

（一）战略布局

就唐崖家风主题文化园而言，清晰明确的项目战略布局不仅可以从整体上充分发挥园区的文化集聚效应，还可以促进园区内部经济产业的良性健康发展。

从区域层面看，文化园应该将唐崖土司文旅品牌乃至唐崖文化整体关联在一起，形成文化一体联动，并结合自身特点以及周边环境，认真规划文化园分区，充分调动园区的特色文化资源，进而形成产学研三方联动。

从市域层面看，园区要充分发挥自身特色，致力于成为湖北省恩施州的文化新地标，通过引入非遗传统文化和高新文化产业，打造富有唐崖文化记忆的文化园区，协调配合区域发展，促进当地经济建设和文化建设。

从园区层面看，首先是要完善园区的基础设施建设，同时要规整园区内部的软硬件设施，保障优良的软硬件水平和管理运营，确保来访目标受众都能够拥有舒适愉快的文化体验；其次是依照整体布局的原则对经济产业、文化产业等进行合理规划，促进文化园多种产业的协调可持续发展，力求将唐崖家风主题文化园打造成为集国家文化记忆工程、民族教育示范基地、文化产业互动创新区、文旅保护传承培育区、产学研文化拓展区等为一体的文旅中心。

(二) 功能定位

唐崖家风主题文化园是对家风家训文化乃至唐崖文化的继承和发扬，项目承建之初就具备特定的文化功能。从目前来看，该项目主要有文化展示、文化体验、文化教育、文化沉淀四大功能。

1. 文化展示功能

唐崖家风主题文化园首先是一个展示非遗文化、民族文化、唐崖文化的平台窗口，园区以家风家训文化为基础，汇集来自湖北省恩施州乃至周边省市县的特色民俗文化，打破了不同文化间的隔阂壁垒，实现了文化间的交流、交融、互通。除了一般性的展览活动，园区还致力于打破传统文化园区走马观花式的游览体验，立志于规划全方位多场景的文化展示空间，受众可以在其中深入地探索文化经典。同时，园区还会积极运用先进的新媒介技术，如大数据、

AR、VR、MR、XR 等,将其与非遗文化、民族文化相结合,向公众呈现出更加丰富多彩的文化内容。园区还设置了展示型的文化舞台表演,如在利川制漆场馆,游客不仅可以欣赏到非遗传承人精彩绝伦的制漆技艺,甚至可以直接上手进行操作,增强了受众的文化体验。各大场馆相互联结,达成了连贯一体的游览体验,每一位游客都能在其中感受民俗文化带来的独特魅力。

2. 文化体验功能

与传统的文化园区相比,唐崖家风主题文化园的最大优势在于它的文化体验功能。通过多种形式的文化体验,受众可以更全面地了解园区文化,进而让唐崖文化重获新生。新媒介技术的妥善运用可以让受众更直观地体验民族文化,不同场景的联结互动可以增进受众的文化共同体意识,实践实训基地则可以让受众真正接触到以往神秘的非遗文化。这些举措强化了目标受众在接受文化时的主体地位,也潜移默化地提升了他们的游览体验。园区将不定期举办文化祭、创意竞赛、知识问答等活动,强调受众的沉浸式体验。同时,为了让文旅体验更具纪念意义,文化园将向消费者提供个性化的纪念品定制服务,从而建立起消费者、制作者与生产者三者之间的连接机制。

3. 文化教育功能

作为一个以民族文化、传统文化、非遗文化等为核心的文化园,园区不仅要通过支柱产业维持自身运转,同时还要兼顾社会文化效益。换言之,文化园的职责之一在于复兴唐崖文化,最终目的是依靠文化产业带动文旅事业发展。文化教育可以保存社会文化形式、选择性地继承文化遗产,园区通过与政府机关、大中院校、公司企业等达成合作共识,形成产学研三方协调配合联动。在文化园内,园区可以为大中院校和文化学者提供研究场所、为不同社群制定周期性的文化教育课程、为不同公司构建企业文化形象,他们相较于一般的游客获得了更深层次的文化体验,对唐崖文化的认识和了解也在不断加深，共同助推唐崖文化的传承传播。

4. 文化沉淀功能

唐崖文化流传至今已有数百年的历史，其间因为多种原因出现记忆断裂和文化断层现象。唐崖家风主题文化园通过整合唐崖文化资源，尝试恢复那段悠久深刻的历史文化记忆。对于当地群众来说，唐崖文化有着非常重要的意义，而对于外地游客来说，通过参与丰富多彩的民俗文化活动，也能够与当地人民达成一种现实的在场和精神的共鸣。园区为目标受众提供了交流、交融、交往的一个平台，不同类型的文化在其中沉淀并升华，在新时代迸发出强大的力量。文化积淀不是一个静态封闭的过程，它在园区不断地探索实践中展现出全新的时代风貌，唐崖文化在这样的文化氛围中得以推陈出新，文化内涵不断丰富。

三 唐崖家风主题文化园路径定位

（一）传承路径活态化

园区创新性地提出从"精神"到"实体"的活态化传承路径，通过对唐崖文化、唐崖精神的物质性转化，再造唐崖文化印记，重塑唐崖历史记忆。作为非遗文化、民族文化、唐崖文化的物质性载体，园区将积极整合周边地区的特色文化资源，发扬文化产业独特优势，摒弃传统文化园惯常的单向线性的叙事模式，通过不同板块、不同场馆、不同主题间的连接互通，增进人们对园区文化的认识和了解，真正做到对非遗文化从认知到熟悉的转变。同时，园区会将丰富的文化资源融入衣食住行等各个方面，穿民族服饰、品民族美食、住民族建筑……外来游客可以更直观地感受到浓厚的民族文化氛围。另外，传承路径活态化还体现在以人作为传承主体，这里的人既指代非遗传承人也包括当地群众，他们都是地方文化的实践主体，文化特色在他们的日常生活中得到体现。园区将通过开设文化主题教育，力求重新恢复当地人民的历史文化记忆，让他们自觉承担起文化代言人的职责。

（二）传播路径多元化

从早期的报纸、广播、电视等传统大众传播媒介，到微博、微信等社交媒体的全民普及，再到如今火热的短视频平台、大数据技术……短短数十年间，民族文化的传播路径就实现了多次更新迭代。在这样的时代背景下，园区早期的推广将借助先进的媒介技术，如新媒体平台投放宣传片、短视频平台互动引流等。不同于传统文化园单向乏味的信息输出，多元化传播更强调传受主体的双向互动，园区希望建立用户乐于接受的一个媒体环境，线上、线下形成联动，进而产生经济效益和文化效益。在实际运营中，园区也会妥善运用大数据、VR、AR等数字技术，来访旅客通过虚拟现实交互技术，可以更真切地感受到传统文化的独特魅力，真正让非遗文化、民族文化"活"起来。文化园在完善基础设施建设的同时，也会设置多种传播分享场景，促使游客主动传播。

第四节 唐崖家风家训文化媒介记忆的现状和策略

众所周知，互联网时代已经到来，互联网媒体也随之蓬勃发展，也使得现如今的媒介市场越来越复杂，要传递什么信息和内容要运用何种渠道去传播信息，是传播者需要深刻思考的议题，这需要媒介的方案规划者策划合理合法的传播策略。因此，紧接着上文谈到的唐崖家风家训文化的有关传播环境分析，本节接下来将研究有关媒介整合传播的目标与策略，这是媒介方案规划者所需设计的规划方案的传播主题与传播定位，是整个方案的"灯塔"。

一　传播现状

（一）传播背景

互联网的普及使当今世界的信息环境面临百年未有之大变局，

在前新媒体时代，文旅景点的主要宣传推广方式是在线下旅行社或景区内散发印有景色图片和当地景点介绍的纸质传单，但是这种推广方式难免会有地理局限性，传播范围狭小，仅仅能在旅行社或景区当地纸质传单能够分发到的地方产生推广效果。到了电视时代，名胜古迹则可以借由电视台的中插广告播放自己的文旅宣传片，电视广告作为一种"天涯共此时"的大众传播方式，能将信息内容在同一时间传播至所有正在收看电视的观众彼岸。从纸质传单到电视广告，文旅景点潜在的推广受众经历了乘数级别的翻倍，手机的普及又使人们的注意力从大屏向小屏转移，无论是以文章为主要传播方式的微信公众号，以图文分享为主要传播方式的小红书还是以短视频为主要传播方式的抖音短视频，都在指尖滑动和荧光闪烁间，为用户提供海量的短、平、快信息。时至新媒体时代，文旅景点已可以借由多平台的内容生态自建媒体账号进行自主宣传。从电视广告到自媒体账号，文旅景点的宣传机遇又获得了指数级别的增长。在当下多平台布局共同织就的新媒体时代中，注意力资源如同未经开垦的丰饶蓝海，对文旅景点来说，若能好好利用这巨大的机遇，结合自身特点和平台发展规则进行宣传推广，一方面将自身景点推而广之，另一方面也能为当下的互联网用户提供优质的文化信息内容，丰富互联网用户的历史文化知识。

（二）传播矩阵分析

在这种背景下，唐崖土司城的新媒体传播也利用多平台布局了自己的传播矩阵。在抖音短视频 App 内，唐崖土司城建有账号"咸丰唐崖土司遗址景区"，自 2019 年 5 月 20 日发布作品，现有近千粉丝，在其抖音短视频的账号主页内设有可以购买唐崖土司遗址景区门票的链接。唐崖土司城的微信公众号则名为"唐崖土司遗址景区"，该公众号注册于 2019 年 5 月 3 日。无论是抖音短视频还是微信公众号，唐崖土司城的相关账号都建于 2019 年 5 月左右，可见正是此时唐崖土司城遗址有了借新媒体之势助力自身景区宣传推广的意识。唐崖土司城遗址景区的微信公众号也于 2020 年 3 月由咸丰县唐崖土司城址旅游发展有限公司进行主体认证，确立自己"唐崖土司城遗址景区"的官方身份。小红书社区内的主要内容生态是以图文或视频进行教程分享，旅游攻略也是小红书的内容运营方式之一。唐崖土司城遗址也在小红书 App 内创建有账号"咸丰唐崖世遗城址景区"，该账号的首篇笔记发布于 2021 年 2 月 2 日，与抖音短视频和微信公众号相比，创建时间晚了两年，而且发布的笔记数量也较少，其最近更新时间是 2021 年 11 月 11 日，从首篇内容发布到最新一篇内容的更新，其账号内只发布了五篇笔记，账号的粉丝数也只有十几人，可见与抖音短视频和微信公众号相比，唐崖土司城遗址景区对小红书运营的重视程度还不够，仍需提高小红书账号的更新频率和作品质量。本研究力图挖掘出唐崖土司城遗址在各新媒体平台内的账号定位和运营策略，尝试由此分析唐崖土司城遗址未来在新媒体平台上进行推广和营销的可能发展方向，因此本研究选取唐崖土司城遗址的抖音短视频账号"咸丰唐崖土司遗址景区"、微信公众号官方账号"唐崖土司遗址景区"、小红书官方账号"咸丰唐崖世遗城址景区"，分别对不同平台的唐崖土司城遗址官方账号进行内容分析。

1. 唐崖土司城遗址微信公众号分析

唐崖土司城遗址的微信公众号的账号后台页面分为"走进唐崖"、"唐崖攻略"和"我要预订"这三个部分，其主要功能是面向游客进行唐崖土司城的游玩介绍和门票售卖。该账号倾向于在重要节假日期间进行内容更新，因其账号主体就是咸丰县唐崖土司城址旅游发展有限公司，故内容定位也是唐崖土司城遗址的旅游信息发布。

2. 唐崖土司城遗址小红书账号分析

唐崖土司城遗址景区在小红书内容社区的自媒体账号名称为"咸丰唐崖世遗城址景区"，该账号主体内共发布过五篇笔记，分别是一篇图文和四篇视频，本研究统计时间为 2022 年 7 月 23 日，截至此时该账号共有13个粉丝，累计获赞与收藏数仅有34。

唐崖土司城的发展愿景是：以文化为魂，传承土家民风民俗乡村振兴典范；以山水为脉，打造土家奇雄胜景小镇新地标；以历史为据，开启武陵恩施地区游览新模式。故本研究分别从文化、山水和历史这三点出发，将唐崖土司城小红书账号的内容主题分为文化旅游、乡村发展和非遗传承这三个类目，并将该小红书账号内的笔记主题统计如下。

表5.6 小红书账号内容主题分布

主题	文化旅游	乡村发展	非遗传承
数量	5	0	0

从表5.6中可以看出，唐崖土司城遗址在小红书内容社区内自建新媒体账号的主要营销定位就是宣传咸丰县当地的文化旅游，不过该自媒体账号更新不够频繁，也并无维系目标受众、增加账号粉丝的社群互动。

该账号内的笔记文案内容分别为：

- 湖北小众打卡地 | 恩施 | 咸丰唐崖世遗城址景区#小众旅行地
- 梅花上线！来唐崖土司城感受这份限定吧～#重庆小众周边游
- 重庆长沙武汉周边游 | 唐崖土司遗址景区　新年第一天，唐崖土司遗址景区给大家拜年啦！#重庆小众周边游
- 重庆长沙武汉周边游 | 哪里的少数民族最好看　快来唐崖土司遗址景区来看土家族的阿哥幺妹呀#重庆小众周边游
- 时间缓缓，忽而冬风，有趣的人生，多半是山川湖海。

该账号主体中有四条笔记都使用了"小众"字眼，与文案中同时出现的热门旅游目的地重庆、长沙、武汉等地形成鲜明对比，可

— 197 —

见唐崖土司城遗址景区给自己创设的细分化文旅定位即是独特与小众。唐崖土司城遗址景区本就位于群山绿水环绕的鄂西北一隅，点缀在周边错落的热门景点之中，故而另辟蹊径以小众为亮点进行宣传。但是"小众"的潜在受众在人群中就属于较少的部分，而且小众并不能体现出唐崖土司城遗址景区的深层历史文化内核，只是一些浮于表面的特点，无法对唐崖土司城遗址景区的潜在受众产生吸引力。

和其他新媒体平台内的自建账号相比，唐崖土司城遗址景区小红书账号的运营投入不够多，发展潜力还很大，而小红书内容社区的主打功能即是经验分享，因此唐崖土司城遗址在该平台内的主要内容多为素人游客在游览唐崖土司城遗址景区后发布的旅游经验帖。唐崖土司城遗址景区的官方账号运营可以借鉴素人游客发布内容的形式，将唐崖土司城遗址景区与其他小众景点的不同之处以及唐崖土司城遗址景区的核心特点融入该小红书账号的内容制作之中。除此之外，唐崖土司城遗址景区的小红书账号运营还要提高自己的更新频率，遵循"一次制作，多次分发"的原则，将唐崖土司城遗址景区在抖音短视频平台、快手短视频平台以及官方微博、微信公众号的新媒体图文或视频内容同步在小红书平台上发送，避免造成内容资源的冗余和浪费。同时，小红书作为一个内容分享社群，账号主体维系粉丝黏性也是非常重要的。唐崖土司城遗址景区在运营小红书账号的时候，应当多和小红书内容社区中的用户进行互动。

3. 唐崖土司城遗址抖音短视频账号分析

唐崖土司城遗址景区在抖音短视频平台的官方账号名称为："咸丰唐崖土司遗址景区"，该账号主体内共发布过 67 个作品，其作品全部为竖屏视频。本研究统计截至 2022 年 7 月 23 日，该账号主体内共有 821 粉丝，累计获赞 3927。在抖音短视频平台内以"唐崖土司"为关键词在索引框内检索，其页面内呈现出的提示分类词分别是

"皇城""遗址""夫人""茶叶"这四个类目,可见在抖音短视频平台内,唐崖土司遗址景区的内容生态包括唐崖土司城的历史文化代表"唐崖土司皇城""唐崖土司夫人",唐崖土司城遗址的文化旅游景点——"遗址",以及咸丰县唐崖土司城当地的乡村振兴产业——"茶叶"。这四个类目与唐崖土司城遗址景区文化旅游规划中的发展目标不谋而合,故本研究对抖音短视频账号的内容分析沿用对小红书账号的内容分析类目,将抖音短视频账号内的作品依据其主题不同分为"文化旅游""乡村发展"和"非遗传承"这三大类目,并将该抖音短视频账号内的作品主体统计见表5.7。

表5.7 抖音短视频账号内容主题分布

主题	文化旅游	乡村发展	非遗传承
数量	47	2	18

从唐崖土司城遗址景区抖音短视频官方账号发布的作品主题分布中可以看出,在其账号发布的所有67条作品中,超过七成的作品内容主题都是文化旅游,仅有两条作品介绍咸丰县当地的富硒茶叶,作为唐崖土司城遗址当地乡村振兴产业的推广。唐崖土司城遗址景区位于湖北省恩施土家族苗族自治州咸丰县,当地是土家族和苗族等民族的聚集区,唐崖土司城遗址景区兼具民族地区的特色风土人情和世界非物质文化遗产的岁月痕迹,并将这二者有机融合在一起,因此唐崖土司城遗址景区的抖音短视频官方账号中还有18条视频作品以非遗传承为主题,介绍恩施州咸丰县当地的土家族民族文化传统,如所拍摄的当地土家族人民身着土家族民族服饰在唐崖土司城遗址景区内跳土家族摆手舞的视频,以及宣传当地土家族的民族婚嫁传统"哭嫁"的一系列相关视频。还包括一些中小学生前往唐崖土司城遗址景区进行研学旅行,了解当地的非物质文化遗产,学习传统文化,领略唐崖风光的内容。以非遗传承为主题的抖音短视频作品在其抖音短视频账号发布的所有作品中占比为27%。文化旅游、乡村发展和非遗传承这三大类目在唐崖土司城遗址抖音短视频账号

内的数量占比排序，文化旅游占比最多，非遗传承次之，乡村发展相关的内容占比最少，只有两条。

下面节选唐崖土司城遗址景区抖音短视频账号内"文化旅游""乡村发展""非遗传承"三大类目下的具体短视频作品文案进行详细分析。

文案1● 感受大自然的气息，探寻神秘土司王朝，九点半直播间，不见不散~#唐崖土司城#古村落风景

文案2● 唐崖端午节活动"探访世遗名城，体验非遗文化"之寻找本草纲目香包药包制作。看看小神农在唐崖精彩的体验吧#云游恩施dou看恩施#跟我去恩施吧#519记录美好旅程@恩施旅游集团

文案3● 土家摆手舞+毽子操，我的次元壁破了#刘畊宏#刘畊宏本草纲目健身操

文案4● 4月30日—5月31日，唐崖土司遗址景区mai一song一。五一小长假，来看唐崖青绿呀~#重庆周边一日游#恩施旅游#旅游#五一去哪儿

文案5● 4月29日土司嫁女活动预告——地道的土家哭嫁歌哦，你听得懂吗？快来评论区告诉我#民俗文化#恩施#重庆周边游

文案6● 4月29日，唐崖土司女儿要出嫁，土司喊你来送亲！拦门酒、高山流水、土家摆手舞、十姊妹哭嫁、土司女儿辞祖、唢呐锣鼓发亲等超多节目哦#上热门#景点打卡

文案7● 四季游咸丰，常来黄金洞。硒茶文化活动即将开幕

文案8● 唐崖土司城玄武山顶土司覃鼎与夫人共同种植的夫妻杉依旧苍健挺拔，几百年来见证着无数的爱情

文案9● 见过这样的土家族吗？这里的土司可不是拿来吃的

文案10● 一大片茶园！太舒服啦！！夏未至，慢品唐崖好

时节。#茶园风光#茶是春天的仪式感#最美茶园#上山采茶#采茶姑娘

从以上抖音短视频节选文案中可以发现，唐崖土司城遗址景区的抖音短视频运营经常使用直播的形式进行抖音平台内的实时互动，并且会结合当下热点借势对唐崖土司城遗址进行宣传，如将刘畊宏的毽子操融入唐崖土家族特色舞蹈摆手舞中，唐崖土司城遗址景区的抖音短视频官方账号获赞量最多的作品也是一条舞蹈演员在唐崖土司城遗址景区内表演"青绿腰"的短视频。除此之外，唐崖土司城遗址是一座有千百年历史的文化遗址，因此其抖音短视频账号的许多作品文案也在创作时体现出唐崖土司城遗址的历史厚重和时间沉淀，如文案8，描述唐崖土司与夫人种植的夫妻杉几百年来见证无数的爱情。唐崖土司城遗址作为一个"小众"旅游景点，历史文化知识具有较高的准入门槛，不了解这段历史的人很难猜测"唐崖""土司"究竟是何意，因此唐崖土司城遗址景区抖音短视频的第一条作品（见文案9）以"这里的土司可不是拿来吃的"，将"土司"与常见的"吐司面包"进行对比并区分，既吸引了用户的好奇心与兴趣，也解释了"土司"的具体意涵，作为唐崖土司城遗址景区抖音短视频账号的首条作品文案，具有很好的科普作用。文案7和文案10则将唐崖土司城遗址景区内的人文风光和自然风光与当地茶园结合在一起，既推广了当地美景，又宣传了咸丰县的乡村振兴产业富硒茶叶，起到了一举两得互相带动的良好效果。此外，唐崖土司城遗址的小红书作品文案中的宣传标签"小众"、"重庆长沙武汉周边游"在抖音短视频文案中也一并沿用，唐崖土司城遗址景区作为鄂西北的一颗明珠，被多个热门旅游城市环绕包围，这个地理位置上的特点也得到了诸多强调。

唐崖土司城遗址景区在抖音短视频平台上的推广与宣传需要延续该账号内易于获得爆点的内容模式，抖音短视频平台内的内容

生态就是以"迷因"的形式对热门视频进行翻拍，唐崖土司城遗址景区抖音账号也曾翻拍过"青绿腰"和"毽子操"，都收获了很可观的流量反馈，在未来的抖音短视频运营中，可以将这种"借热点"的运营方式保留并发扬，在确保唐崖土司城遗址景区自身文化独特性和完整性的同时，多参与抖音短视频平台内的热门活动。

二 传播目标

传播唐崖地区家风家训的过程中要想取得良好的传播效果，就一定要构架并最终形成一个传播矩阵，有效的传播矩阵是通过结合多种有效的传播方式得来的。因此，我们可以将唐崖地区的家风家训文化传播分为四大板块，分别是激发文化自信、对内文化传承、对外文化传播和文化带动消费。

首先，激发文化自信是对内文化传承和对外文化传播的基础，只有激发了大众内在的文化自信才能得到更好的传播效果，使传播策略的价值最大化。就如习近平总书记在庆祝中国共产党成立95周年大会上所说的，在5000多年文明发展中孕育的中华优秀传统文化，积淀着中华民族最深层的精神追求，代表着中华民族独特的精神标识，因此，我们今天才具有更基础、更广泛、更深厚的自信——文化自信。要想让唐崖文化传播得更快更远，就需要挖掘大众对唐崖的文化自信。如何让人们对唐崖文化充满自信是亟待解决的问题，这需要传播者挖掘出唐崖的"根"与"魂"。

激发文化自信可以推动对内文化传承的进行，唐崖的物质文化和精神文化就像是唐崖的"根"和"魂"，在文化传承中起着关键作用。在上文中提到，唐崖土司城遗址中囊括了很多物质文化遗产，像"荆南雄镇"功德牌坊、遗址内的古墙和古道以及留存已久的古墓，这些真实有形的"文化"是唐崖文化的"根"。而唐崖文化的"魂"则是更加内在以及精神范畴的概念，它不仅包括了唐崖土司文化的传奇故事以及各时期土司的起源、历史发展，还有非常重要的唐崖文化的家风家训，如果现在不将这些"魂"保存并流传下去，那么这些口头留下来的非物质文化遗产将永久性地消失。

其次，坚定了传承的想法，接下来最重要的就是实施，激发文化自信的关键就在这里。文化的传承是大众发自内心的传播，而不是强人所难的任务。仅仅依靠政府及其部门发布宣传政策是远远不够的，更需要通过激发全民文化自信从而让更多人关注到唐崖的文化传播，而不是只有零星的文化保护单位以及机构在大力宣传，这样做的结果必定是顾此失彼，远远达不到想要的传播效果。因此，只有让文化保护部门与唐崖文化的传承人以及后人合作才能将唐崖的家风文化流传千古，只有将各种奇思妙想聚少成多、集腋成裘才能让唐崖文化声名远扬，吸引到更多的人们参与其中，全民的参与是宣传唐崖文化的最终目标，优秀的传统文化深耕于人民的文化自信。

再次，有了对内传承就要继续向外传播，但唐崖文化的对外传播是一个难点。实际上，虽然唐崖文化有着近千年的历史，但是这在外界仍是一个新兴概念。自2015年唐崖土司城申遗成功至今也只有七年时间，七年时间对于一个古老文化的宣传是异常短暂的，如果将唐崖土司文化看作一个品牌，那么该品牌的宣传定位还较为模糊，其品牌知名度也不高，这对品牌的宣传是一大阻力。提升品牌知名度可以通过很多种方式，包括定位品牌形象、制作品牌网站、利用社交媒体、视频宣传等多种方式，唐崖文化的品牌宣传应该从定位受众开始，提高其文化在市场的认可度是持续发展的第一步，为唐崖土司城未来的文旅项目打开市场。

最后，经过激发大众文化自信、对内传承与对外传播后，应该进行最重要一个步骤，即利用文化带动消费，让文化传播变现，带动地区文化旅游发展，推动地区经济振兴。在科技发展的大背景下，大众的消费逐渐升级转型，消费者非常注重消费的"经历与体验感"，"沉浸式"成为如今消费的新词条。这些都非常有利于唐崖文化的传播，沉浸式消费可以从美食休闲到文化旅游，而唐崖土司城遗址非常适合打造沉浸式体验，增强文化交互感、场景感与代入感，这种更新潮的文旅方式展现了唐崖土司城的无限可能。前期的文化精神传播带动和积累大众消费欲望，实地的沉浸式体验带动唐崖的经济发展。

三 整合传播策略

本研究将媒介整合传播策略的主题定位为"穿越千年·沉浸唐崖"。"千年"这一词带着唐崖土司城的厚重，历史在唐崖这座城中留下了许多岁月的痕迹，游客在其中可以体验到唐崖土司城遗址的悠久历史和文化习俗。通过"沉浸式"体验的方式，全方位地展示唐崖土司城遗址的深厚文化底蕴和特色的民俗风情，在这一过程中可以提升唐崖的品牌形象和知名度。另外，通过"穿越"体验的方式能够吸引更多的游客参与，从而传播唐崖家风家训的悠久文化，用生动有趣的方式传递、凝聚唐崖文化的"根"与"魂"。本研究的传播策划分为三个阶段。

首先，第一阶段通过本土媒体以及各大热门媒介，宣传"沉浸式"体验特色。这一阶段的目标受众不仅是内部受众——咸丰县的人群，还包括外部受众——咸丰县以外的人群。这一阶段，不仅整合了传统媒体与网络媒体，还整合了各个形态的媒介。不仅囊括了唐崖的本地媒体，包括当地电视、广播、微信公众号等形式，还可以选择开发"沉浸式"体验的微信小程序增加线上互动体验，也可以通过微博、知乎、抖音、小红书等大热媒介同步宣传唐崖土司城旅游的"沉浸式"特色，发起"穿越千年·沉浸唐崖"的话题，动员个体用户记录体验过程，加速吸引更多游客。这一阶段一方面可以通过本地权威媒体增强受众对于唐崖文化旅游的可信度，增加其对于唐崖家风家训文化的好感度，另一方面可以通过大热媒体增加其宣传热度，利用"可视化"这个切口进行"沉浸式"优势的扩散，运用短视频和实体用户传递信息更加加强了受众对于唐崖土司城的好奇心，加深了受众对于唐崖家风家训文化的理解。

其次，第二阶段"沉浸式"体验土司家族习俗，开启"穿越"之旅。该阶段是上一阶段的完善与升级，经过了各种媒介对于"沉浸式"体验的宣传，接下来就是要将这种体验放大到最大，在体验环节的设计和宣传上紧扣"沉浸式"和"可视化"。该阶段应该将受众的体验放在首位，线下体验活动要体现出唐崖家风家训文化的"根"与"魂"，充分展现唐崖的行为习俗以及家风家训。这一阶段应紧扣主题——"穿越千年·沉浸唐崖"，在体验环节的设计中尽可能地还原唐崖的场景，人们在进入唐崖土司城之初就可以选择换上土司家族的服装，伴随着土家幺妹的欢呼声和歌声开启一整套"沉浸式"体验。从"土司家族巡城""土司家族出征"到"土司家族集市"等土司城古老盛典的体验，无一不把人拉回到600年前的土司城，视觉、听觉、触觉的多重"沉浸"，全方位、多方面地展示了唐崖土司城的魅力，彰显了唐崖传统家风家训的文化特色。

最后，第三阶段通过旅游电商构造一套完整且成熟的"沉浸式"文化旅游路线。该阶段是如今大热的"互联网+"方式的重要体现，"互联网+文化旅游电商"已经是现如今旅游行业的必经之路。这不仅是科技进步的产物，同时也是后疫情时代催生的产物。该阶段的受众是按需搜索，所以分类更加细致。为了使唐崖土司城遗址旅游的传播更加精准，可以在选取传播媒介时选线上微信朋友圈广告投放以及线下电梯广告投放，将"沉浸式"体验最大化。该阶段主要传播方式为联合途牛旅游、携程旅行等电商平台，制定一个完整的"沉浸式"体验唐崖文化的一日游方案，这是文化带动消费的终极体现形式。

第五节　唐崖家风主题文化园文化记忆的传播方案

　　基于以上对于构建唐崖家风家训文化园区的前期市场分析和总体规划理念，本章将从文化形象构建、板块分区规划、活动策划以及文创产品设计四个部分，切实地对唐崖家风家训文化园项目创意策划表现进行阐述。为唐崖的家风家训文化园构建文化形象体系，从功能上为"唐崖家风家训文化园区"的布局进行区域划分，界定各区域之间的区分和形成系统的联系，规划更加舒适的文化体验格局。

一　唐崖家风主题文化园文化形象构建

　　唐崖家风家训的文化设计中，Logo形象的建构成为表现唐崖文化的重要方式之一。该Logo形象呈现为简约大气的中正风格，体现了中华文化的元素。外部的方框设计灵感源自古代匾额，匾额作为古建筑的必然组成部分，相当于古建筑的眼睛，作为中国独有的文化符号，是融合汉语言、汉字书法、中国传统建筑、雕刻、绘画于一体，集思想性、艺术性于一身的综合性艺术作品（见图5.26）。Logo内部可以很明显地看到变体的艺术字"家训"二字，横竖分明，体现了古典和规矩之美。"家"与"训"字相连，表达了息息相关、不可分割之意，也体现了积极传承之意。

表5.8　　　　　　　唐崖家风家训文化园文化形象

唐崖家风家训文化园	
建园目标	让每个人成为优秀家风家训的传承者
价值观	明德修身，传风济世
使命	以训成风，以文化人
宗旨	文以载人，德以载世
精神	崇文尚德，浴德承风
广告标语	山水唐崖，悠悠家风

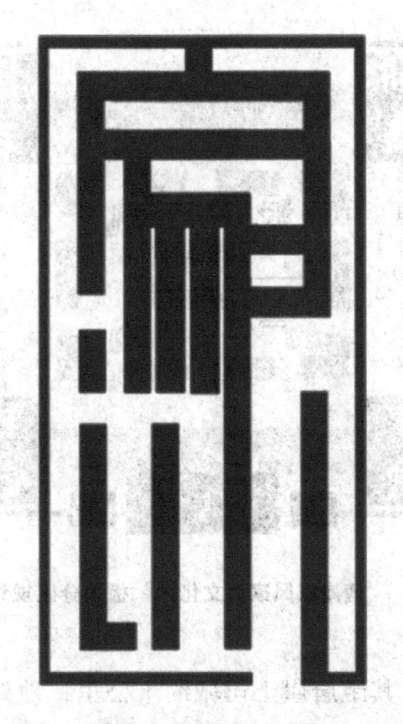

图 5.26 "唐崖家风家训文化园" Logo 设计

二 唐崖家风主题文化园景观分区规划

唐崖家风家训文化园景区从整体上采用"回"字形的结构，"回"是还之意，意思是走向原来的地方，在唐崖家风家训文化园区的规划上，既是指让人们在文化园中重新回归质朴，回味唐崖优秀家风家训文化，也是指要通过唐崖家风家训文化园区重拾、重塑家风家训文化，让其重回社会，将唐崖优秀家风家训文化带回现代人的生活，寓意优秀的家风家训文化通过此文化园区的推动能够代代相传。

唐崖家风家训文化园区主要分为六大板块，分别是百家训堂、听训南楼、承风广场、言川芳斋、非遗什廊、古训正厅。

（一）百家训堂

严家祠堂所承载的家风家训文化，作为咸丰特色文化的代表为

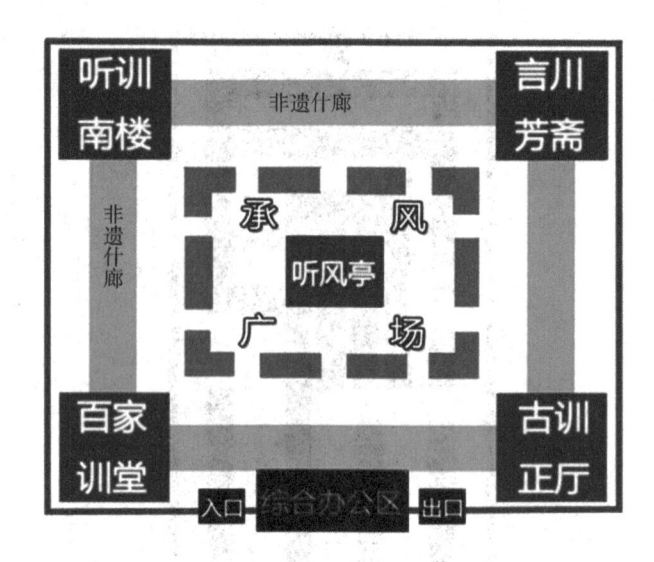

图 5.27 "唐崖家风家训文化园"板块分区规划示意图

当地人民所熟知。其距唐崖土司城约十公里,地处偏远,交通上有所不便且与其他景点并无联结,再者严家祠堂作为严家祖祠,若要将其包装成观赏景点也不甚妥当,不利于建筑的保存和祖祠的庄重性。因此,我们在馆内通过全息投影,按一定比例将严家祠堂的样貌展现在游客眼前,并将严家祠堂中极具特点的石狮、窗棂、放生池、木梁等精美绝伦的石雕、木雕工艺做细节展示。最核心的是,严家祠堂内有20多处的碑刻,碑刻的文字都是关于严氏家族宗规家训的内容,具有丰富的文化内涵和教育意义,对于这些咸丰特色家风家训文化应当重点展示,可将石碑石刻印下拓本集中陈列并释义,便于游客阅读观赏。

(二) 听训南楼

听训南楼是专为当地特色戏曲剧种——南剧打造的戏台,用于南剧团在此演出的场所。作为恩施州的传统地方戏种,南剧从起源至今已有300多年的历史。因其极具人文魅力,深受当地人喜爱,2008年,南剧已经被收入第二批国家级非物质文化遗产名录。将南剧与家风家训文化相结合，创作剧目在文化园区中表演，既能达到传播家风家训文化的目的，也能够推广南剧。南楼按照古代戏曲小楼原汁原味的建筑风格打造，其间有小厮引路送茶，给游客一种穿越的身临其境之感。

（三）言川芳斋

"言川"由"训"的古字拆分而成，"川"本意为归向大海的水流，释义为用言辞劝教使之归于"芳"。这里的"芳"即指代美好的家风家训文化，意为希望在这个言川芳斋中，能够教导人们学习家风家训文化并作用于心，使之变得美好。言川芳斋在整个文化园中占了很重要的分量，是集教育、食宿为一体的家风家训文化教育基地，提供不同时期、不同社群的家风家训文化教育课程。

（四）非遗什廊

非遗什廊是在唐崖家风家训文化园区"回"字中部的"口"字形回廊，"什"有十个合成的一组之意，正如回廊由十个小块组合而成，既做了内外的分隔，又有多个开口连通；"什"也是各种的意思，寓意物什多样。非遗什廊在唐崖家风家训文化园区中承担着恩施州非物质文化遗产的展示区和体验区的功能。恩施州非物质文化遗产技艺门类众多，例如咸丰彩扎、鹤峰皮影雕刻、鹤峰狮子灯、利川工夫红茶、鹤峰宜昌红茶、建始米子糖等。此外，非遗什廊邀请非遗项目代表或非遗传承人入驻，依靠民间大师来再现非遗文化，给非遗传承人提供展示和传播的平台，让他们将非遗文化传递给人们，也有利于寻找传承非遗文化的接班人。同时，非遗什廊还承担着整个园区的饮食区功能，将恩施地区的特色美食都纳入其中，如恩施州十大名吃：土家油茶汤、张关合渣、土家腊肉、柏杨豆干、土家社饭、鲊广椒、葛仙米、凤头姜、福宝山莼菜、年肉，以及特色小吃恩施炕土豆、恩施豆皮、土家特色烧饼、土家酱香饼、格格等。

（五）承风广场

承风广场，即非遗什廊所包围的中间区域，也就是整个唐崖家风家训文化园区最中心的部分。承风广场还将恩施地区最具有特色的建筑伫立于正中央，即"听风亭"，这个部分既独立于其他板块，作为自由活动的休闲广场，又作为枢纽连接各个板块，充当文化园的缓冲区。承风广场更多服务于当地老人群体。唐崖家风家训文化园区在为唐崖带来经济效益的同时，也要义不容辞地承担起应尽的社会责任，在这里就体现在社区养老设施建设上，那么唐崖家风家训文化园区担当的还是当地老人休闲娱乐的聚集地，如此一来，唐崖家风家训文化园区无论在旺季还是淡季都能够实现其价值最大化。

（六）古训正厅

古训正厅是集阶梯教室、千人礼堂、会议室、活动教室等多种室内活动场地的活动区，为相关文化交流会、峰会举办而设，也为唐崖家风家训文化园日后开展的各类名人讲座、专题沙龙等主题活动提供场所，同时也可根据情况承接外部的相关文化活动，也作为专家团队来访时的接待休息区。

除了构成整个唐崖家风家训文化园区的这六部分，还有一处唐崖家风家训文化园区的综合办公区，位于入口和出口中间，集办公室、管理处、安保处、员工休息室、清理间、客服中心、售票处、文创中心为一体，方便对整个园区进行全局调控。

三 唐崖家风文化媒介整合传播具体方案

受众在媒介整合传播中处于决定地位。受众作为信息的接收者，包括报刊和书籍的读者、广播的听众、电视电影的观众、网络群体等。在宏观意义上受众是一个巨大的集合体，而在微观意义上受众则是具有丰富社会多样性的人。因此，根据不同的受众群选定特定的媒介组合形式进行整合传播具有十分重要且显著的意义。媒介融合背景下，受众的地位发生了显著变化，受传者转变为传播者与受传者两重身份。因此，在注重"内容为王"的同时要充分认识到"渠道为金"的重要性。

在当前的互联网环境中，不同的媒介平台都有着各自的定位属性，因此我们在制定媒介整合方案时一定要利用好不同媒介的内容生态和目标用户差异，因势利导地将不同媒介作为特定的推广工具，在适宜的平台内设置匹配的营销活动。同时，线上推广与线下宣传也需要进行有机的结合，将唐崖家风家训文化传播矩阵的声量扩至最大。最后要注意到的是，唐崖家风家训文化的推广应当根据不同用户的媒介使用偏好，因地制宜、量体裁衣，避免造成推广资源的冗余和浪费。在明确这些推广前提以后，我们可以将唐崖家风家训文化的媒介整合传播分为如下几个阶段。

第一阶段，公域流量规模化投放阶段。公域流量的规模化投放有两条线路，分别是在传统媒体如电视、广播端展开广告宣传和在网络媒体如微信公众号、微博等新媒体平台上进行唐崖家风家训文化的覆盖推广。这两条路径的推广目的意在铺开唐崖家风家训文化的知名度，如果我们把认知程度由浅及深分为知道、了解、熟悉三个类目，那么在第一阶段公域流量的信息规模化投放阶段，唐崖家风家训文化的推广就是为了让更多的人去了解鄂西南一隅有着唐崖家风家训文化这种家风文化的存在，更进一步，我们希望能有更多人知道唐崖家风家训文化主要有哪些内容，在受众心中留下文化印象。

在进行公域流量的规模化信息投放以前，我们需要先确定究竟将信息内容投入哪个流量池中。将唐崖家风家训文化进行推广的目的之一，就是为唐崖土司城遗址吸引更多游客，这些潜在游客中，居住在唐崖土司城遗址附近的居民必定是更有可能前往唐崖土司城遗址进行游玩的群体。因此唐崖家风家训文化的目标受众，可以根据唐崖土司城遗址的地理位置所在由近及远进行分析，首先是唐崖土司城遗址当地的咸丰县居民，其次是恩施自治州的居民，再往外走是湖北省的所有人群，然后是唐崖土司城遗址周边的城市，如长沙、重庆等地，最后可以将目标受众扩展至全国。

对于咸丰县当地的居民来说，广播和电视仍然在该群体信息获取中起着举足轻重的作用，传统媒体有着非常高的可信度，播放在电视上的文旅广告相比于在手机上收到的新媒体广告，当地居民也更易于接受。

以恩施州电视台"今晚九点半"栏目专题为例，恩施州电视台作为全州最具影响力的电视媒体，其中"今晚九点半"更是被评为全省十大精品栏目。这个节目在恩施州当地居民中影响力很大，其内容更是大家茶余饭后的谈论内容。"今晚九点半"虽然并不设定专门的制作主题，但其中充满了恩施州当地居民的生活新闻，非常吸引人关注。唐崖家风家训文化作为恩施州当地的代表性文化，又涵盖着家风精神文化，在"今晚九点半"栏目中可以设置"家风文化知多少"和"千年梦唐崖"为制作主题，创设关于唐崖土司城遗址的文化旅游推广和唐崖家风家训文化介绍的系列影视产品。同时，"家风文化知多少"和"千年梦唐崖"这两个节目可以在拍摄完成后制作成纪录片上线到哔哩哔哩、腾讯视频、爱奇艺视频等影视平台，与播放平台进行合作，鼓励观众进行观看和互动，在宣传期内抽取参与评论的幸运观众前往唐崖土司城遗址当地进行旅游。最后，这一节目可以联合恩施州当地文旅部门进行推广，在恩施州当地的中小学内作为特色家风教育素材进行针对播放，并选取品学兼优的中小学生前往唐崖土司城文化遗址进行游学旅行，扩大其在恩施州中小学生间的影响力。

要激活全国范围内的潜在唐崖家风家训文化受众，仅仅通过恩施州本地的电视节目宣传就不够了，唐崖土司城遗址的新媒体推广矩阵现已基本搭建，在抖音短视频平台和微信公众号上都建有自己的官方宣传账号，因此可以将恩施州电视台"今晚九点半"所拍摄的系列节目"家风文化知多少"和"千年梦唐崖"分别在抖音短视频平台上截取适合轻量化传播的精华内容制作一分钟以内的唐崖家风家训文化短视频发布在唐崖土司城遗址的抖音短视频官方账号上；

在微信公众号平台上将"今晚九点半"的唐崖家风家训文化进行图文并茂的片段截取和文字解说。无论是抖音短视频平台还是微信公众号,它们二者作为新媒体推广方式,其效果反馈都是实时且即时的,电视台从选题、策划、拍摄、剪辑到最后播出是一个延时满足的过程,需要大量的时间投入才能看到效果。但是微信公众号和抖音短视频一经发布,受众就可以对作品进行评论、点赞、转发等互动,唐崖家风家训文化的新媒体端推广也需要利用好这一特点,在公域流量的新媒体推广端及时地参与受众的互动,提升用户黏性。

第二阶段,私域流量精细化投放阶段。唐崖家风家训文化在进行公域流量的覆盖式推广后,就要把这些对于唐崖家风家训文化的认知程度为"知道"的用户进行关系强化,在私域流量池内拉近用户与唐崖家风家训文化间的亲密程度,让用户对唐崖家风家训文化达到"熟悉",并且在这些目标用户有了解家风家训文化的需要时,唐崖家风家训文化可以成为他们的首选。

私域流量的落地一般选择在微信朋友圈内,唐崖家风家训文化园可以注册名为"唐崖家园"的企业微信账号,以该账号添加唐崖家风家训文化公域流量池内亲密度和互动率高的用户,并且对新添加的用户赠送唐崖土司城遗址的门票优惠券。在搭建唐崖家风家训文化的私域流量池初期,唐崖土司城文化遗址在微信公众号、抖音短视频和美团、大众点评等购票平台上都可以以官方账号宣传唐崖土司城遗址的官方企业微信"唐崖家园",并且宣布对添加该账号的每一位唐崖粉丝发放唐崖土司城遗址景区的优惠券,并且每天抽取十名添加该账号的朋友赠送免费的唐崖土司城遗址门票,尽可能地在唐崖土司城遗址企业微信"唐崖家园"账号创设初期扩大其私域流量池。

在唐崖家风家训文化的私域流量池创设并达到一定量的私域流量积累以后,唐崖土司城遗址企业微信"唐崖家园"需要每天在朋友圈里分享关于唐崖家风家训文化的历史故事、文化知识、精神内涵等内容,并在该信息内容下附有能够跳转到唐崖土司城遗址购票系统内的链接,从私域流量池内跳转的购票链接自动赠送二十元购票代金券。同时,唐崖土司城遗址内的景区活动和重要节日庆典也需要在该私域流量池内进行实时展现,唐崖土司城遗址在抖音短视频平台和微信公众号等新媒体平台内的粉丝合计有10000人左右,唐崖土司城遗址的公域流量粉丝大约有10000人,在唐崖家风家训文化私域流量池创设初期,其预计容纳私域粉丝为公域流量全平台粉丝数的一半,即5000人左右,因此初期需要创设3—5个唐崖家风家训文化的企业微信账号。这些企业微信账号可以以唐崖内特色景点的名字进行命名,而且每个账号的运营人员需给这些账号建立不同的人设,内容发布也各有不同。唐崖家风家训文化私域流量企业微信的内容运营需要让流量池内的用户感知到每个唐崖家风家训文化企业微信账号的个性,不能以机械、被动的方式进行账号运营。

唐崖家风家训文化的私域流量池搭建除了企业微信之外,还需要创设一个能够与用户进行互动,且储存有唐崖家风家训文化知识的微信小程序。唐崖家风家训文化的企业微信账号可以将该小程序内的互动游戏、H5、文化知识信息等发送至私域流量池内的用户对话框内,也可以将该内容转发至朋友圈以供私域流量池内的用户进行点击和观看。

表5.9　　　　　　唐崖家风家训文化小程序功能介绍

功能	介绍
首页	滚动播放日点击量排行前五的文章,下方会显示阅读数与转发分享数;文章主题为各家的家风家训或与家风家训相关的故事
文章上传	用户可以随时随地在自己的姓氏类目下上传文章,进行家风家训相关内容的补充,同时每篇文章都可以进行分享
搜索	新用户最开始使用这个小程序更多的是搜索自己姓氏的文章,所以在首页设立一个搜索栏,快捷方便;搜索栏下方根据搜索量设置五个热门姓氏
菜单栏	菜单栏除了基本个人信息外还有一个"App热文"栏,主要是将知乎、微博用户自己上传的热度较高的文章转载到微信小程序来,同时小程序上的热门文章也会转载到知乎、微博,整合微信、知乎、微博三大社交媒体同时进行传播

第五章 唐崖文化实践与传播创新

第三阶段，家风家训线下推广与体验阶段。中华文化博大精深，五千年的"家"文化根植将每个中国人血脉相连。在第一阶段的公域流量铺展和第二阶段的私域流量投放中，都有将唐崖家风家训文化与唐崖土司城遗址文旅相挂钩的内容服务，唐崖家风家训文化的推广也希望能够对唐崖土司城遗址的文旅事业起到推动作用。

在这一阶段里，主要推广方式就是将第一、二阶段里聚拢的线上流量转化至线下，打造一条将唐崖旅游与家风文化相融合的旅游路线。

第三阶段的旅游推广活动需要将唐崖土司城文化遗址的旅游管理人员与咸丰县文化旅游局工作人员、湖北省的中小学校相连通，这一阶段的投入成本很大，因此需要明确目标受众的覆盖范围。唐崖家风家训文化的精神内核是家文化，因此就要选择需要进行家风知识学习和家风教育的人群，对应到的人群就有这么几类，第一类目标受众是当地已婚已育，且家中最小的孩子还处于中小学阶段的家庭，这种群体的家中三代人——爷爷奶奶、爸爸妈妈和家中的孩子可以一起前往唐崖土司城文化遗址，家庭成员一同亲身体验唐崖家风家训文化的精神内涵。第二类目标受众则是湖北省当地的文化学者和需要进行思想政治教学的教师，他们可以前往唐崖土司城文化遗址，亲自领略唐崖家风家训文化中蕴含的历史精华，并将湖北省内的家风家训文化典型代表——唐崖家风家训文化作为案例在家风家训文化教学中予以举例和推广。第三类是热爱文化知识的文旅爱好者。

在第三阶段的"寻根"文旅计划中，主要目标受众可以分为三类，这三类人群的媒介使用习惯各有不同，因此需要展开不同的推广方式。

基于"去哪儿旅行"应用，唐崖家风家训文化推广创设"寻根"文化游玩方案，该方案中的旅行目的既包括领略自然风光，又包括学习家风文化。这条路线不但可以将作为精神文明的唐崖家风家训文化推而广之，也能带动咸丰县当地唐崖土司城遗址的旅游和富硒茶叶经济发展。"寻根"文化游玩方案包括四大部分，分别是

"吃在唐崖"、"学在唐崖"、"大美唐崖"和"梦回唐崖"这几个流程。恩施州当地有非常多特色美食，游客在"吃在唐崖"部分以"唐崖家宴"的形式共同品尝唐崖当地的特色食物和富硒茶叶。"学在唐崖"环节则是在唐崖当地的严家祠堂内展开，游客跟随讲解员一起参观严氏祠堂，并学习严氏家训和了解当地的历史文化故事。"大美唐崖"侧重于展现唐崖土司城文化遗址内的自然风光。"梦回唐崖"则是邀请游客穿上景区提供的土家族传统服饰，体验土家族的传统节庆和风俗习惯。"寻根"文化游玩方案基本上从这四点来进行，游客在这场文化之旅中既能亲近自然，感受鄂西南的自然魅力，又能领略历史文化，学习家风家训文化知识。

除了具体的游玩方案外，唐崖家风家训文化的寻根之旅也需要在"去哪儿旅行"平台中进行一定的传播活动，具体传播活动组织如表5.10。

表 5.10　　　　　　　"去哪儿旅行"App 传播方案

传播步骤	具体内容	
第一步	传播预热	针对"去哪儿旅行"的所有用户，自媒体通过报名参赛层层选拔，结合电梯广告、线下旅行社推广邀请用户共同参与投票选举活动，根据投票选取优秀的、人气较高的自媒体用户参与唐崖"寻根"文化之旅新路线的免费体验活动
第二步	高潮迭起	在自媒体发布文章后，通过海选列出投票榜单供网友投票，选取过程可邀请大V号进行直播，保持关注热度，共选出4名优秀且具有影响力的旅行家、网络自媒体用户
第三步	二次传播	将"寻根"之旅的素材进行整理，制成一系列宣传册、海报进行二次传播，同时也有利于保存。通过二次传播让此次"寻根"之旅成为人文旅行的经典，把唐崖家风家训文化的影响力传播出去

电梯是都市生活的重要场景，利用人们在电梯中的等待时间可提供一段较短时间内的动态广告播放。电梯内张贴海报式广告也能起到一定的宣传效果。电梯内的动态广告可以播放恩施电视台电视节目"今晚九点半"为唐崖家风家训文化拍摄的主题纪录片，也可以播放

第五章 唐崖文化实践与传播创新

"去哪儿旅行"App 针对唐崖家风家训文化制作的"寻根"之旅广告宣传片。

图 5.28　"去哪儿旅行"App 线路推荐

图 5.29　电梯内平面广告（1）

图 5.30　电梯内平面广告（2）

图 5.31　旅行社门店宣传栏

图 5.32　电梯海报　　　　　图 5.33　"寻根"之旅路线

四　仪式的传播：策划唐崖文化节仪式

近年来，有关传统文化在新媒体时代的传播受到了学者们的广泛讨论，其研究视角集中于大众传播的"传递观"之下。但是，在以"唐崖土司城"为传播对象的文化传播中，有关受众对断裂的文化记忆的重拾，对"唐崖"等地域文化的内部认同建构与对外传播的文化整合是如今很多文化传承与传播面临的主要问题。作为地域具有代表性的文化，"唐崖"在其传播的过程中更需要注意的是传播者与受众共同的参与，这恰恰与人类学所讨论的"仪式"具有相似的结构，而有关"仪式"的传播视角为我们提供了针对文化实践的一种新的进路与思考。"仪式观"的视角为文化传播带来新的思路，在本书针对唐崖的地域文化传播中，正是需要这种文化意义的共享，如人类学家克利福德·格尔茨所言："仪式不仅仅是一个有意义的活动本身，更重要的是它能帮助参与其中的人们完成一次有意义的社会互动。"①

在现代生活中,仪式逐步从神话、宗教与祭祀活动中走向人们的日常生活,如每逢节日的节庆与民俗展演等,这些都是具有仪式性特征的活动。在本书中,对唐崖等地域文化的探讨囊括了当地物质文化与非物质文化遗产的传播现状与策略的研究,如何唤醒地方民众与更为广泛的受众群体对唐崖文化的认知,就可以借助"仪式的传播"将唐崖地域文化融入地区的仪式性活动之中,这些活动的形式更为多样,借助新媒体的线上展演与线下的活动举办,能够帮助受众加深文化记忆,提升对唐崖文化的理解。

通过以唐崖文化为品牌核心,在咸丰县地区策划开展各类节日庆祝、非遗展示与研学活动等"仪式"的传播,激活唐崖地域文化基因与唤醒记忆。开展各类活动不仅对当地民众加深文化记忆有重要作用,还有助于扩大当地旅游产业的影响力,提升唐崖文化的传播面。以下是根据唐崖地区的传统民俗与非遗文化所策划的仪式活动。

(一)"冠礼·成人"的主题仪式

1. 活动意义

自古以来,中国就十分注重"成人"这个问题,并习惯于通过一套仪式,实现对成人身份的确认。如男子"二十而冠,始学礼"、女子"十有五年而笄"之说,指的就是男子二十岁要加冠,女子十五岁要举行笄礼,其在于个体身心发育成熟后,到了独立的年龄须掌握一定的礼数,也就是成人的要求。到了现代,各地还有举办"成人礼"这一习俗,孩童在举行成人礼后,代表着即将进入社会,承担一定的社会责任和义务,即通过仪式来完成身份的转变。

"冠礼·成人"主题仪式的目标对象为高三学生与家长,举办时间定为"五四青年节"当天,地点选在唐崖镇的严氏宗祠。高考作

---

① [美]克利福德·格尔茨:《文化的解释》,韩莉译,译林出版社1999年版,第419页。

为我国的选拔性考试，与古代科举相似，是适龄人群面临的第一次"人生大考"。"寒窗苦读"一词也被用于当代孩子的读书生涯。从小学到高中，不仅是年级与授业知识的变化，也有孩子身心发展的变化。在即将面临高考的高三学生人群中，大部分也恰恰是面临成年的年纪，一场妥帖的"成人礼"仪式，不但能为学生高考前打气，还能实现孩子对自身身份认同的转换并加强对未来的憧憬。在活动中，邀请家长等长辈到场参与，能够帮助还原古代男女的成人仪式。在家长们的见证下，通过成人礼的仪式，以明确孩子未来作为成年的个体在社会与家庭中的责任，以树立正确的人生观、世界观与价值观。

2. 活动内容

"冠礼·成人"的主题仪式主要包括以下六点活动内容：第一，以高中三年级的学校班级为单位，有序组织学生参观严氏宗祠，了解传统的严氏家风文化；第二，为学生准备汉服等传统服饰，在宗祠内通过场景还原与历史追溯的方式，让学生学习与了解成人步入社会所需要懂得的礼数，也就是规矩；第三，在宗祠门前的广场上集合所有参与活动的家长与学生，由学校代表人、宗祠的负责人与家长代表分别进行发言，寄语这些即将高考与成人的学子，传达社会、学校对青年一代的希望；第四，由学生代表进行发言，以个人自白的方式表达出学生作为青年一代的个人理想、对未来的向往和即将成人的身份认知，并在最后带领在场的学生作成人的宣誓；第五，准备冠和笄等道具，让家长为自己的孩子佩戴，佩戴好后，由孩子拜谢父母的养育之情；第六，学生在父母、师长、朋友的见证下，在准备的横幅上积极签名，表达自己的梦想和展望，不仅象征了同学们的激昂斗志，更体现了同学们奋斗拼搏、决战高考的决心。

（二）"汉服文化节"的主题仪式

1. 活动意义

"有服章之美谓之华，有礼仪之大故称夏。"汉服，也称为华服，可追溯至三皇五帝时期，传统延续数千年。汉服的全称是汉民族传统服饰，就像民族服饰一样是文化的标志与象征，由于古代大多中原朝代都是汉族专权，所以根据不同的朝代，汉服也分为不同的形制，例如唐制、宋制与明制等。"汉服文化节"主题仪式的目标对象是汉服爱好者，活动的时间定为每年农历八月十五中秋节，活动的地点定在唐崖土司遗址。

近年来，例如汉服、旗袍等传统服饰开始频繁出现在大众的视野里，也由此聚集形成了一大批热爱汉服等传统文化的群体。在汉服的设计中，蕴含着数千年华夏文明的底蕴，其做工等方面十分考究。在典型的汉服设计中，其袖口宽大，象征着天道圆融，领口以直角相交，意味着地道方正，整体衣服分为上衣与下裳两部分，象征着两仪；上衣由四幅布组成，代表着一年四季，而下裳用布十二幅，意味着一年的十二个月。从汉服中映射出的是千百年来的华夏文明与智慧。因此，在唐崖文化的传承与传播过程中，服饰也是唤醒其文化记忆的重要一环，通过将汉服等传统服饰融入家风家训文化之中，既能够营造具有古风古韵的环境氛围，又能提升文化节的沉浸与体验感。

2. 活动内容

"汉服文化节"的主题仪式主要包括以下三点活动内容：第一，邀请具有一定声望的汉服研究者与汉服表演舞者，在唐崖土司城内举行汉服文化的授课与中秋的赏月表演；第二，选出汉服爱好者（夫妇或情侣），现场体验和展示传统婚礼仪式，引导参与者积极学习古训礼节；第三，在唐崖土司城遗址景区门口设置非遗的展销长廊与汉服的专门卡位，提供如汉服、油纸伞、灯笼等商品售卖，并表演地区非遗的代表项目。

（三）"重阳敬老在唐崖"主题仪式

1. 活动意义

重阳节，每年的农历九月初九，是中国的传统节日。在中国的传统民俗观念中，数字九是最大数，象征着"长久长寿"，有着人们寄予老人健康长寿的美好愿景。"九"数在《易经》中为阳数，"九九"两阳数相重，故曰"重阳"；因日与月皆逢九，故又称为"重九"，登高赏月与敬老是当代重阳节的两个活动，"重阳敬老在唐崖"主题仪式的目标对象包含唐崖镇60岁以上的老人群体，活动时间定在重阳节当天，地点定在唐崖镇。

在唐崖土司城址入选世界文化遗产名录后，唐崖镇也发生了巨大的变化，原本住在遗址附近的村民也都搬进了楼房。随着物质生活水平的提高，人们对于精神文明生活的需求也逐步增加。在老龄人口较多的乡镇地区，围绕老人所开展的文化活动具有一定意义：通过借助传统节日的文化习俗，去慰问唐崖镇的老人。

2. 活动内容

围绕"重阳敬老在唐崖"的主题仪式主要分为三个方面：首先，在节日当天，组织爱心人士为镇上的老人们发放节日慰问礼品，并发出参与现场活动的邀请；其次，在唐崖镇镇上安排熟鸡蛋的发放点，老人可凭身份证明进行领取；最后，在唐崖镇的广场上，安排非遗文化——南剧的会演，为老人准备现场观演的凳子等设施。

（四）"一封家书"主题仪式

1. 活动意义

家书一笺，诉念缱绻。在古代，车、马、邮件都慢，家书传递不易，正因此我们才见识了"洛阳城里见秋风，欲作家书意万重"的思乡情切；"烽火连三月，家书抵万金"的国破离殇；"每报家书至，心如喜惧何"的欣喜欲狂以及"私忧国计无归着，屡到家书亦厌烦"的为国情怀。而进入电子信息时代后，家书成了人们遥远的记忆……

"一封家书"主题仪式的目标对象包括唐崖土司城址的游客，其活动地点在唐崖土司城址内，举办时间为一个季度。家书记录与传递每个家庭的家风与家训文化，在当下电子化时代，通过笔和纸来真实地记录，能够帮助唤醒人们对家的文化记忆与情感。

2. 活动内容

"一封家书"的主题仪式包含三个方面的内容：第一，在景区门口设置点位，发放牛皮纸、明信片、邮票、信封与笔，游客可凭门票领取，一人一份，游客可为家里的长辈或自己手写一封家书，表达心中对长辈的感激之情或对自己的家风总结，完成后可贴上邮票，投入邮箱；第二，在景区内设置多个印章打卡点，游客可将手写的家书进行多个盖章，具有一定的纪念意义；第三，围绕"家风""家训""家书"等安排相关诗歌、文章等背诵，当游客成功回答抽取的背诵题目后，可获得景区赠予的纪念版家书一封。

（五）"以茶论道"主题仪式

1. 活动意义

恩施咸丰县唐崖镇的白茶是当地的支柱性产业，全镇的白茶种植面积达1.6万亩，借助"世遗唐崖"的品牌号召力，以唐崖遗址多种文化元素形成了"唐崖茶"独特的品牌标识。2019年，"唐崖茶"成了咸丰县茶叶的公共品牌，2021年全镇茶叶销售收入就达到了1.5亿元。

"以茶论道"主题仪式的目标人群是全国受众，活动时间为一年，活动地点分为线上与线下。每当春暖花开之际，茶叶的丰收使咸丰这座鄂西小城变得欣欣向荣、生机勃勃。通过邀请当地的白茶文化传承人在网上授课，并在线下与当地的中小学校积极联动，到现场把自己的家风家训娓娓道来，在积极展现非遗技艺的同时，更为重要的是对中小学生进行积极教育，教育他们要有专心一件事、坚持一件事、做好一件事的品质，并以匠心茶人的初心，坚持弘扬唐崖地区的茶文化。

2. 活动内容

以"清廉家风"为主题，依托茶文化，结合唐崖地区乃至咸丰县的历史典故，用极具特色的茶廉文化，给广大中小学生带来廉政家风家训的教育课。以茶为载体，打造从种茶、采茶、炒茶到焙茶、品茶的生活方式和系列活动。

（六）"文化和自然遗产日"主题仪式

1. 活动意义

每年六月的第二个星期六，是我国的"文化和自然遗产日"，咸丰县作为唐崖之乡，拥有历史悠久底蕴丰厚的文化遗产，若能参与到"文化和自然遗产日"的活动中来，不但可以提高当地居民对于唐崖文化的文化认同感，还能提高当地居民的文化保护意识，共建人人保护文化遗产、文化遗产惠及人人的良好社会氛围。

该主题仪式目标群体为游客与全县的学生群体等，活动时间为每年六月的第二个星期六，活动地点为唐崖土司城址内。借助"世遗唐崖"的品牌号召力，依托"文化和自然遗产日"，咸丰县可将全县的非物质文化遗产进行全方位、矩阵化的传播。咸丰县全县目前有非物质文化遗产国家级项目2项、省级项目16项、州级项目40项、县级项目83项。通过展演非遗表演节目，展示、展销非遗项目，吸引游客的参与，促进当地的非遗文化传承与传播。

2. 活动内容

"文化和自然遗产日"主题仪式可分为三部分：首先，在唐崖土司城址景区门口搭建场地，进行全县的非遗文化展演，如南剧、巴邑草把龙、三棒鼓、板凳龙、板凳拳等非遗项目；其次，设置非遗项目的展销点，邀请非遗的传承人现场为游客表演传统技艺，游客可亲身体验非遗文化，如土家族吊脚楼营造技巧、尖山石刻与何氏根雕等；最后，组织前来的学生进行非遗的研学活动，安排导师为学生讲解唐崖土司城址的历史价值和文化价值，让学生在游历途中对遗产保护研究、传承弘扬获得全新的认识，清楚作为年青一代应肩负的职责与使命。

五　景观传播与建造唐崖文化主题园设计创意

情境主义国际的创始人居伊·德波，在其著作《景观社会》的开篇写道："在现代生产条件无所不在的社会，生活本身展现为景观的庞大聚集。直接存在的一切全部转化为一个表象。"① 在围绕世界文化遗产唐崖土司城址所建设的唐崖文化主题园中，唐崖的地域文化是该主题园的核心。景观传播，顾名思义是景观化的传播，指的是通过建构特色的景观序列，打造以视觉化传播为中心的景观，利用特色的景观建造，实现在城市或旅游传播中的差异化与独特性。唐崖镇依托"世遗唐崖"所开发的旅游文化项目，可融合土家族的民族风格建筑设计，打造文旅融合的特色景观。

关于唐崖文化主题园的设想，借助景观传播的视角需要考虑两个方面：其一，如何将唐崖文化与建筑融为一体，体现唐崖特色景观；其二，打造的景观又如何进行传播。以下会结合唐崖土司城址的未来规划展开景观传播的设想。

关于建造什么样的景观，主要涉及的是城镇规划、园林设计方面的视觉呈现。通过仿古的建筑风格，还原历史图景，让游客置身于此能够感受到文化的厚重感，达到润物细无声的视觉效果。根据咸丰县的"一心三园四镇五廊N村"的旅游空间布局明细，将以唐崖土司城遗址为核心，拓展至唐崖镇区周边，包括南河、双河口、彭家沟、谢家坝、大石沟、横路、大水坪等村。策划思路按照以世界文化遗产唐崖土司城遗址为核心，以唐崖文化为内涵，与影视、文化艺术、旅游商品等相结合，打造4A级景区，形成集遗产观光、文化体验、休闲生活三位一体的文化遗产旅游地。

唐崖土司世遗小镇的目标定位在湖北第一古镇、中国一流古镇与世界知名古镇。策划思路是以水为脉，以唐崖文化为魂，对古泉、古桥、古渡、古水车等古镇节点要素予以重点打造，并针对其分布现状，制定不同主题、不同业态的旅游组团，形成鲜明的特色。以"古韵""土家族民俗""唐崖文化""干栏建筑"为主要元素，打造

---

① [法]居伊·德波：《景观社会》，王昭风译，南京大学出版社2006年版，第3页。

特色古镇文化景观。

此外，根据家风与家训文化主题，将大水坪村的严家祠堂作为围绕家风的文化景观建造，策划思路在于对严家祠堂建筑进行保护性修缮，加强传统文化挖掘与开发利用，整治周边环境，搭建旅游公路、旅游厕所、停车场、游客接待处等配套设施，将其打造为集乡村旅游、中国家风家训文化产业基地于一体的文化旅游景区。

在规划中，对于特色村落的建造还有如"茶马印象白岩村""果色添香白地坪""土苗风情老寨村""生态农旅天上坪""现代农园湾田村""茶香秘境沙坝村""灵芝蜜果水车坪"等21个村落景观的设计。

针对景观传播的第二个步骤，即如何传播景观，侧重于传播中的"5W"要素。在唐崖文化主题园的传播过程中，从传播者的视角来看，除传统的地方电视台与官方机构的传播主体，借助新媒体时代的低门槛，人人都能成为一部"移动电台"，多元主体的参与有利于扩大传播的社会面；从传播内容的视角来看，多元主体带来的是更加多元的记录视角，内容更加偏向生活化，不同于宏大的叙事内容，以微观记录的生活内容更易打动受众；从传播渠道来看，可分为线上与线下的渠道布局，在线下可在高速公路投放广告牌、酒店投放唐崖文化园的宣传手册等，在线上可以官方的新媒体平台账号与投放信息流广告为主要渠道。

从传播受众的视角来看，需要通过调研来完成对潜在游客受众的需求了解，根据中国旅游研究院的"广之旅家庭旅游专项调研"发现，无论是单身还是已婚有无孩子的家庭，其家庭成员都比较渴望进行家庭旅游，这一比例高达60%以上（见图5.34）。家庭旅游比起成年人个人的旅游来说，除了身心放松和开阔视野，多了一些教育意义，可以锻炼体魄、增进感情、增长见识、培养沟通能力和提高适应能力，因此是非常积极有益的。

通过受访者对旅游地点的选择情况可以看出，在关于旅游地点

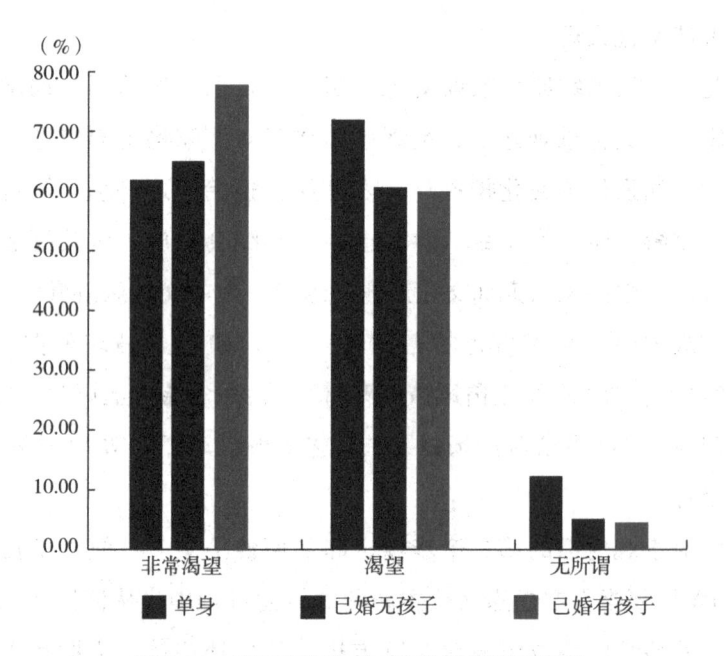

图5.34 不同家庭构成对家庭旅行渴望程度

的选择情况中，本省的其他城市成为热门选择，这一比例高达63%，外省的选择也比较高，达到了57%，本城市的选择占比为27%。这类家庭希望在家庭游和亲子游中获得收获，且本省市成为其热门选项（见图5.35）。但在对中国家庭旅游项目的调研中发现，有高达54.50%的家庭认为旅游项目缺乏家庭服务，对家庭成员的需求无法兼顾，此项高居榜首；44.1%的调查对象认为参加过的家庭旅游缺乏教育意义；分别有38%、34.2%的调查对象认为家庭旅游景点具有产品设计不合理、性价比差的问题（见图5.36）；其次也存在主题不突出等问题。家庭旅游是实施教育的一种良好的方法，提供了家长在工作外时间里与孩子相处的机会和场景，也提高了家长能够对孩子进行家风教育的可能性。

唐崖家风家训文化主体产业园因为其民族性、特色性、独一性、平民性将在文旅方面占据着极其重要的地位。随着人民生活水平的提高以及家庭对于旅游重视程度的显著增高，通过中国旅游研究院

第五章 唐崖文化实践与传播创新

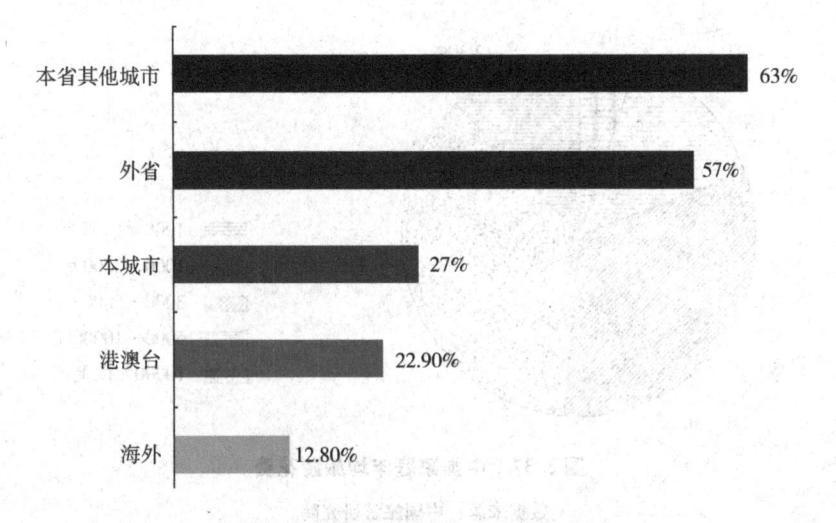

地点	百分比
本省其他城市	63%
外省	57%
本城市	27%
港澳台	22.90%
海外	12.80%

图 5.35 受访者对旅行地点的选择情况

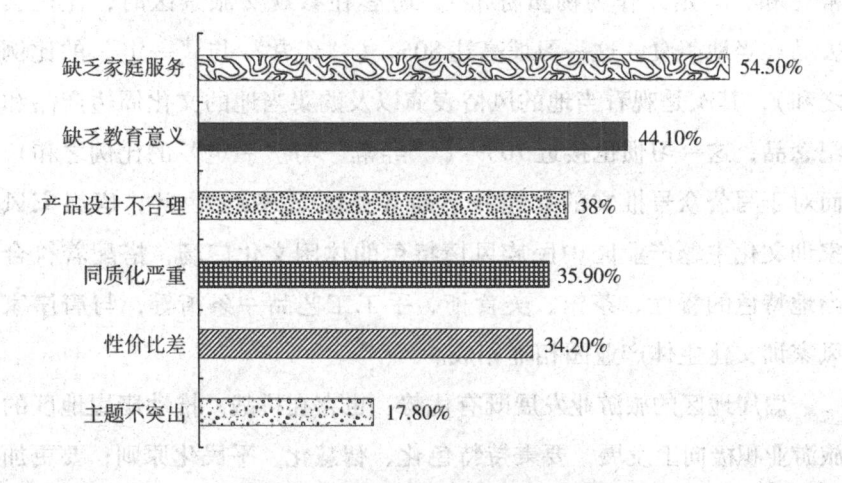

痛点	百分比
缺乏家庭服务	54.50%
缺乏教育意义	44.10%
产品设计不合理	38%
同质化严重	35.90%
性价比差	34.20%
主题不突出	17.80%

图 5.36 中国家庭旅游项目的痛点

的"广之旅家庭旅游专项调研",对中国家庭旅游的旅游花费情况进行了统计,近七成研究对象的家庭旅游年均花费为 1000—5000 元,表示愿意花费 5000 元及以上用于家庭旅游的受访者占 19.1%(见图 5.37),高品质和高性价比的家庭旅游产品需求并重。

通过调查研究发现,根据受访者的旅游习惯可以看出(以"经

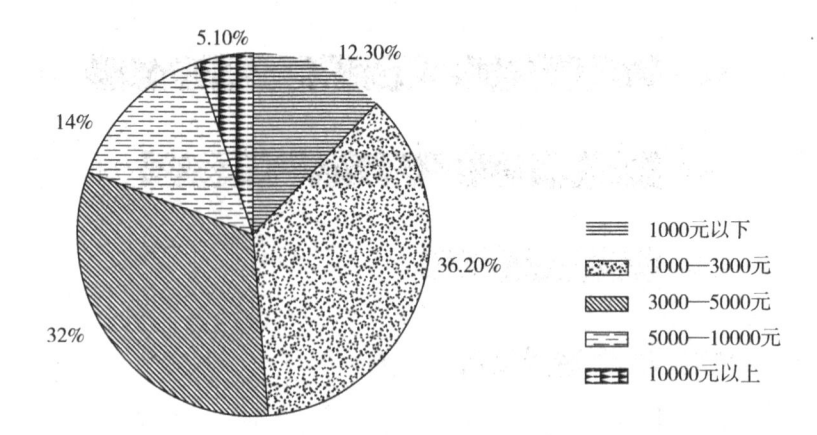

图 5.37 中国家庭年均旅游花费

数据来源：中国旅游研究院。

常"和"一定"作为衡量标准），游客在参观文旅景区时，往往会去品尝当地美食，这一习惯高达80%（"经常"与"一定"的比例之和），其次是观看当地的风俗表演以及购买当地的文化周边产品和纪念品，这一习惯也接近70%（"经常"与"一定"的比例之和），而对于写公众号推文的兴趣并不高（见图5.38）。由此，唐崖家风家训文化主题产业园中民族风情特色的休闲文化广场，搭配着符合当地特色的餐厅、茶馆、美食街、手工工艺品一条街等，与唐崖家风家训文化主体产业园相辅相成。

  唐崖地区的旅游业发展既有优势，也存在挑战。推动唐崖地区的旅游业积极向上发展，要秉持特色化、智慧化、平民化原则；要更加注重游客的体验，满足受众的基本游玩需求；要深刻确立"绿水青山就是金山银山"的意识，不能以牺牲环境为代价发展旅游业。唐崖地区的当地人民政府和相关组织人员应该树立民族资源和旅游资源有机融合发展的意识，积极做好民族文化资源的挖掘以及景区的有机规划，在加大品牌宣传力度的同时也要注重对民族地区文化传承人的积极保护和寻找。要正确地处理好民族信仰、文化尊重、旅游资源的开发与发展、乡村振兴、脱贫攻坚等之间的关系，做到可持续发展。

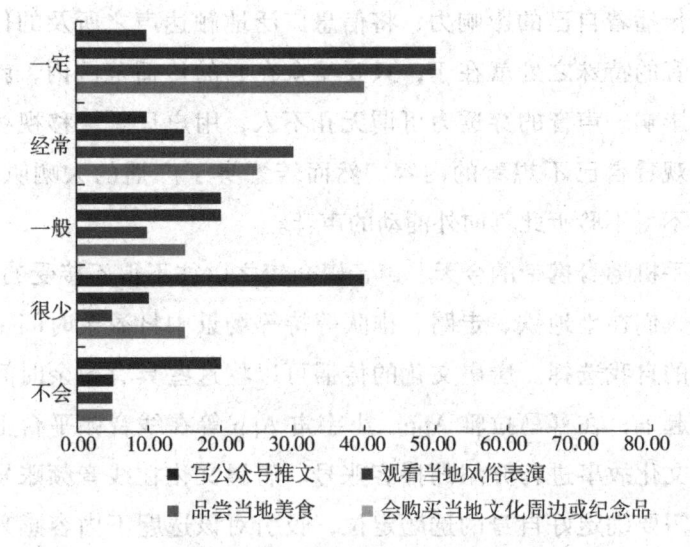

图 5.38 受访者参观文旅景区的旅行习惯

第六节 新媒介与唐崖文化主题景观推广

近年来互联网的准入门槛不断降低，使用群体也越发庞大，因此对于唐崖文化的推广在确保线下宣传的同时也需要做好线上布局，利用新媒体时代的多种媒介，对唐崖文化加强传播，将唐崖文化渗透进人们的日常生活与媒介使用中。根据用户使用场景的不同，新媒介可以分为作为声音媒介的博客、电台 App，以及作为影像媒介的抖音、快手、哔哩哔哩等平台，还有轻量化传播的微信小程序等。根据这些不同媒介平台的自身特点，在确定唐崖文化的新媒体定位之后，需要将唐崖文化做好整合传播，在信息投放上不断强化关于唐崖文化的内容，令用户对唐崖文化增进了解、产生兴趣并给予认同。

一 听觉唤醒：借助在线音频激活唐崖文化声音传播场景

声音媒介是原始而有效的一个传播渠道，早在如今的喜马拉雅 App、小宇宙 App 流行以前，广播就在村头田间以声音日复一日年复一年地传播着自己的影响力,将信息广泛地触达声之所及的任何地方。声音的特殊之处就在于,只要受众在它的传播范围内,就很难不受其影响。声音的穿透力可谓无孔不入,用户只需转移视线就可以拒绝观看自己不想看的内容,然而若置身于广播的大喇叭之下,耳朵就不得不聆听此刻向外涌动的声音。

在手机随身携带的今天,声音媒介较之以往不得不接受的广播,更像是人们在坐地铁、走路、排队等待等场景中将盈余时间主动利用起来的自我选择。唐崖文化的传播可以将这些具有盈余时间的场景激活起来,在喜马拉雅App、小宇宙App等在线音频平台上创建对唐崖文化故事进行介绍的播客账号。唐崖文化在线音频账号的运营首先需要确定好自身的选题定位,吸引对该选题下内容感兴趣的分众化受众,其次应当保证一定时间内的作品产出数量,将内容产出维持在一个较为稳定的频率内,避免受众的流失。

图5.39艾媒咨询统计数据显示,2021年我国在线音频的用户规模已达6.4亿人,在过去五年里在线音频的用户规模持续稳步增长,每年新增用户数将近七千万人,预计2022年我国在线音频用户规模可达6.9亿人。而以往关于唐崖文化的线上推广方式中鲜少使用在线音频,因此这将近7亿的在线音频用户群体可以算是一个巨大的唐崖文化受众潜在蓝海群体,将唐崖文化故事以在线音频的形式进行讲述也势必能为唐崖文化传播开辟新的疆域。

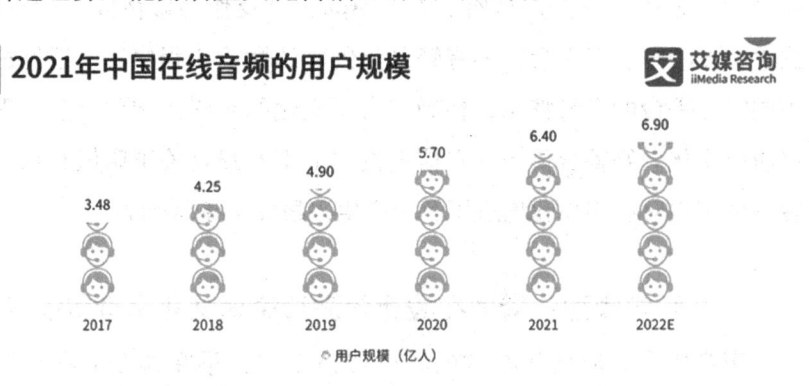

图5.39 2017—2022年我国在线音频的用户规模统计

二 光影流动：创作短视频搭建唐崖文化影像生态

自 2017 年以来，短视频媒介在我国迅速勃兴，如果说 2016 年以前是微信公众号主导的新媒体文字时代，那么抖音、快手爆火以后，伴随背景音乐进行内容创作的短视频则开启了新媒体影像时代。唐崖文化的线上宣传要抓住短视频的风口，在用户聚集最多的地方将唐崖文化推广开来。在内容生产上，可以借助抖音、快手等短视频平台不同时期的热点创作形式，以唐崖文化为内容主题进行联动创作，如唐崖土司夫人的变装视频；也可以以唐崖文化故事作为创作背景撰写脚本，再现唐崖文化曾经的礼仪、饮食、节庆纪念等。总之，要在适应短视频平台创作风格的基础上坚持唐崖文化的精神内核，在利用短视频推广唐崖文化的同时，也达到搭建起唐崖文化影像生态的客观效果。

如图 5.40，受访者中希望通过短视频来了解家风家训文化的比例最大，占到所有受访者的半数左右，因此通过短视频来推广唐崖家风家训文化一定有其可取之处。短视频有两大特点，一是时长较短，因此信息含量很低；二是以视频影像的形式来呈现，十分清晰直观。对文字材料进行阅读需要一定的知识门槛，但是看懂短视频

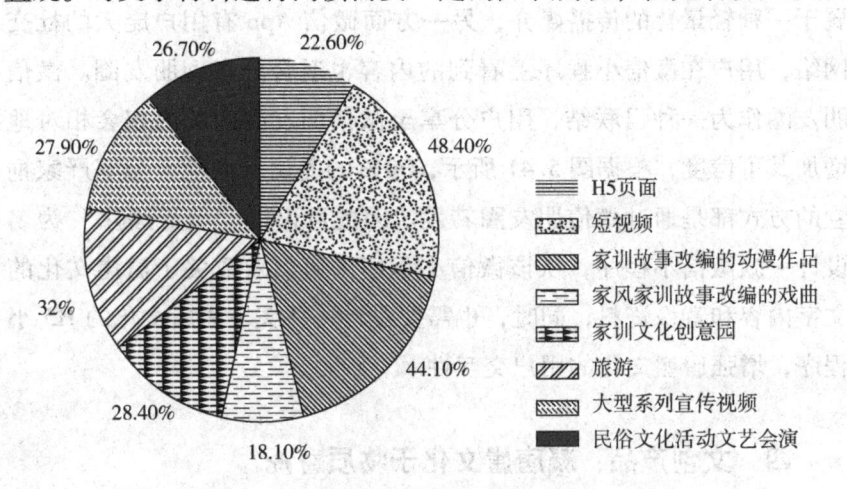

图 5.40 吸引受访者了解家风家训文化的形式

内容则不需要调动太多感官进行思考。在抖音、快手上较为受欢迎的短视频作品大多具有一定的故事性，能利用较短时间造成较大反差，制造令观众出其不意的效果。因此，直白地利用短视频进行唐崖文化知识科普可能不会收获很好的反馈，知识科普需要准确、细致、专业的讲解，更适配长视频的传播形式。因此将唐崖文化历史知识融入以小故事形式进行创作的短视频之中就会更加易于传播。

唐崖文化有着深厚的文化底蕴和丰富的精神内核，因此可以用来当作短视频创作素材的内容也不胜枚举。比如当地土家族的传统习俗"哭嫁"，唐崖文化进行短视频创作时可以把哭嫁作为主题，拍摄相应的婚嫁场景或当地男女的爱情故事甚至婚嫁服饰的变装视频。除此以外，短视频内容创作积累一定数量的粉丝后，还可以利用电商直播上架恩施当地的特色物产助力乡村振兴，如咸丰的茶叶产业，咸丰当地还有一些采茶歌，也可以借之进行短视频创作。

三 轻量传播：设计"美好唐崖"微信小程序

微信小程序依靠微信搭建，在需要使用时只需在微信搜索框里搜索该小程序的名称，这种背靠大树好乘凉的使用方式，一方面不需要用户在使用小程序时再去应用商店下载，节省了时间和精力，属于一种轻量化的传播媒介，另一方面微信 App 有用户庞大的社交网络，用户在微信小程序上看到的内容也适合分享到朋友圈。微信朋友圈作为一种强联结，用户分享至微信朋友圈内的内容会相对地增加其可信度，根据图 5.41 所示，30% 的受访者向他人分享严家祠堂的方式都是通过微信朋友圈转发。因此可以以"美好唐崖"为名设计一款微信小程序，从该微信小程序中可以获取关于唐崖文化的文字内容和音像资料，同时，也需要设计一些关于唐崖文化的 H5 小程序，增强唐崖文化的用户交互性。

四 文创产品：凝唐崖文化于物质寄托

唐崖文化的线上推广方式都是非物质性的，唐崖文化作为无形

第五章　唐崖文化实践与传播创新

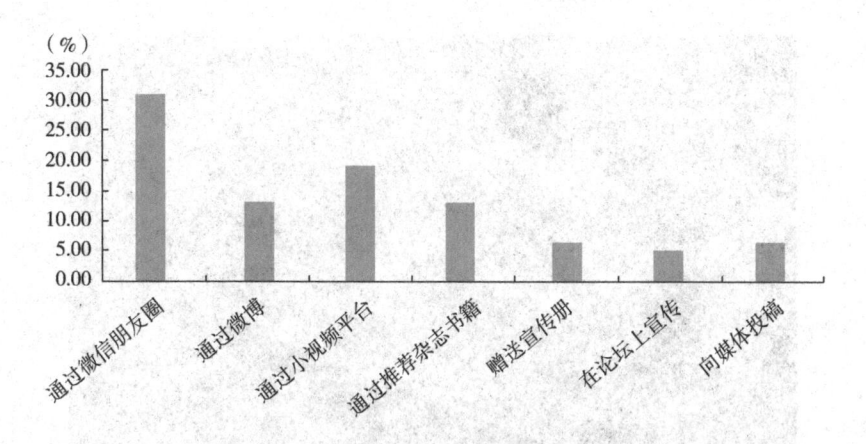

图 5.41　受访者向他人分享严家祠堂的方式

的精神文明内容同样需要借助有形的物质实体对其进行传承和传播，设计唐崖文化相关的文创产品就是一种将无形的唐崖文化寄托到有形的物质产品中的重要形式（见图 5.42—图 5.50）。

图 5.42　唐崖家风字帖

唐崖：文化记忆与传播创新研究

图 5.43 唐崖文化笔记本

图 5.44 唐崖文化笔袋

第五章 唐崖文化实践与传播创新

图 5.45　唐崖文化纸扇

图 5.46　唐崖文化油纸伞

图 5.47　唐崖文化民族服饰

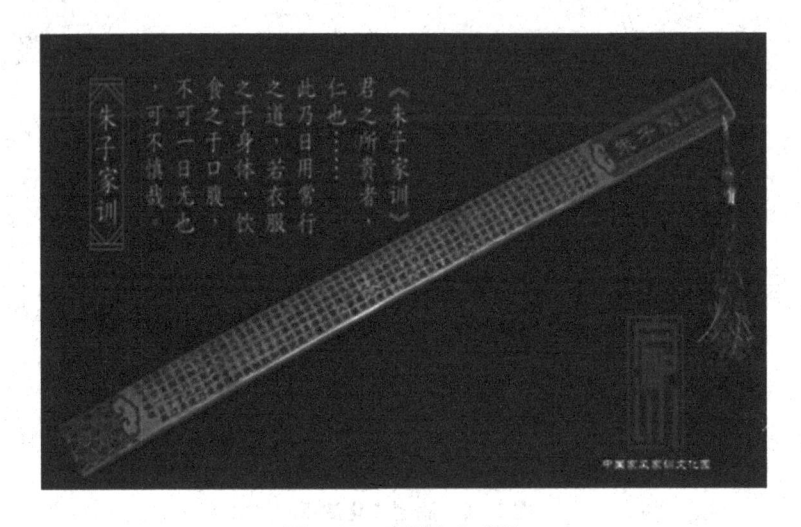

图 5.48　唐崖文化戒尺

第五章　唐崖文化实践与传播创新

图 5.49　听训南楼皮影

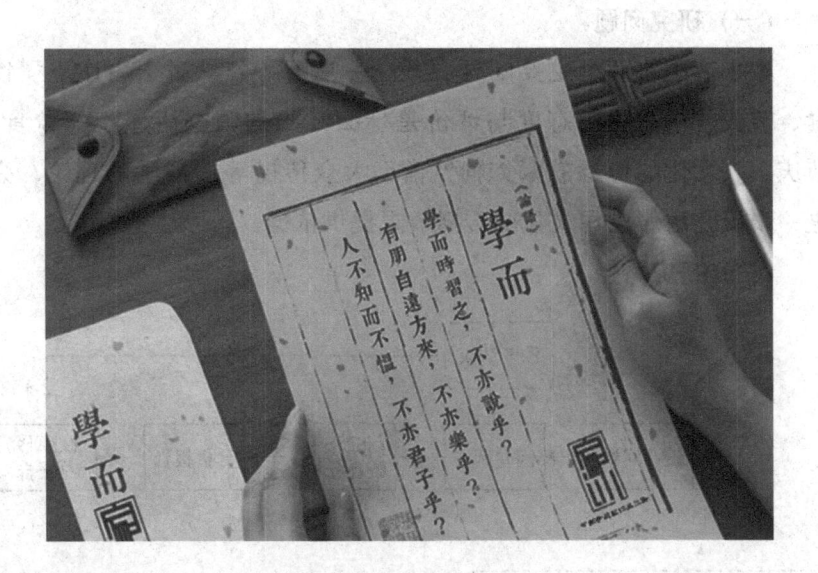

图 5.50　唐崖文化信封

附录1　关于恩施唐崖地区饮食、节庆、茶文化问卷调查分析

一　研究问题、研究路径与研究假设

（一）研究问题

本小节围绕两个主要问题展开。一是了解公众对于唐崖土司饮食、节庆、茶文化的态度与评价是什么？二是调查唐崖土司饮食、节庆、茶文化的传播效果如何？借助大众传播等传播学的理论，为进一步研究唐崖土司文化的传播效果提供依据。

（二）研究路径

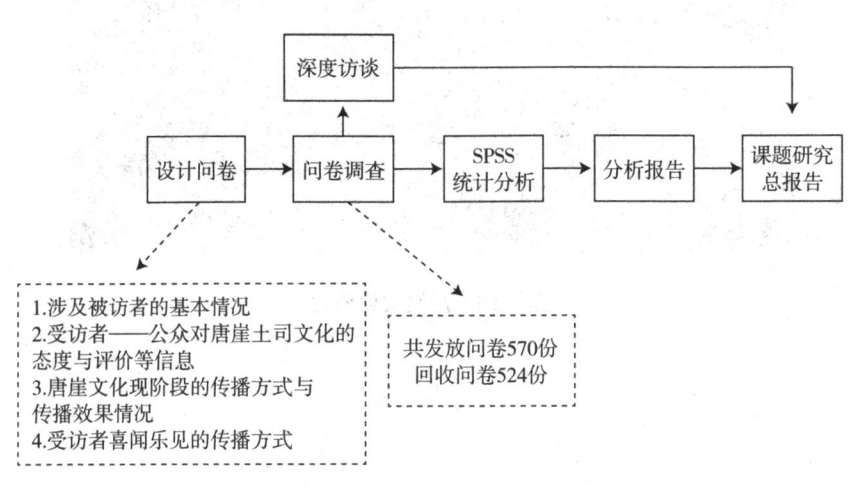

图 6.1　研究路径

二 研究假设

在传播效果方面,当地居民对于唐崖文化的了解较多。但是由于文化程度、居住地、性别、职业等方面的不同,其他地区的人民对于唐崖土司文化的了解较少,传播效果不明显。

随着唐崖土司城的申遗成功,唐崖文化渐渐走入公众视野,现有的传播方式不能满足当前的传播需要。

随着互联网的发展,使用受众喜闻乐见的新型网络传播方式能够加快唐崖土司文化的传播与扩散。

三 唐崖土司节庆文化、茶文化、饮食文化状况的描述与解读

(一)被访者社会人口特征

(1)性别

在所抽取的有效样本中,男性为152人,占20.1%;女性为372人,占70.99%(图6.2)。样本男性、女性的比例分布不均,女性样本较多。

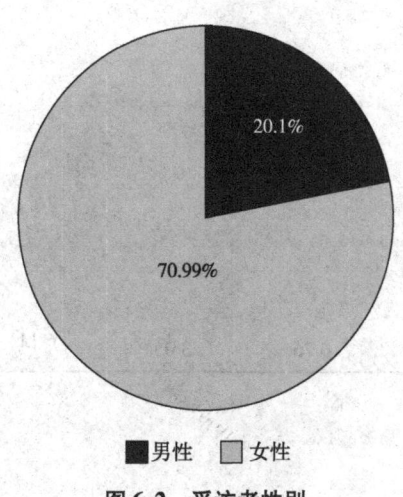

图6.2 受访者性别

（2）年龄

从调查结果中可以看出，被调查者中 18 岁及以下的占 2.29%，19—30 岁占 93.13%，31—45 岁占 1.53%，45—60 岁的占 3.05%，60 岁以上的为 0%（见图 6.3）。由此看来，19—30 岁年龄段的占总受访者比例九成以上，说明 30 岁以下的年轻受访者占样本量的大多数。

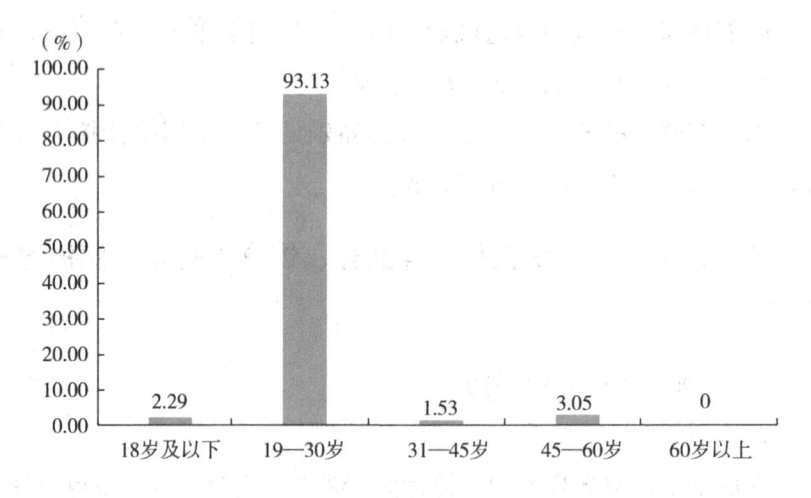

图 6.3 受访者年龄

（3）文化程度

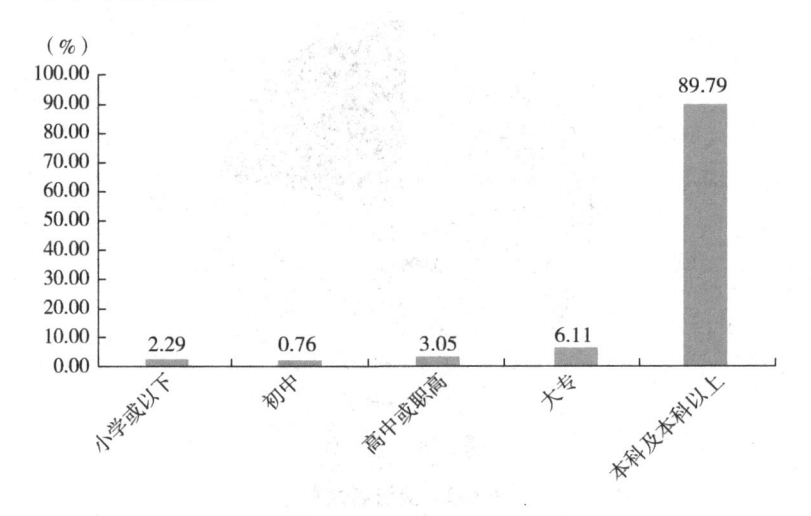

图 6.4 受访者文化程度

从图 6.4 可以看出，大学本科及以上所占比例为 89.79%，大专学历占 6.11%，高中或职高占 3.05%，初中学历占 0.76%，小学或以下学历的占 2.29%。大学本科及以上学历与大专学历比例之和占总被访者的 95.9%。说明被访者的受教育程度普遍较高。

（4）职业

在图 6.5 的被访者中，学生为 340 人，占 64.89%；专业人员占 12.21%；公司员工占 13.74%；务农者、离退休者、个体户均占 0.76%；公务员占 2.29%；待业占 4.58%。由此可见，学生占被访者比例的一多半。

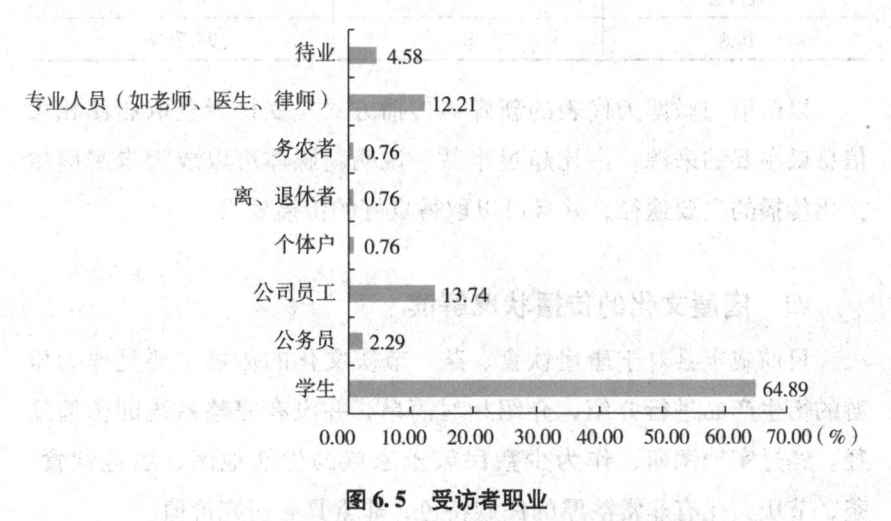

职业	百分比(%)
待业	4.58
专业人员（如老师、医生、律师）	12.21
务农者	0.76
离、退休者	0.76
个体户	0.76
公司员工	13.74
公务员	2.29
学生	64.89

图 6.5　受访者职业

三　被访者对唐崖关注状况

在了解被访者对唐崖文化的了解程度之前，我们应该了解被访者中有多少人曾经对唐崖有所关注。统计结果显示，在有效的样本量里，有 432 人在填写问卷之前未曾了解过唐崖，占总比例的 82.44%；曾经了解过唐崖的人数为 92 人，占总比例的 17.56%。由此可以看出虽然唐崖土司城遗址在 2015 年成申遗成功，但是大众对于唐崖的了解依然不多，在一定程度上说明，现有的传播方式的传播效果不明显。

经过一轮的问卷筛选，对剩下的受访者进行采访，了解到受访者获取唐崖信息的途径主要为以下几个方面（如表6.1）。

表6.1　　　　　　　　受访者了解唐崖信息的渠道

广播	16	17.39%
电视	24	26.09%
报纸、杂志	32	34.78%
微信	48	52.17%
微博	20	21.74%
宣传栏、公告栏	24	26.09%
宣传册	8	8.7%
其他	32	34.78%

以微信与微博为代表的新媒体传播方式是受访者获取唐崖相关信息最主要的来源，占比超过半数，说明新媒体可以成为未来唐崖文化传播的主要途径，并且可以取得良好的传播效果。

四　唐崖文化的传播状况解读

目前咸丰县对于唐崖饮食、茶、节庆文化的传播主要是作为旅游的衍生产品进行介绍，介绍相对简单，并没有完整系统的传播途径。经过实地调研，作为少数民族土家族的生活地区，当地饮食、茶、节庆文化有非常浓厚的民族特色，非常具有研究价值。

（一）唐崖饮食、茶、节庆文化的活动形式

对于主要的文化活动形式而言，受访者最会被吸引的活动方式为制作相关文化的专题片或电视节目和投放相关宣传广告，分别占62.60%和50.38%；然后是制作饮食、节庆和茶文化的文创产品和举办特色文化活动文艺会演，均占45.04%（如图6.6）。受访者希望能够有相关的专题片和电视节目说明现阶段受众无法对唐崖土司文化有一个系统和直观的了解。制作饮食、节庆和茶文化的文创产品与举办特色文化活动所占比例较高反映了受众更喜欢能参与其中以体验和感受的方式了解唐崖土司的饮食、节庆和茶文化的知识。

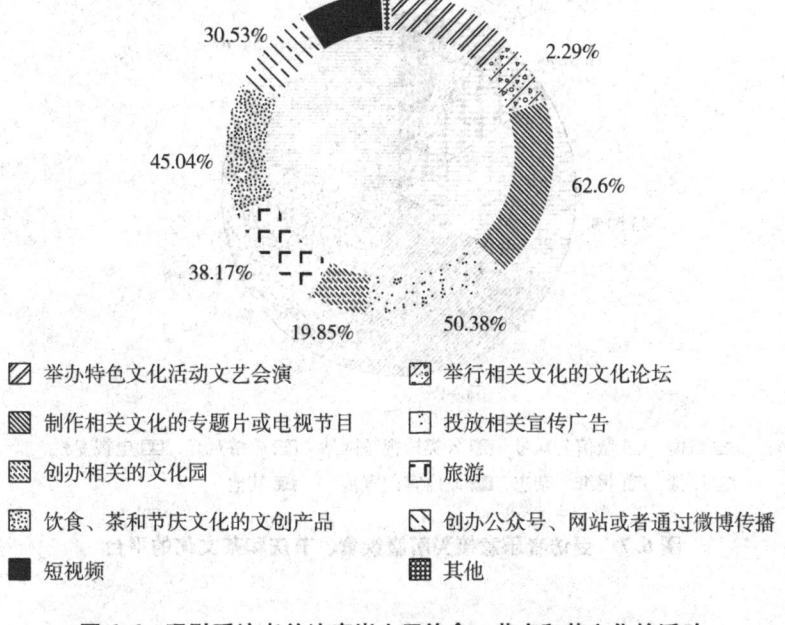

附录1 关于恩施唐崖地区饮食、节庆、茶文化问卷调查分析

[图表内容：
45.04%、3.05%、28.24%、30.53%、45.04%、38.17%、19.85%、50.38%、62.6%、2.29%

图例：
- 举办特色文化活动文艺会演
- 举行相关文化的文化论坛
- 制作相关文化的专题片或电视节目
- 投放相关宣传广告
- 创办相关的文化园
- 旅游
- 饮食、茶和节庆文化的文创产品
- 创办公众号、网站或者通过微博传播
- 短视频
- 其他]

图6.6 吸引受访者关注唐崖土司饮食、节庆和茶文化的活动

（二）受访者乐意接受唐崖饮食、节庆和茶文化的途径

与上文中提到的受访者获取唐崖信息渠道的趋势大致相同，问卷调查结果显示，受访者接受唐崖土司饮食、节庆和茶文化途径的前三位是微信公众号、微博、各类短视频网站这类新媒体平台，分别占59.54%、54.96%和53.44%，说明大多数受访者在主动获取和被动知晓唐崖文化的途径上会偏向于使用新媒体平台（如图6.7）。

（三）受访者向他人介绍唐崖饮食、节庆和茶文化的方式

受访者向他人介绍唐崖饮食、节庆和茶文化的方式首先用的是微信朋友圈，占83.21%；通过微博方式的占51.15%；通过各类短视频网站的占46.56%（如图6.8）。由此可见，这类新型的传播方式更受受访者的喜爱，而选择推荐相关杂志、书籍和向媒体投稿一类的传统传播方式的人相对较少。这说明在传播唐崖饮食、节庆和茶文化的时候可以选择微信、微博等平台，这样有助于唐崖饮食、

唐崖：文化记忆与传播创新研究

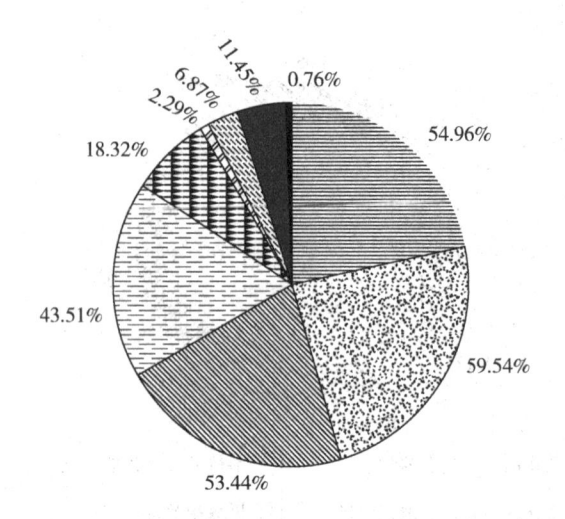

饼图数据：
- 54.96%
- 59.54%
- 53.44%
- 43.51%
- 18.32%
- 2.29%
- 6.87%
- 11.45%
- 0.76%

图例：微博　微信公众号　各类短视频网站　旅游观光　电视专栏　广播　报纸、杂志　政府官网宣传　其他

图 6.7　受访者乐意接受唐崖饮食、节庆和茶文化的平台

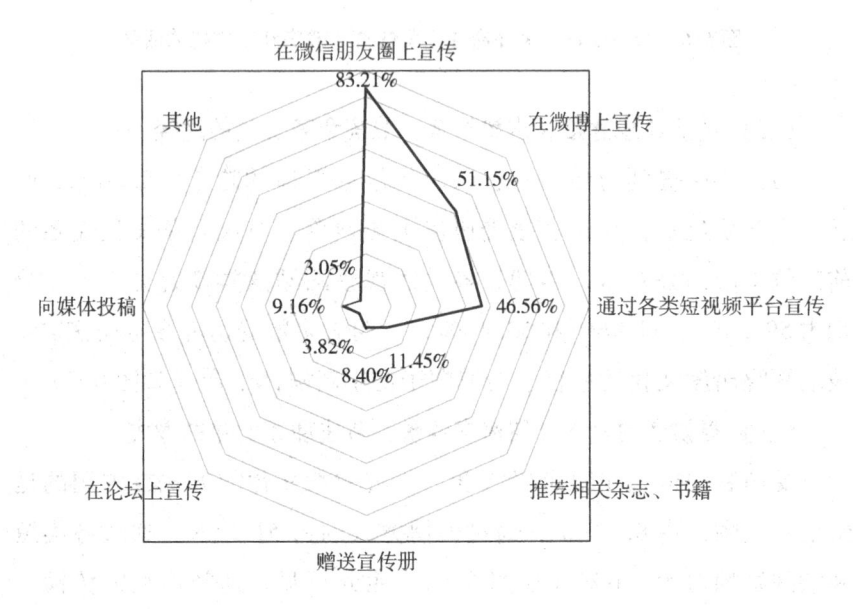

雷达图数据：
- 在微信朋友圈上宣传 83.21%
- 在微博上宣传 51.15%
- 通过各类短视频平台宣传 46.56%
- 推荐相关杂志、书籍 11.45%
- 赠送宣传册 8.40%
- 在论坛上宣传 3.82%
- 向媒体投稿 9.16%
- 其他 3.05%

图 6.8　受访者向他人介绍唐崖饮食、节庆和茶文化的方式

节庆和茶文化传播效果的扩大，使传播面更广。

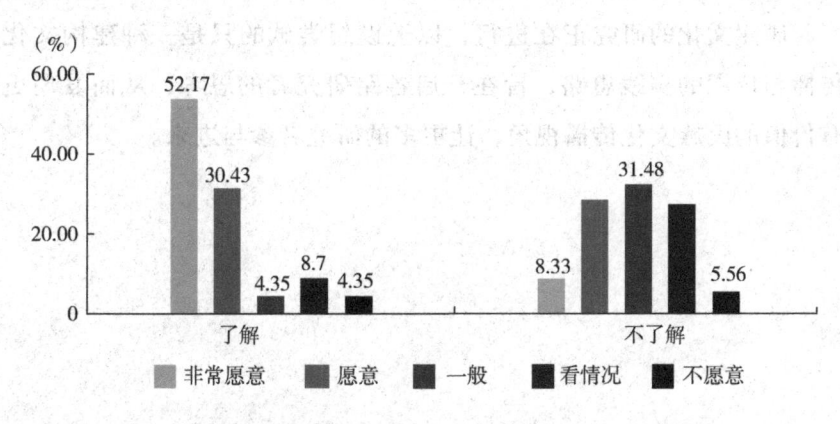

(四) 受访者了解唐崖土司饮食、节庆和茶文化的意愿

将"填写此问卷前您是否对唐崖地区有所了解?"与"如果建立一个关于唐崖饮食、节庆和茶文化的宣传公众号/微博官网账号您是否愿意关注?"这两个问题进行交叉分析我们可以看出,了解过唐崖地区的人更愿意关注与唐崖土司饮食、节庆和茶文化有关的平台。在对某事物有一定了解的前提下才会有继续了解下去的欲望,因此应该加大宣传力度,提高唐崖地区的知名度并形成良好的品牌效应,提升唐崖土司饮食、节庆和茶文化的传播效果(见图6.9)。

图6.9 受访者了解唐崖土司饮食、节庆和茶文化的意愿

五 总结

经过实地调研与问卷调查,唐崖饮食、节庆和茶文化的传播现阶段有两个问题。

第一,唐崖土司饮食、节庆和茶文化信息多作为附属产品出现,介绍与宣传多与旅游、民族知识相结合,缺乏系统性的梳理。在搜索唐崖土司饮食、节庆和茶文化相关的内容时,网上的相关信息数量少、介绍简单、信息分散,没有专门的网站或者公众号进行系统宣传。宣传力度不够、传播方式单一,导致传播效果不佳。

第二,传播范围小。经过调研发现,了解唐崖土司文化的受访者

数量较少，受访者大多数不了解唐崖土司文化。如何让更多的非当地人了解唐崖土司饮食、节庆和茶文化成为现阶段亟须解决的问题。

在调查受访者接受唐崖土司饮食、节庆和茶文化的途径时，可以看出新媒体平台成为受众接受信息的主要途径。因此加强唐崖土司饮食、节庆和茶文化的传播效果，要加大对新媒体平台的运用，针对不同的人群使用不同的传播途径，对唐崖土司饮食、节庆和茶文化进行系统、完整的整理，建立专业的微信公众号、微博官方网站等进行传播，完善相关的文化活动，多效合一，形成全方位的传播体系，从而达到最好的传播效果。

唐崖文化的研究正在进行，以上设想尝试的只是一种建构文化传播与传承的实践思路，旨在开启各路研究者的思考，从而发现更有价值的民族文化传播视角，让更多的研究者参与进来。

附录2　严氏宗规十六条完整版

《严氏宗规十六条》
乡约当遵

孝顺父母，尊敬长上，和睦乡里，教训子孙，各安生理，毋作非为。这六句，包尽做人的道理。凡为忠臣，为孝子，为顺孙，为圣世良民，皆由此出。无论贤愚，皆晓此文义，只是不肯著实遵行，故自陷于过恶。祖宗在上，岂忍使子孙辈如此。今于宗祠内仿乡约仪节，每朔日，族长督率子弟齐赴听讲，各宜恭敬体认，共成美俗。

祠墓当展

祠乃祖宗神灵所依，墓乃祖宗体魄所藏。子孙思祖宗不可见，见所依所藏之处，即如见祖宗一般。时而祠祭，时而墓祭，皆展示大礼，必加敬谨。凡栋宇有坏则葺之，罅漏则补之。垣砌碑石有损，则重整之，蓬棘则剪之。树木什器则爱惜之，或被人侵害盗卖盗葬，则同心合力复之。患小勿忽视，无愈时，若使缓延，所费愈大。此事死如事生，事亡如事存之道，族人所宜首讲者。

族类当辨

类族辨物，圣人不废。世以门第相高，间有非族认为族者，或同姓而杂居一里，或自外邑迁居本村，或继同姓为子嗣，其类匪一然。姓虽同而祠不同，入墓不同祭，是非难淆，疑似当辨，倘称谓亦从叔侄兄弟后，将若之何？故谱内必严为之防。盖神不歆非类，处己处人之道当如是也。

名分当正

非族者辨之，众人所易知易能也，同族者实有兄弟叔侄名分，彼此称呼，自有定序。挽近世风俗浇漓，或狎于亵昵，或狃于阿承，皆非礼也。至于拜揖必恭，言语必逊，座次必依先后。不论近族远族，俱照叔侄序列，情实亲洽，心更相安。名门故家之礼，原是如此。又有尊庶母为嫡、跻妾为妻者，大乖纲常，反蒙诟笑。又女子已嫁而归，辄居客位，是何礼数？吉水罗念庵先生宅，于归宁之女，仍依世序次，别设一席，可法也。若同族义男，亦必有约束，不得凌犯疏房长上，有失族谊，且寓防微杜渐之意。

宗族当睦

《书》曰"以亲九族"，《诗》曰"本支百世"。睦族，圣王且尔，况凡众人乎？观于万石居家，子孙醇谨，过里必下车，此风犹有存者。末俗或以富贵骄，或以智力抗，或以顽泼欺凌，虽能争胜一时，已皆自作罪孽。况相角相仇，循环不辍，人厌之，天恶之，未有不败者。何苦如此。尝谓睦族主要有三，曰尊尊，曰老老，曰贤贤。名份属尊行者，尊也，则恭顺退逊，不敢触犯。分属虽卑，而齿迈众老也，则扶持保护，事以高年之礼。有德行族彦贤也，贤者乃本宗桢干，则亲炙之，景仰之，每事效法，忘分忘年以敬之。此之谓三要。又有四务：曰怜幼弱，曰恤孤寡，曰周穷急，曰解忿竞。幼者稚年，弱者鲜势，人所易欺，则怜之，一有怜恤之心，自随处为之效力矣。鳏寡孤独，王政所先，况乎同族得于耳闻目击者乎？则悯之，贫者抚以善言，富者恤以财谷，皆阴德也。衣食窘急，生计无聊，命运亦乖，则周之，量己量彼，可为则为，不必望其报，不必使人知，事尽事心焉。人有忿则争竞，得一人劝之气遂平，遇一人助之气愈激，然当局而迷者多矣。居间解之，族人之责也，亦积善之一事也。此之谓四务。引伸触类，为义田，为义仓，为义学，为义冢，教养同族，使生死勿失所，皆豪杰所当为者。善乎陶渊明之言曰："同源分流，人易世疏。慨焉寤叹，念兹厥初。"范文正公之言曰："族于吾固有亲疏，自祖宗视之，则均是子孙，固无亲疏。"此先贤格言也。人能以祖宗之念为念，自知宗族之当念矣。

谱牒当重

谱牒所载，皆宗族祖父名讳，孝子顺孙，目可得睹，口不可得言，收藏贵密，保守贵久。每岁清明祭祖时，宜各带所编发字号原本，到宗祠会看一遍，祭毕仍各带回收藏。有鼠侵油污，磨坏字迹者，族长同族众，即在祖宗前量加惩诫，另择贤能子孙收管，登名于簿，以便稽查。或有不肖辈鬻谱卖宗，或誊写原本，瞒众觅利，致使以伪混真，紊乱支派者，不惟得罪族人，抑且得罪祖宗。众共出之，不许入祠，仍会众呈官，追谱治罪。

闺门当肃

男正位乎外，女正位乎内，圣训也。君子正家，取法乎此，其闺门未有不严肃者。纵使家道贫富不齐，如耕田采桑、操井臼之类，势所不免，而清白家风自在。或有不幸寡居，则丹心铁石，白首冰霜。如古史所载，贞烈妇女，炳耀先后，相传不朽，皆风化之助。亦以三从四德，婚训夙娴，养之者素也。若徇利妄娶，门阀不称，家教无闻，又或赋性不良，凶悍妒忌，傲僻长舌，私溺子女，则为家之索罪，坐其夫。若本妇委果冥顽，化诲不改，夫亦不如之何者，祠中据本夫告词，询访的确，当祖宗前合众，给以除名帖，或屏之外姓之家，亦少有所警矣。要之，教妇在初，择妇必世德。语曰："逆家子不娶，乱家子不娶。"《颜氏家训》"娶必欲不若吾家者，盖言娶贫女有益，并非迁就族类、娶卑陋之女，以贻祸也。"至于近时恶俗，人家妇女有相聚三十人结社讲经，不分晓夜者，有跋涉数千里外，望南海、走东岱祈福者，有朔望入祠烧香者，有春节看春灯者，有纵容女妇往者，搬弄是非者，闲家之道，一切严禁，庶无他患。

蒙养当豫

闺门之内，古人有胎教，又有能言之教，父兄又有小学之教、大学之教，是以子弟易于成材。今俗教子弟者何如？上者教之作文取科第功名止矣，功名之上，道德未教也。次者教之杂字柬笺，以便商贾书计。下者教之状词活套，以为他日习猾之地。是虽教之，实害之矣。族中各父兄须知子弟之当教，又须知教法之当正，又须知养正之当豫。七岁便入乡塾，学字学书，随其资质。渐长，有知识，便择端悫师友，将正经书史严加训迪，务使变化气质，陶熔德性。他日若做秀才做官，固为良士，为廉吏。若为农为工为商，亦不失为醇谨君子。

姻里当厚

姻者族之亲，里者族之邻。远则情义相关，近则出户即见，宇宙茫茫，幸而聚集，亦是良缘，况童蒙时代，或多同馆，或共游嬉，此之与路人迥别，凡事皆当从厚，通有无，恤患难，不论会否相与，俱以诚心合气遇之。即使彼曾待我薄，我不可以薄待，久之且感而化矣。若恃强凌弱，倚众暴寡，告富欺贫，捏故占人田地风水，侵山林疆界，放债违例，过三分取息，此皆薄恶凶习，天道好还，尤宜急戒，毋自害儿孙也。

职业当勤

士农工商，业虽不同，皆是本职，勤则职业修，职业修则父母妻子仰事俯育有赖。惰则资身无策，不免姗笑于姻里。然所谓勤者，非徒尽力，实要尽道。如士者则须先德行，次文艺，切勿因读书识字，舞弄文法，颠倒是非，造歌谣，匿名帖。举监生员，不得出入公门，有玷行止。仕宦不得以贿败官，贻辱祖宗。农者不得窃田水，纵牲畜作践，欺赖田租。工者不可作淫巧，售敝伪器什。商者不得纨袴冶游，酒色浪费。亦不得越四民之外，为僧道，为胥隶，为优戏，为椎埋屠宰。若赌博一事，近来相习成风，凡倾家荡产，招祸速衅，无不由此。犯者宜会族众送官惩治，不得罪坐房长。

赋役当供

以下事上，古今通谊。赋税力役之征，皆国家法度所系，若拖欠钱粮，躲避差徭，便是不良的百姓，连累里长，又准不得事，仍要赋役完官。是何算计？故勤业之人，将一年本等差粮，先要办纳明白，讨经手印押，收票存证，上不欠官粮，何等自在，亦良民职分所当尽者。

争讼当止

太平百姓，完赋役，无争讼，便是天堂世界。盖讼事有害无利，要盘缠，要走路，若造机关，又坏心术，且无论官府廉明如何，到城市，便被歇家撮弄，到衙门，被胥皂呵叱。俟候几朝夕，方得见官，理直犹可，理屈到了底吃亏，受笞杖，受罪罚，甚至忘身辱亲，冤冤相报，害及子孙。总之，则为一念客气始，不可不慎。经曰："君子以作事谋始"。始能忍，终无祸，始之时义大矣哉。即有万不得已，或关系祖宗、父母、兄弟、妻子情事，私下处不得，没奈何闻官，只亦从直告诉官府善察，情更易明白。切莫架桥捏怪，致问招回。又要早知回头，不可终讼。圣人于讼卜曰："惕，中吉，终凶。"此是锦囊妙策。须是自作主张，不可听讼师棍党教唆，财被人得，祸自己，当省之省之。

节俭当崇

老氏三宝，俭居一焉。人生福分，各有限制，若饮食衣服，日用起居，一一朴啬，留有余不尽之享，以还造化。优游天年，是可以养福。奢靡败度，俭约鲜过。"不逊宁固"，圣人有辨，是可以养德。多费多取，至于多取，不免奴颜婢膝，委曲徇人，自丧己志。费少少取，随分随足，浩然自得，是可以养气。且以俭示后，子孙可法，有益于家；以俭率人，敝俗可挽，有益于国。世固莫之能行。何哉？其敝在于好门面一念。始如乎讼，好赢的门面，则鬻产借债，讨人情钻刺，不顾利害吉凶礼节。好富厚的门面，则卖田嫁女，厚赂聘媳，铺张发引，开厨设供，倡优杂沓，击鲜散帛，乱用绫纱，又加招请贵宾，宴新婿，与搬戏许愿，预修祈福，力实不支，设法应用，不知挖肉补疮，所损日甚，此恶俗可悯可悲。噫，士者民之倡，贤智者庸众之倡，责有所属，吾日望之。

守望当严

上司设立保甲，只为地方，而百姓却乃欺瞒官府，虚应故事，以致防盗无术，束手待寇，小则窃，大则强，及至告官，得不偿失，即能获盗，牵累无时，抛弃本业，是百姓之自为计疏也。民族虽散居，然多则千烟，少则百室，又少者数十户，兼有相邻同井，相友相助，须依奉上司条约，平居互议。二人有事，递为应援，或合或分，随便邀截，若约中有不遵防范，踪迹可疑者，即时察之。若果有事实可据，即会呈送官究治。盖思患预防，不可不虑。奢靡之乡尤所当虑也。

邪巫当禁

禁止师巫邪术，律有明条。盖鬼道盛，人道衰，理之一定者。故曰：国将兴，听于人；将亡，听于神。况百姓之家乎？故一切左道惑众，诸辈宜勿令至门。至于妇女识见庸下，更喜媚神邀福，其惑于巫术也尤甚于男子。且风俗日偷，僧道之外，又有斋婆、卖婆、尼姑、跳神、卜妇、女相、女戏等项，穿门入户，人不知禁，以至哄诱费财，甚或有犯奸盗者，为害不小。各夫男须皆预防，察觉其动静，杜其往来，以免后悔。此是齐家最要紧事。

四礼当行

先王制冠、婚、丧、祭四礼以范后人。载在《性理大全》及《家礼仪节》者，是皆国朝颁降者也，民生日用常行，此为最切。惟礼，则成父道，成子道，成夫妇之道。无礼，则禽兽耳。然民俗所以不由礼者，或谓礼节繁多，未免伤财费事。不知思其意而用其精，至易至简，何不可行。试言其大要。冠，则宾不用币，归俎止肴品果酒，不用牲，惟从简。族有将冠者，众则同日行礼，长子、众子各行其类。席如冠者之数，祝词不重出，加冠醮酒，祝后次第举之。拜则同庶人三加之礼，初用小帽、小深衣，履鞋，再用折巾绢衣皂靴，三用方巾或儒巾服，或直身，或襕衫员领，皆从便。婚则禁同姓、服妇改嫁，恐犯离异之律。女未及笄无过门，夫亡无招赘，无招夫养夫。受聘择门第、辨良贱，无贪下户货财将女许配，无作贱骨肉玷污宗祊。丧则惟竭力于衣衾棺椁，遵礼哀泣，棺内不得用金银玉物，吊者止款茶，途远待以素饭，不设酒筵。服未除，不嫁娶，不听乐，不与宴贺，衰绖不入公门。葬必择地，避五鬼，不得泥风水邀福，至有终身不葬，累世不葬，不得盗葬，不得侵祖葬，不得水葬，尤不得火化，犯律重罪。祭则聚精神致孝享，内外一心，长幼整肃。具物惟称家有无，不得为非礼之礼，此皆孝子慈孙所当尽者。

以上十六条宗规，惟此至详且悉，可以保身家，可以培风化，可以妥先灵，可以裕后。启孝弟尽于斯，忠信立于斯，礼义敦于斯，廉耻励于斯，四书中之要言，六经内之精义也。尔曹口颂心维，身体力行。毋谓尔富，富即伏贫；毋谓尔贵，贵即伏贱；毋谓尔强，强即伏弱；毋谓尔巧，巧即伏拙。宁失厚毋失薄，宁失质毋失文。严辛云曰："不常午分，宜诚吾家不远鉴矣。"惟愿三复诸款，恪守成章，俎豆香火，积久弥光，则先人幸甚，即宗祠幸甚。

大清光绪三年岁丁丑阳月朔日宝轩书立

重返唐崖——咸丰县调研笔记

——记于 2022 年 6 月的恩施咸丰县

唐崖土司城遗址是土家族文化的历史结晶，长达近 400 年的唐崖土司与鄂西的土家族文化具有重要的传承关系。在导师课题支持下，我与同门费啸天、李韦健踏上了为期 4 天（2022 年 6 月 16—19 日）的唐崖调研之旅。此次调研的任务，也是想了解在申遗成功后，唐崖近几年的发展情况。通过实地的调研走访发现，在文化层面，唐崖充分展现了汉族文化与土家族文化的历史交流、交往与交融，共筑了一个共同的精神文化家园，也为铸牢中华民族共同体意识奠定了历史基底；在经济层面，唐崖土司城遗址的成功申遗也为这座西南地区的偏远小镇带来了新的经济活力，从全面脱贫到乡村振兴，这座小镇也正迎来它新的荣光。

2022 年 6 月 16 日 阴

一早，我与同门一行正式踏入了这片散落在西南地区的"神秘土地"。咸丰县城很小，打车从酒店到汽车站只用了 4 元。在与唐崖遗址办事处王主任取得联系（后），我们先前往了位于镇上的唐崖土司遗址管理处，说明了来意以后，管理处的徐主任接待了我们。

徐主任围绕近些年唐崖的经济发展、文物保护、旅游开发与文化传播和传承等方面为我们展开介绍。由管理处帮扶联系的唐崖司村是世界文化遗产唐崖土司城址所在村，2019年底顺利通过国家脱贫验收，全村人均（年）纯收入7641元，其中102户364人建档立卡贫困户人均（年）纯收入5230元。2020年，管理处围绕巩固脱贫成果防止返贫也开展了各项工作。

唐崖土司遗址景区依托遗址所建，2019年9月30日，鄂旅投恩旅集团出资控股咸丰县唐崖土司城址旅游发展有限公司70%的股份，负责唐崖土司城址景区的运营管理。唐崖土司遗址景区总体定位是首个土家族世界文化遗产景区、国际化体验的观光度假小镇、智慧研学引领的乡村振兴示范区。受到疫情的影响，截至2021年9月25日，唐崖土司城遗址景区共计接待游客23491人次，比2020年同期的56593人次减少58.49%。

徐主任告诉我们，唐崖土司城遗址的对外宣传工作目前都移交给了当地的文化传媒公司（恩施州翼动文化传媒有限公司），有传统媒体和新媒体两个渠道同时进行宣传工作。2021年1月，唐崖土司遗址景区的电商融媒中心也正式成立，景区官网6月已投入使用，"世遗唐崖"微信公众号的累积关注人数有11722人。

2022年6月17日 雨

17日，我们一行乘县里的班车前往唐崖镇。到了唐崖镇镇政府附近后，与我们此次的对接人王主任碰了面。王主任热情地招待了我们，在饭余谈起唐崖时，他开始滔滔不绝地为我们介绍起来。王主任是土生土长的唐崖人，在中南民族大学本科毕业后就回到了咸丰县工作，曾任尖山乡党委委员、副乡长；现在是县唐崖土司城遗址管理处副主任。他向我们谈起，自己小时候和邻居家孩子在唐崖土司遗址玩耍的经历，当时的遗址，只有零零散散的石头，但当地的老人、村民都知道这里曾是土司城，当地人都称之为"皇城"。饭后，我们与王主任相约下午一起前往土司城遗址。

下午2点左右，王主任骑着三轮电动车载着我们从镇上前往遗址。在临街的路上，我们看到了很多古风的建筑，王主任说是遗址景区配套的仿古建设，二期刚刚完成。在到景区的门口，一栋栋楼房坐落在此。王主任提到这是唐崖集镇的安置小区，共安置了九十余户居民，都是从土司城遗址的核心区搬迁过来的。我向他问起，这里曾经村民现在的去向问题。他回答道，"遗址管理处按照'以钱养事'的模式，为遗址的原农户提供景区的维护等工作岗位，从事讲解、安保等工作"。王主任将我们带到了遗址后山的土路上，他说这是曾经前往遗址的路，现在景区公路修好后就很少人会走了，但他还是习惯从这里走。

图为唐崖土司城遗址后山山路

到达遗址景区后，王主任开始向我们详细介绍起遗址内部的构造。在申遗工作启动后，考古人员对遗址进行了发掘、修复与文物整理工作。除遗址目前的开发情况外，王主任还谈到对未来唐崖土司城遗址的规划，如像故宫一样引进 VR 等新技术。在提起自己去故宫博物院参观学习的经历时，他激动地说起故宫博物院原院长张忠培曾在考察唐崖土司城后说，"如果说北京故宫是大故宫，那么唐崖土司城就是'小故宫'"。在为我们介绍"荆南雄镇"牌坊时，他为我们指出了牌坊上的雕刻图案，指出这是汉族文化和土家族文化在历史中融合的产物。

图左为唐崖土司城遗址管理处副主任王明松

在游览中途，突然下起了大雨，王主任也丝毫没有半点退意。从到达遗址到离开，两个小时中王主任一直陪我们边走边讲，讲的内容从遗址的历史溯源到民间故事，仿佛唐崖的一花一草都在他的脑海里刻下了印记。最后，他也提到了目前遗址存在的一些问题，如景区的建设还不完善，宣传工作还不到位等。从他的眼神中，我们看到了一些落寞，但更多的是热爱，是对这片"生于斯 长于斯"土地的感情。

回到镇上，已经是晚上七点了。王主任告诉我们他明天有个会议，不能继续陪着我们了，但嘱咐我们明天遗址会有个非遗活动，让我们一定要去。告别了王主任，我们回到了居住的宾馆。宾馆老板很热情，在得知我们是来唐崖调研后，就坐下和我们一起聊天。宾馆老板对我们说，习近平总书记上任以后，开展的世界遗产的申报。唐崖土司遗址景区周边的配套设施，房子就是三四年前修的，有农户的安置房。同时，也提到了全员脱贫，百姓们生活比过去好很多。在问到旅游的情况时，老板也无奈地和我们说，因为疫情的影响，这两年很少有人会过来，过去来的游客有广州、湖南等全国各地的，希望我们过来帮助他们多多宣传一下。

2022 年 6 月 18 日　晴

因为不确定唐崖遗址非遗活动的具体开展时间，18 日一大早我们一行就出发了。镇上还没有公共交通等设施，我们只能选择步行过去。按照昨天王主任走的线路，我们用了 1 个小时时间走到了遗址后山。刚到半山腰，我们就听到敲锣打鼓的声音，与昨日雨中遗址的寂静迥然不同。我们到景区门口时，活动已经过半了，穿着民族服饰的老人、年轻人和孩子在舞台上载歌载舞。

图为在唐崖土司城遗址开展的非遗活动

在此次活动中，展演了南剧《家风托起中国龙》、土家族民歌《唐崖乡音秀》与草把龙等节目。除此之外，本次还有以"梦回唐崖，耕读传家"为主题的研学活动，研学活动面对的是1—9年级学生，通过在唐崖土司城遗址的游览与非遗主题的活动，让学生在实践中了解非遗文化。在现场，我们向参与研学的学生发放了关于家风家训的问卷调查。在回收问卷过程中，我们发现参与的学生大多是附近土家族小孩。在问到对中国家风家训的了解时，大多数孩子都提到从爷爷奶奶那里听到过，并觉得有必要传承家风家训。

参与完活动后，我们就前往了此次唐崖调研的第二处地方——严家祠堂。严家祠堂始建于清光绪元年，至今已有140多年的历史，它既是一个家族兴旺的标志，也是土家建筑文化发展的百年见证。严家祠堂流传至今的"宗规十六条"也被认为是我国优秀的家风家训传统文化的凝练。2018年正式挂牌成为咸丰县首个家风家训教育基地，2021年8月被列入首批恩施州家风家教实践基地，此后又被评为2021年湖北省家风家教实践基地。

因为路途较远，宾馆老板帮我们约了车前往严家祠堂。来的司机是一个二十多岁的小伙子，平时负责开车在村和镇里往来接送学生。在听到我们的来意后，也开始为我们介绍起来："严家祠堂的家风家训，值得每个村的人来学习，严家祠堂的老建筑的窗户窗花很漂亮，过去周围都是几百年的房子。"开过了一段盘山公路，我们来到了严家祠堂所位于的唐崖镇大水坪村。在严家祠堂门口立着"宗规十六条"的石碑，由于周末的原因我们并未进入祠堂内部，在向周围的老乡了解祠堂情况中，我们误打误撞来到了严氏家族第95代传人严一品的家里，在向老人询问过程中，我们也了解到经常会有组织来到这里进行参观与学习，作为第95代传人的严一品老人提起自己的家训是"谱牒当重，宗族当睦"。

图为严氏家族第95代传人严一品

参考文献

一 中文文献

白洁:《记忆哲学》,中央编译出版社2014年版。

车文博:《弗洛伊德主义原著选辑》,辽宁人民出版社1988年版。

陈恩维:《地方社会、城市记忆与非遗传承——佛山"行通济"民俗及其变迁》,人民出版社2018年版。

陈恒、耿相新主编:《新史学·第八辑纳粹屠犹:历史与记忆》,大象出版社2007年版。

陈平原、王德威编:《北京:都市想像与文化记忆》,北京大学出版社2005年版。

陈平原、王德威、陈学超编:《西安:都市想象与文化记忆》,北京大学出版社2009年版。

陈蕴茜:《崇拜与记忆:孙中山符号的建构与传播》,南京大学出版社2009年版。

楚西鹄:《唐崖》,九州出版社2016年版。

戴元光、金冠军主编:《传播学通论》,上海交通大学出版社2000年版。

丁华东:《档案与社会记忆研究》,人民出版社2016年版。

费孝通:《乡土中国》,人民出版社2008年版。

傅铿:《文化:人类的镜子》,上海人民出版社1990年版。

高德武、刘亭君、张春阳：《基于羌族文化记忆的乡村旅游规划研究》，四川大学出版社 2014 年版。

韩昇：《良训传家：中国文化的根基与传承》，生活·读书·新知三联书店 2017 年版。

黄纯艳整理标点：《韩国历代家训汇编》，云南民族出版社 2008 年版。

黄芙蓉：《记忆、传承与重构：论汤亭亭小说中族裔身份构建》，哈尔滨工业大学出版社 2009 年版。

贾国飚：《媒介营销——整合传播的观点》，湖南人民出版社 2003 年版。

江华：《文化哲学与文化建设》，国家行政学院出版社 2015 年版。

景军：《神堂记忆：一个中国乡村的历史、权力与道德》，福建教育出版社 2013 年版。

李季：《中国文化产业园区评价体系研究》，经济科学出版社 2016 年版。

厉国刚：《媒介迷思论——数字化浪潮下娱乐化和商业化的媒介文化》，浙江工商大学出版社 2012 年版。

林慧：《文化记忆的追寻与重建——中国传统节日保护对策研究》，中国人民大学出版社 2017 年版。

刘锋：《互联网进化论》，清华大学出版社 2012 年版。

鲁忠义、杜建政：《记忆心理学》，人民教育出版社 2005 年版。

梅雯：《破碎的影像与失忆的历史：从旧派鸳蝴电影的衰落看中国知识范型的转变》，中国电影出版社 2007 年版。

彭伟步：《少数族群传媒的文化记忆与族性书写：〈星洲日报〉文艺副刊不同时期对华人的身份建构》，暨南大学出版社 2012 年版。

祁进玉：《历史记忆与认同重构：土族民族识别的历史人类学研究》，学苑出版社 2015 年版。

邵培仁、海阔：《大众传媒通论》，浙江大学出版社 2005 年版。

邵鹏：《媒介记忆理论：人类一切记忆研究的核心与纽带》，浙江大学出版社 2016 年版。

邵鹏：《媒介融合语境下的新闻生产》，浙江工商大学出版社2013年版。

孙德忠：《社会记忆论》，湖北人民出版社2006年版。

孙江：《事件·记忆·叙述》，浙江人民出版社2004年版。

田田、成蹊编译：《传世家训》，党建读物出版社2017年版。

王斑：《全球化阴影下的历史与记忆》，南京大学出版社2006年版。

王长金：《传统家训思想通论》，吉林人民出版社2006年版。

王明珂：《华夏边缘——历史记忆与族群认同》，浙江人民出版社2013年版。

王若：《修身齐家——中国古代家训》，辽海出版社2001年版。

王士文：《咖啡精神：咖啡与咖啡馆的文化记忆》，岳麓书社2007年版。

王宵冰、迪木拉提·奥迈尔主编：《文字、仪式与文化记忆》，民族出版社2007年版。

向勇、刘静：《中国文化创意产业园区实践与观察》，红旗出版社2012年版。

筱敏：《记忆的形式》，百花文艺出版社2004年版。

徐贲：《人以什么理由来记忆》，吉林出版集团有限公司2008年版。

许子东：《为了忘却的集体记忆——解读50篇文革小说》，生活·读书·新知三联书店2000年版。

薛正昌：《根脉与记忆：宁夏历史文化遗产》，中央编译出版社2016年版。

杨琴：《新闻叙事与文化记忆——史态类新闻研究》，华夏出版社2008年版。

于文波、朱炜等：《基于"城市记忆"传承的运河文化休闲空间整合》，北京大学出版社2016年版。

翟博主编：《中国家训经典》，海南出版社1993年版。

张俊华：《社会记忆和全球交流》，中国社会科学出版社2010年版。

张庆园：《传播视野下的集体记忆建构：从传媒社会到新媒体时代》，中国社会科学出版社 2016 年版。

张志庆、汪蓝主编：《城市发展中的文化记忆——澳门文化及城市形象研究论文集》，高等教育出版社 2015 年版。

张志安、柳剑能：《媒介营销案例分析》，华夏出版社 2004 年版。

赵静蓉：《怀旧——永恒的文化乡愁》，商务印书馆 2009 年版。

赵静蓉：《文化记忆与身份认同》，生活·读书·新知三联书店 2015 年版。

郑金洲：《教育文化学》，人民教育出版社 2000 年版。

郑培凯、陈国成：《史迹、文献、历史：中外文化与历史记忆》，广西师范大学出版社 2008 年版。

周海燕：《记忆的政治》，中国发展出版社 2013 年版。

周伟驰：《记忆与光照——奥古斯丁神哲学研究》，社会科学文献出版社 2001 年版。

朱明勋：《中国家训史论稿》，巴蜀书社 2008 年版。

二　国外译著

［法］阿尔佛雷德·格罗塞：《身份认同的困境》，王鲲译，社会科学文献出版社 2010 年版。

［德］阿莱达·阿斯曼：《回忆空间——文化记忆的形式和变迁》，潘璐译，北京大学出版社 2016 年版。

［德］阿斯特莉特·埃尔、冯亚琳主编：《文化记忆理论读本》，余传玲等译，北京大学出版社 2012 年版。

［以］阿维夏伊·玛格利特：《记忆的伦理》，贺海仁译，清华大学出版社 2015 年版。

［美］安德鲁·基恩：《网民的狂欢》，丁德良译，南海出版公司 2010 年版。

［英］保尔·汤普逊：《过去的声音——口述史》，覃方明、渠东、张

旅平译，辽宁教育出版社、牛津大学出版社 2000 年版。

［美］保罗·康纳顿：《社会如何记忆》，纳日碧力戈译，上海人民出版社 2000 年版。

［英］戴维·莫利、凯文·罗宾斯：《认同的空间——全球媒介、电子世界景观与文化边界》，司艳译，南京大学出版社 2001 年版。

［美］戴维·斯沃茨：《文化与权力：布尔迪厄的社会学》，陶东风译，上海世纪出版社 2012 年版。

［英］丹尼斯·麦奎尔：《受众分析》，刘燕南、李颖、杨振荣译，中国人民大学出版社 2006 年版。

［英］东尼·博赞：《超级记忆》，叶刚译，中信出版社 2009 年版。

［荷］杜威·德拉埃斯马：《记忆的隐喻：心灵的观念史》，乔修峰译，花城出版社 2009 年版。

［英］菲利普·梅勒：《理解社会》，赵亮员、白小瑜、王璜、刘琪译，北京大学出版社 2009 年版。

［英］弗雷德里克·C. 巴特莱特：《记忆：一个实验的与社会的心理学研究》，黎炜译，浙江教育出版社 1998 年版。

［德］哈拉尔德·韦尔策编：《社会记忆：历史、回忆、传承》，季斌、王立君、白锡堃译，北京大学出版社 2007 年版。

［美］哈罗德·拉斯韦尔：《社会传播的结构和功能》，何道宽译，中国传媒大学出版社 2013 年版。

［美］汉娜·阿伦特：《过去与未来之间》，王寅丽、张立立译，译林出版社 2011 年版。

［美］郝沃德·艾肯鲍姆：《记忆的认知神经科学——导论》，周仁来、郭秀艳、叶茂林等译，北京师范大学出版社 2008 年版。

［德］赫尔曼·艾宾浩斯：《心理大师手泽：记忆的奥秘》，王迪菲编译，北京理工大学出版社 2013 年版。

［美］亨利·詹金斯：《融合文化》，杜永明译，商务印书馆 2012 年版。

［美］简·雅各布斯：《集体失忆的黑暗年代》，姚大钧译，中信出版

社 2014 年版。

[法] 居伊·德波:《景观社会》,王昭风译,南京大学出版社 2006 年版。

[英] 卡伦·桑德斯:《道德与新闻》,洪伟、高蕊、钟文倩译,复旦大学出版社 2007 年版。

[英] 雷蒙德·威廉斯:《文化与社会》,吴松江、张文定译,北京大学出版社 1991 年版。

[美] 理查德·杰克逊·哈里斯:《媒介心理学》,相德宝译,中国轻工业出版社 2007 年版。

[美] 马克·L. 耐普、约翰·A. 戴利:《人际传播研究手册》(第四版),胡春阳、黄红宇译,复旦大学出版社 2015 年版。

[美] 马克斯韦尔·麦库姆斯:《议程设置:大众媒介与舆论》(第二版),郭镇之、徐培喜译,北京大学出版社 2008 年版。

[加拿大] 马歇尔·麦克卢汉:《理解媒介:论人的延伸》,何道宽译,译林出版社 2019 年版。

[英] 马修·基兰编:《媒体伦理》,张培伦、郑佳瑜译,南京大学出版社 2009 年版。

[法] 莫里斯·哈布瓦赫:《论集体记忆》,毕然、郭金华译,上海人民出版社 2002 年版。

[英] 尼克·史蒂文森:《认识媒介文化:社会理论与大众传播》,王文斌译,商务印书馆 2013 年版。

[英] 帕特里夏·法拉、卡拉琳·帕特森编:《记忆:剑桥年度主题讲座》,户晓辉译,华夏出版社 2011 年版。

[法] 皮埃尔·诺拉主编:《记忆之场:法国国民意识的文化社会史》,黄艳红等译,北京大学出版社 2015 年版。

[美] 乔治·莱考夫:《别想那只大象》,闾佳译,浙江人民出版社 2013 年版。

[美] 斯坦利·巴兰、丹尼斯·戴维斯:《大众传播理论:基础、争

鸣与未来》(第五版),曹书乐译,清华大学出版社 2014 年版。

[法] 斯坦尼斯拉斯·迪昂:《脑的阅读:破解人类阅读之谜》,周加仙等译,中信出版社 2011 年版。

[美] 斯维特兰娜·博伊姆:《怀旧的未来》,杨德友译,译林出版社 2010 年版。

[英] 苏珊·布莱克摩尔:《谜米机器》,高申春、吴友军、许波译,吉林人民出版社 2001 年版。

[美] 唐·E. 舒尔兹等:《整合营销传播》,吴怡国等译,内蒙古人民出版社 2001 年版。

[英] 威廉·乌思怀特:《社会的未来》,沈晖、田蓉译,浙江大学出版社 2011 年版。

[英] 维克托·迈尔-舍恩伯格:《删除:大数据取舍之道》,袁杰译,浙江人民出版社 2013 年版。

[美] 沃尔特·李普曼:《公众舆论》,阎克文、江红译,上海世纪出版集团 2006 年版。

[法] 雅克·德里达:《多义的记忆——为保罗·德曼而作》,蒋梓骅译,中央编译出版社 1999 年版。

[法] 雅克勒·高夫:《历史与记忆》,方仁杰、倪复生译,中国人民大学出版社 2010 年版。

[德] 扬·阿斯曼:《文化记忆:早期高级文化中的文字、回忆和政治身份》,金寿福、黄晓晨译,北京大学出版社 2015 年版。

[美] 伊维塔·泽鲁巴维尔:《房间里的大象:生活中的沉默和否认》,胡缠译,重庆大学出版社 2011 年版。

[英] 约翰·斯道雷:《斯道雷记忆与欲望的耦合——英国文化研究中的文化与权力》,徐德林译,广西师范大学出版社 2007 年版。

[美] 詹姆斯·W. 凯瑞:《作为文化的传播:"媒介与社会"论文集》,丁未译,华夏出版社 2005 年版。

[美] 詹姆斯·罗尔:《媒介、传播、文化:一个全球性的途径》,董

洪川译，商务印书馆 2012 年版。

［美］朱莉娅·T. 伍德：《生活中的传播》，董璐译，北京大学出版社 2009 年版。

三 期刊论文

［美］阿兰·梅吉尔、赵晗：《记忆与历史》，《学术研究》2005 年第 8 期。

陈劼：《媒介融合背景下动漫游产业链的整合构建》，《大众文艺》2018 年第 11 期。

陈峻俊：《融媒时代的民族文化传播与媒介记忆生成》，《西南民族大学学报》（人文社会科学版）2015 年第 11 期。

陈少峰：《关于提升文化产业集聚园效益的思考》，《北京联合大学学报》（人文社会科学版）2009 年第 3 期。

陈寿灿、于希勇：《浙江家风家训的历史传承与时代价值》，《道德与文明》2015 年第 4 期。

陈玥：《"互联网+旅游"视角下中国文化艺术传播新途径探究——以洛阳牡丹花茶文化传播为例》，《福建茶叶》2018 年第 3 期。

成臻铭：《论土司与土司学——兼及土司文化及其研究价值》，《青海民族研究》2010 年第 1 期。

程星、李敏：《媒介融合下广告发展新态势》，《记者摇篮》2018 年第 7 期。

崔新建：《文化认同及其根源》，《北京师范大学学报》（社会科学版）2004 年第 4 期。

丁俊杰：《媒介整合营销》，《市场观察》2003 年第 5 期。

董子铭、程婷：《公共危机管理中的媒介整合传播——从"5.12"汶川大地震看成都传媒集团》，《新闻爱好者》（理论版）2008 年第 11 期。

杜骏飞：《新媒介策略："长尾"时代的双重博弈》，《国际新闻界》

2007 年第 5 期。

葛政委：《土司文化遗产的价值凝练与表达》，《长江师范学院学报》2014 年第 5 期。

龚新琼：《新闻与记忆：回归媒体记忆研究的核心议题》，《新闻界》2017 年第 11 期。

郭国庆、杨学成、张杨：《口碑传播对消费者态度的影响：一个理论模型》，《管理评论》2007 年第 3 期。

郭景萍：《社会记忆：一种社会再生产的情感力量》，《学习与实践》2006 年第 10 期。

韩震：《论国家认同、民族认同及文化认同——一种基于历史哲学的分析与思考》，《北京师范大学学报》（社会科学版）2010 年第 1 期。

洪筠：《景德镇陶瓷文化创意园设计与整合的探索》，《艺术科技》2014 年第 6 期。

华伟：《家风：一种源远流长的社会教育》，《成人教育》2014 年第 9 期。

纪希：《新媒体环境下传统文化传播研究——以荆楚文化网络传播为例》，《中华文化论坛》2017 年第 3 期。

季中杨：《当代文化认同的思维误区》，《学术论坛》2008 年第 8 期。

江山、叶钢强：《东方文化园：休闲改变生活　文化铸就品质——杭商企业品牌成功塑造的典例之一》，《杭州》（下旬刊）2010 年第 3 期。

雷宇：《交流与仿象：唐崖土司城址艺术探源》，《中南民族大学学报》（人文社会科学版）2017 年第 6 期。

李海锋：《旅游经济——民族文化旅游品牌在产业融合视角下的建设》，《商》2016 年第 27 期。

李红涛：《昨天的历史　今天的新闻——媒体记忆、集体认同与文化权威》，《当代传播》2013 年第 5 期。

李莉:《媒介融合背景下少数民族艺术的传承与传播》,《新闻战线》2017年第4期。

李良玉:《土司与土司文化研究刍议》,《广西师范大学学报》(哲学社会科学版)2009年第3期。

李梅田:《观念认同与文化同化——唐崖土司城结构与性质分析》,《三峡论坛》(三峡文学·理论版)2014年第4期。

李淼:《"古城"再造:城市文化资本的空间实践与媒介建构》,《新闻传播》2018年第5期。

李如萱、王雅卓:《产业融合打造红色文化品牌——河北红色文化产业品牌化发展策略》,《湖北科技学院学报》2014年第12期。

李珊珊:《从"锦绣中华"看非遗传承的现实方法》,《艺术评论》2018年第8期。

李世愉:《试论"土司文化"的定义与内涵》,《遵义师范学院学报》2016年第2期。

刘军、柯玉萍:《家国观念与中国传统文化的创造性转化和创新性发展》,《云南民族大学学报》(哲学社会科学版)2015年第6期。

刘茜:《媒介融合背景下营销传播的挑战与趋势——基于消费者媒介使用行为与需求的探析》,《电视研究》2015年第6期。

刘先春、柳宝军:《家风家训:培育和涵养社会主义核心价值观的道德根基与有效载体》,《思想教育研究》2016年第1期。

刘亚秋:《从集体记忆到个体记忆——对社会记忆研究的一个反思》,《社会》2010年第5期。

柳成荫、刘阳:《互联网技术视域下的我国媒介环境变革》,《新闻世界》2010年第3期。

鲁成波、冉旭:《中国传统家风的核心价值观及传承发展路径》,《齐鲁学刊》2017年第5期。

罗红杰:《中国传统文化创造性转化和创新性发展的路径探析——以传统家训文化为例》,《大连干部学刊》2017年第11期。

宁悦、王宝林、宋奇：《衡水湖冀民俗文化大观园策划书》，《辽宁广播电视大学学报》2013年第3期。

欧阳宏生、胡畔：《乡土历史与现实的传播使命——论当下乡土纪录片的认知传播作用与缺失》，《现代传播》（中国传媒大学学报）2016年第1期。

彭茜、谢方：《融合发展的全媒体思维与实践》，《中国广播电视学刊》2018年第1期。

彭兆荣、朱志燕：《族群的社会记忆》，《广西民族研究》2007年第3期。

[法]皮埃尔·索尔兰、刘云舟：《一种没有回忆的记忆》，《东南学术》2005年第6期。

强跃：《西安碑林在传承和发扬中国书法文明中打造文化旅游品牌探析》，《陕西青年职业学院学报》2014年第2期。

邱新有、罗杏：《从传播的仪式观看乡村文化的嬗变》，《江西师范大学学报》（哲学社会科学版）2013年第6期。

冉红芳、谭俊：《唐崖土司与中央王朝的文化互动——以"荆南雄镇"牌坊为中心的考察》，《湖北民族学院学报》（哲学社会科学版）2017年第5期。

邵龙宝：《中国古代家训的源流、精义及其当代转换的方法论》，《兰州学刊》2015年第5期。

邵培仁、范红霞：《传播仪式与中国文化认同的重塑》，《当代传播》2010年第3期。

邵鹏：《论媒介记忆活跃与凝固的尺度和张力》，《新闻爱好者》2015年第9期。

邵鹏：《媒介记忆论：媒介作为人类文明记忆过程的研究》，《中国传媒报告》2010年第4期。

邵鹏：《媒介记忆与个体记忆的建构和博弈》，《当代传播》2012年第4期。

邵鹏：《媒介记忆与历史记忆协同互动的新路径》，《新闻大学》2012年第5期。

邵鹏：《媒介失控：谁来挽救网络传播的混乱局面》，《东南传播》2008年第9期。

沈坚：《记忆与历史的博弈：法国记忆史的建构》，《中国社会科学》2010年第3期。

石兴、冯小楠：《北京798艺术区发展对威海市佳润文化创意园区的启示》，《现代经济信息》2018年第19期。

宋峰、熊忻恺：《国家遗产·集体记忆·文化认同》，《中国园林》2012年第11期。

宋素红：《媒介整合趋势下的新闻传播教育》，《中国出版》2004年第2期。

孙兰英、卢婉婷：《家风家教是培育和践行社会主义核心价值观的基础》，《思想教育研究》2014年第12期。

唐少杰：《从文化记忆到记忆文化》，《河北学刊》2007年第2期。

田旭明：《家正国清：优良家风家规的伦理价值探索》，《武陵学刊》2014年第5期。

汪振军：《城镇化建设中的文化问题》，《郑州大学学报》（哲学社会科学版）2014年第3期。

王德刚：《空间再造与文化传承——栖霞古镇都村"非遗"保护工程实验研究》，《民俗研究》2014年第5期。

王国栋：《用"互联网+"催生文化创意产业发展新业态》，《协商新报》2015年第11期。

王霄冰：《文化记忆、传统创新与节日遗产保护》，《中国人民大学学报》（哲学社会科学版）2007年第1期。

王霄冰：《文字、仪式与文化记忆》，《江西社会科学》2007年第2期。

王瑜、于平：《媒介失忆现象不容忽视》，《档案时空》2011年第12期。

王泽应：《中华家风的核心是塑造、培育与树立正确的价值观》，《上海师范大学学报》（哲学社会科学版）2015年第4期。

王振金：《中华传统文化创造性转化与创新性发展的路径再探》，《贵州师范学院学报》2018年第4期。

王正民、姚立伟：《媒介融合下广告设计传播发展对策探究》，《电视指南》2017年第24期。

吴春颖：《探究媒介融合如何影响新闻传播和广告传播》，《电视指南》2017年第21期。

肖媛媛：《媒介融合环境下我国广告模式探析》，《参花》（上）2017年第9期。

邢淑芳：《对构建唐崖土司皇城民俗文化村的思考》，《中南民族大学学报》（人文社会科学版）2004年第5期。

徐丽环：《媒介融合时代微电影广告的传播策略探究》，《新闻研究导刊》2018年第7期。

徐苑琳：《乡村振兴 文化先行》，《人民论坛》2018年第16期。

徐梓：《家风的意蕴》，《寻根》2014年第3期。

许辉：《肇庆市包公廉政文化教育基地品牌化经营策略研究》，《文物鉴定与鉴赏》2018年第12期。

杨治良、李林：《内隐记忆研究的回顾与展望》，《心理学探新》2006年第4期。

姚莎：《依托媒体势能 打造整合传播》，《声屏世界·广告人》2019年第1期。

于雪梅：《在传统与时尚的交融中打造文化创意园区——以前民主德国援华项目北京798厂为例》，《德国研究》2006年第1期。

曾筠毅：《从传播学视角看传媒文化的传播途径》，《新闻战线》2015年第18期。

曾妮娜：《浅议旅游文化品牌的建设》，《市场论坛》2011年第3期。

詹小秀、简博秀：《城市文化创意园区研究——以台北华山1914文化创意园区为例》，《上海城市规划》2013年第6期。

战京贤、高辉、潘德金、王然然、王琳：《构建体验型文化创意园区——北京市朝阳区文化创意产业园区发展启示录》，《当代贵州》2017年第Z1期。

张邦卫：《"后家族时代"与浙江祠堂文化的传播策略》，《浙江传媒学院学报》2012年第5期。

张兵娟：《电视媒介事件与仪式传播》，《当代传播》2010年第5期。

张海燕：《城市记忆与文化认同》，《城市文化评论》2011年第4期。

张琳、陈延斌：《传承优秀家风：涵育社会主义核心价值观的有效路径》，《探索》2016年第1期。

张琳、陈延斌：《当前我国家风家教现状的实证调查与思考》，《中州学刊》2016年第8期。

张牧：《新媒体时代下视觉营销在品牌整合传播中的应用》，《艺术与设计》（理论）2018年第10期。

张湘锋：《新媒体时代区域文化传播路径创新》，《传媒》2017年第22期。

郑英杰：《永顺老司城遗址民间记忆研究》，《吉首大学学报》（社会科学版）2013年第3期。

周春辉：《论家风的文化传承与历史嬗变》，《中州学刊》2014年第8期。

周松峰：《城市文化创意产业园发展现状与前瞻》，《福建江夏学院学报》2012年第2期。

周杨、薛媛：《"互联网+"思维下徐州城市形象整合传播策略研究》，《安徽文学》（下半月）2018年第8期。

朱雪梅：《数字传播语境下的全媒体广告营销》，《新闻战线》2015年第20期。

四　学位论文

白雪：《2005—2015年"人民日报"的抗战报道研究——基于媒介

记忆的视角》，硕士学位论文，南京师范大学，2017年。

程新枝：《华侨城创意文化园发展战略研究》，硕士学位论文，深圳大学，2017年。

程英：《优秀传统家训家风的当代价值及其彰显路径》，硕士学位论文，陕西师范大学，2018年。

代世萤：《民族文化主题公园"云南民族村"发展研究》，博士学位论文，云南大学，2015年。

郭爽：《融媒背景下我国电视媒介的资源整合策略研究》，硕士学位论文，渤海大学，2015年。

韩旭：《"美丽乡村"建设中乡土文化传播研究》，硕士学位论文，郑州大学，2017年。

李晨曦：《锦绣之都——中国（宁波）非物质文化遗产创意产业园策划方案》，硕士学位论文，浙江大学，2013年。

李巍：《移民社会的文化记忆——辽宁民间社火研究》，博士学位论文，中央民族大学，2010年。

李霄：《文化创意园功能定位与产业布局研究》，硕士学位论文，江苏师范大学，2012年。

李依溪：《西柏坡红色文化的网络传播现状与创新策略研究》，硕士学位论文，河北大学，2017年。

厉建梅：《文旅融合下文化遗产与旅游品牌建设研究》，博士学位论文，山东大学，2016年。

刘涛：《中国传统家风的现代转化研究》，硕士学位论文，延安大学，2017年。

刘雯娟：《基于社区的媒体营销模式研究》，硕士学位论文，中南大学，2009年。

罗彩娟：《社会记忆与历史表述——一个云南壮族社区中的"侬智高"》，博士学位论文，中央民族大学，2008年。

彭海青：《佳禾月饼整合营销传播策划实证研究》，硕士学位论文，四川大学，2003年。

邵鹏：《媒介作为人类记忆的研究——以媒介记忆理论为视角》，博士学位论文，浙江大学，2014年。

孙峰：《从集体记忆到社会记忆——哈布瓦赫与康纳顿社会记忆理论的比较研究》，硕士学位论文，华东师范大学，2008年。

王吉阳：《杭州万科〈产品与服务主张〉白皮书全媒体传播方案》，硕士学位论文，浙江大学，2017年。

王晓玲：《中华传统文化的现代转化与文化产业园区实践研究》，博士学位论文，上海交通大学，2015年。

王龑：《基于活跃度的台湾文化创意产业园发展研究》，硕士学位论文，华南理工大学，2017年。

王忠云：《产业融合视角下的大湘西旅游品牌建设研究》，硕士学位论文，吉首大学，2011年。

温潇潇：《基于地方文化的旅游产业园区打造研究》，硕士学位论文，四川师范大学，2013年。

杨涓湘：《传统家训伦理思想的创造性转化研究》，硕士学位论文，山西大学，2017年。

杨琦琛：《中国传统家训文化及当代价值》，硕士学位论文，沈阳师范大学，2018年。

恽佳俐：《创新扩散：节能新品"K膜"整合数字营销传播策划》，硕士学位论文，南京大学，2016年。

张倩：《我国旅游文化产业园区现状分析》，硕士学位论文，山东大学，2013年。

朱明勋：《中国传统家训研究》，博士学位论文，四川大学，2004年。

朱赟：《新媒体形态下非物质文化遗产传播路径认同度研究》，博士学位论文，中国科学技术大学，2018年。

五 外文文献

Altmann, E. M. & Gray, W. D., *Forgetting to Remember: The Functional*

Relationship of Decay and Interference, Psychologieal Science, 2002, 13.

Avishai Margalit, *The Ethics of Memory*, Cambridge, MA: Harvard University Press, 2002.

Barbie Zelizer, *Why Memory's Work on Journalism Does Not Reflect Journalism's Work on Memory*, MEMORY STUDIES, 2008.

Bourdieu, *Language and the Media*, Palgrave Macmillan, 2010.

Carolyn Kitch, *Anniversary Journalism, Collective Memory, and the Cultural Authority to Tell the Story of the American Past*, Journal of Popular Culture, 2003.

Deutsch, K. W., *Nationalism and Social Communication: an Inquiry into the Foundation of Nationality*, Cambridge: MIT Press, 1966.

Emily Keightley, Michael Pickering, *The Mnemonic Imagination-Remembering as Creative Practice*, Palgrave Macmillan, 2012.

Gary R., "Memory Edgerton", Peter C. Rollins, *Television Histories Shaping Collective in the Media Age*, The University Press of Kentucy, 2001.

James, W. Carey, *Communication as Culture: Essays on Media and Society*, New York: Routledge, 2009.

Jill A. Edy, *Reporting Through the Lens of the Past*, Journalism, 2006.

Joanne Garde-Hansen, *Media and Memory*, Edinburgh University Press, 2011.

Kitch, C., "Twentieth-century tales: Newsmagazines and American memory", *journalism & Communication Monographs*, 1999.

Patrik Grahn, "Using Tourism to Protect Existing Culture: A project in Swedish Lapland", *Leisure Study*, 1991.

Sparrow, B., Liu, J., Wegner, D. M., Google Effects on Memory: Cognitive Consequences of Having Information at Our Fingertips, *Science*, 2011.

Wegner, D. M. , Transactive Memory: A Contemporary Analysis of The Group Mind, In: B. Mullen, G. R. Goethals (Eds.), *Theories of Group Behavior*, New York: Springer-Verlag, 1987.

Yifat Gutman, Adam, D. , *Brown And Amy Sodaro*, *Memory and the Future-Transnational Politics*, *Ethics and Society*, Palgrave Macmillan, 2010.

后　记

　　时光荏苒，唯有传承的文化记忆见证历史，记忆是文化传播的目的，也是起点。这本书从调研至成书历经 8 个年头，于文化记忆长河实乃沧海一粟，其间我和团队成员往复唐崖多次，对于书稿框架的打磨也反复论证多次，8 年间还经历了疫情及许多意料之外的事情，兜兜转转，庆幸终未放弃，这本小册子终是差强人意地摆在了大家面前。本书的参与者还有：中南民族大学文学与新闻传播学院祝翔副教授及多名研究生（张文、费啸天、李韦健、翟梦迪、符家宁、陈天明、徐爽、漆颖、李洁），我正是在他们的帮助下，才得以完成这本书，我要向这群不畏艰苦的中华民族优秀文化的传播者们致以最诚挚的感谢。

陈峻俊
2023 年 9 月 21 日于武汉南湖畔秋雨后